인생을 묻는 청년에게

인생을 묻는 청년에게

1판 1쇄 인쇄 2026. 3. 5.
1판 1쇄 발행 2026. 3. 20.

지은이 서재경

발행인 박강휘
편집 강지혜 | 디자인 조명이 | 마케팅 김민준 | 홍보 이한솔
발행처 김영사
등록 1979년 5월 17일(제406-2003-036호)
주소 경기도 파주시 문발로 197(문발동) 우편번호 10881
전화 마케팅부 031)955-3100, 편집부 031)955-3200 | 팩스 031)955-3111

값은 뒤표지에 있습니다.
ISBN 979-11-7332-561-8 03190

홈페이지 www.gimmyoung.com   블로그 blog.naver.com/gybook
인스타그램 instagram.com/gimmyoung 이메일 bestbook@gimmyoung.com

좋은 독자가 좋은 책을 만듭니다.
김영사는 독자 여러분의 의견에 항상 귀 기울이고 있습니다.

인생을 묻는 청년에게

미래를 바꿀 100권의 책을 권하다

서재경 지음

이음

사랑하는 청년 독자에게

지금 우리는 인공지능(AI)이라는 거대한 전환의 문턱에 서 있습니다. 인공지능은 이미 인간의 많은 일을 대체하고 있고, 그 속도와 파장은 우리가 예상했던 것보다 훨씬 빠르고 큽니다. 자연스럽게 이런 질문들이 쏟아집니다.

"인공지능 시대에 살아남는 직업은 무엇인가?"

"어떤 전공을 선택해야 안전한가?"

많은 논의는 이렇게 결론을 내립니다. 화이트칼라 직업, 특히 변호사·회계사·의사·교사·기획과 분석을 담당해온 사무직이 인공지능으로 인해 가장 큰 타격을 받을 것이며, 생산 현장에서도 단순 반복 노동은 가장 먼저 사라질 것이라고 말입니다. 이 진단 자체는 틀리지 않습니다. 실제로 변화는 이미 시작되었습니다.

하지만 저는 여기서 한 가지를 분명히 하고 싶습니다.

이 변화가 '전멸'을 의미하지는 않는다는 점입니다.

역사를 돌아보면, 어떤 기술 혁명도 한 직업군을 통째로 지워버린 적은 거의 없었습니다. 변화는 언제나 선별과 압축의 형태로 다가왔습니다. 100명이 하던 일을 열 명이 하게 될 수는 있어도, 100명 모두가 사라지는 일은 드뭅니다. 그렇다면 질문은 이렇게 바뀌어야 합니다.
'누가 사라질 것인가가 아니라, 누가 끝까지 남을 것인가'입니다.

제가 오랜 시간 고민해 내린 결론은 분명합니다.
인공지능 시대에도 끝까지 살아남는 사람은 직업의 이름으로 결정되지 않습니다. 같은 변호사, 같은 회계사, 같은 기획자라 해도 결과는 완전히 달라질 것입니다. 결국 남는 사람은 다음 세 가지를 지닌 사람입니다.

Character — 신뢰받는 인격과 태도.
Competence — 도구를 다루고 문제를 해결할 수 있는 실제 역량.
Commitment — 무엇을 위해 일하는지 분명한 기준과 책임감.

이 세 가지를 갖춘 사람이라면, 인공지능 시대가 오든 또 다른 시대가 오든 쉽게 밀려나지 않습니다. 기술은 바뀌어도, 사람의 중심은 바뀌지 않기 때문입니다.

그래서 다시, '책'입니다.

우리는 몸의 건강을 챙기는 데에는 늘 부지런합니다. 좋다는 음식은 빠짐없이 찾아 먹고, 약과 건강보조제도 꾸준히 챙깁니다. 운동도 마찬가지입니다. 하지만 정작 정신과 영혼에 무엇을 먹이고 있는지에 대해서는 놀랄 만큼 무심합니다.

한국 사회는 오랫동안 청년들에게 '정신의 밥'을 충분히 차려주지 못했습니다. 삶을 이해하는 힘, 세상을 해석하는 기준, 흔들리는 순간에도 자신을 붙드는 내면의 중심을 기르는 데 필요한 독서 문화가 제대로 자리 잡지 못했기 때문입니다.

이 책은 그 공백을 조금이나마 메워보고자 한 시도입니다.
청년에게 정말 필요한 것은 단기적인 요령이나 유행하는 기술이 아니라, 어떤 시대가 와도 무너지지 않는 인간의 뼈대라고 믿었습니다. 그리고 그 뼈대는 오랜 시간 검증된 사유와 이야기, 실패와 성찰이 축적된 책을 통해서만 만들어질 수 있습니다.

이 책은 '정신의 식탁'입니다. 이번에 선정한 100권의 책은 단순한 지식 목록이 아닙니다.
저는 이 책을 '정신의 식탁, 영혼의 밥상'이라 부르고 싶습니다. 청년들이 인생의 여러 국면에서 꼭 필요로 할 핵심 영양소를 중심으로 식탁을 차렸기 때문입니다.

이 책은 총 일곱 가지 정신의 영역으로 구성되어 있습니다.
이 일곱 영역은 처음부터 정해진 것이 아니라, 오랜 독서와 교육 현장에서의 시행착오를 거쳐 정제된 구조입니다. 더 많은 범주로 나누어보기도 했지만, 결국 청년에게 꼭 필요한 핵심은 이 일곱으로 수렴된다는 결론에 이르렀습니다.
이 일곱 영역은 다음과 같은 질문들로 이어집니다.

① 나는 누구이며, 어떤 사람으로 살 것인가.
② 무엇을 기준으로 판단할 것인가.
③ 세상은 어떻게 움직이고 있는가.
④ 현실을 직시하는 눈을 어떻게 기를 것인가.
⑤ 국가는 왜 흥하고 왜 무너지는가.
⑥ 역사는 오늘의 우리에게 무엇을 말해주는가.
⑦ 개인은 공동체 안에서 어떤 책임을 지는가.

이 책은 이 질문들에 정답을 제시하기보다 스스로 답을 찾을 수 있도록 기준을 세워주는 책입니다.

저는 2004년부터 대학생 교육 프로그램인 '아름다운서당'을 운영해왔습니다. 이 교실은 청년들이 성품(Character), 역량(Competence), 책임감(Commitment)을 고루 갖춘 사람으로 성장하도록 돕는 것을 목표로 해왔습니다. 지금까지 1천 명이 넘는 청년들이 이 과정을 거쳐갔고, 그 시간은 제게 한 가지 확신을 남겼습니다.

"사람은 결국 읽은 만큼, 생각한 만큼 자란다."

사랑하는 청년 여러분,
이 책은 단지 100권의 요약서가 아닙니다.
당신이 삶의 방향을 잃었을 때 다시 기준을 세우고, 인공지능 시대라는 거센 변화 속에서도 중심을 잃지 않도록 돕는 정신의 지도입니다.
이 100권을 따라가다 보면, 언젠가는 책 없이도 세상을 읽을 수 있는 눈을 갖게 될 것입니다. 그 여정에 동행하는 마음으로, 이 책을 세상에 내놓습니다.

2026년 봄
서재경 드림

차례

네 번째 길

바람의 방향을 읽는 사람

다섯 번째 길

세계의 힘이 움직이는 원리

여섯 번째 길

작은 날갯짓이 만드는 큰 물결

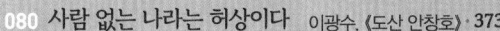

일곱 번째 길
삶을 견디내는 기술

흔들려도 꺾이지 않는 마음

: 자아 탐색과 내면 성찰

자기 자신을 이해하려는 노력은 모든 성장의 출발점입니다.

흔들리는 시대 속에서 내면의 중심을 잡고,

삶의 방향을 결정할 힘을 주는

'자아 성찰'의 책들을 묶었습니다.

자아 정체성, 인간 존재의 본질, 마음의 구조 등

삶의 근본 질문에 답합니다.

'진정한 나'는 어디에 있을까

헤르만 헤세(Hermann Hesse, 1877~1962)의 《데미안(Demian)》을 첫 번째로 소개하는 이유는, 이 책이 정신적 독립과 자아 각성이 무엇인지 알려주는 출발점이 되기 때문입니다. 《데미안》은 자신의 길을 찾고, 기존 질서와 가치에서 벗어나 진정한 자기를 발견해가는 젊은 주인공의 내면 여정을 강렬하게 그려내어, 청년 독자의 정신적 성장에 도움이 되는 작품입니다.

오랫동안 사랑받는 작품들로 전 세계 문단에 큰 영향을 끼친 헤르만 헤세는 독일에서 태어나 마흔 무렵이던 1917년, 세계대전과 가족 문제, 정신적 위기를 겪으며 《데미안》이라는 불후의 명작을 집필했습니다. 그는 인간 내면의 성장과 갈등, 자아 발견을 주제로 한 작품으로 널리 알려졌으며, 1946년 노벨문학상을 수상했습니다. 대표작으로 《수레바퀴 아래서》《싯다르타》《유리알 유희》 등 주제의식이 강한 작품들이 있습니다.

《데미안》은 선과 악, 밝음과 어둠이라는 이분법 속에 갇힌 세계관을 넘어, 진정한 자아를 찾아가는 성장소설입니다. 유럽 사회를 지배하던 종교적, 도덕적 질서에서 벗어나 자신만의 진리를 모색하는 과정을 통해 개인의 영적 각성과 자유로운 정신을 일깨웁니다. 동시에 이 책은 인간 존재의 이중성과 영적 통합에 대한 탐색을 담은 철학 소설이기도 합니다.

주인공 에밀 싱클레어를 변화로 이끈 인물인 데미안은 싱클레어 내면의 무의식적 자아를 투영한 존재로 볼 수 있습니다. 그는 싱클레어에게 기존 권위에 의문을 품게 하며, 삶의 본질에 대한 사유를 촉진시키는 등 '영적 스승'이자 또 다른 자아로 역할합니다.

싱클레어는 착하고 순종적인 소년으로, 부모님이 상징하는 '밝은 세계' 안에서 자랍니다. 하지만 삶에는 '어두운 세계'도 존재한다는 것을 점차 깨닫게 되고, 그는 내면의 혼란과 죄책감, 자기 분열을 겪으며 성장해갑니다. 이때 막스 데미안이라는 신비로운 동급생을 만나게 되고, 싱클레어는 데미안을 통해 기존의 종교적, 도덕적 틀을 넘어 자기 자신을 찾게 됩니다. 이후 싱클레어는 여러 인물을 만나며 성장해가고, '내면의 소리'를 따르기 위해 끊임없이 자아를 탐구해 마침내 자기 존재를 온전히 받아들이며, 내면의 세계와 외부 세계 사이의 균형을 이루는 길로 나아갑니다.

작품의 전환점은 싱클레어가 사과를 훔친 일을 계기로 처음 '어두운 세계'에 발을 들이게 되는 순간입니다. 여기서 말하는 '어둠'은 단순히 범죄를 말하는 게 아니라 내면의 진실을 마주하고, 새로운 윤리를 찾아 나서는 '용기'입니다. 데미안은 카인의 표식을 통해 기존 도덕 기준을 흔들며 싱클레어에게 다른 관점으로 세상을 바라보는 사고의 전환을 제안합니다. 작품의 2장에는 성경 속 이야기인 '카인과 아벨'의 이야기가 나옵니다. 카인은 죄인이 아니라 자신의 길을 스스로 선택한 자이며, 사람들은 그 표식을 두려워했지만, 그 표식은 자유의 상징이라고 다른 해석을 합니다.

중반부에 등장하는 에바 부인은 여성성과 어머니의 상징으로, 싱클레어의 자기 발견과 성장을 이끄는 존재입니다. "나는 그녀 앞에 무릎을 꿇었다. 그것은 복종이 아니라 탄생이었다. 나 자신이 되어 나오는 의식이었다."

에바 부인 앞에서 싱클레어는 마음속의 혼란과 불안을 벗어버리고, 마치 새사람으로 태어난 것처럼 변해갔습니다. 이런 변화는 융이 말한 '자기 자신을 완전히 찾아가는 과정(개성화 과정)'과 통합니다. 융은 인간이 자기 자신을 완전히 찾아가는 과정을 '개성화 과정'이라고 불렀습니다. 이는 내면의 어둠과 빛, 억압된 감정과 본능을 받아들이고 통합하는 과정입니다. 싱클레어가 에바 부인 앞에서 보인 이런 변화는 바로 이 자기 발견과 내적 통합의 순간과 맞닿아 있습니다.

"새는 알에서 나오려고 투쟁한다. 알은 세계이다. 태어나려는 자는 하

헤르만 헤세, 《데미안》

나의 세계를 파괴해야 한다."

싱클레어가 데미안을 만나고 그의 사상을 처음 접하는 초반부에 나오는 이 유명한 구절은 자아 탄생의 상징이자, 싱클레어가 세상의 억압 구조를 깨고 나아가는 내적 투쟁을 잘 표현합니다. 알은 단지 가정, 학교 같은 외부 세계일 뿐 아니라 내면의 두려움과 억압, 익숙함을 상징합니다.

또 하나의 핵심 상징은 '아브락사스(Abraxas)'입니다. 아브락사스는 고대 그리스·이집트 그노시스파에서 유래한 말로, 선과 악, 창조와 파괴를 모두 품는 신의 개념입니다. 이는 기존 기독교적 도덕 체계를 넘어선 통합적 세계관을 제시합니다. "나는 이제 신을 찬양하지 않는다. 나는 아브락사스를 따른다. 그 안에는 모든 것이 있다. 나도, 나의 어둠도, 나의 빛도."

마지막 장면에서 데미안은 더이상 독립된 외부 존재가 아니라 싱클레어 내부로 완전히 내재화되어 자아 내면의 목소리로 통합됩니다.

《데미안》은 철학과 종교, 심리학을 통합해 '자기 발견'이라는 주제를 다층적으로 탐구합니다. 정답을 제시하진 않지만, 독자가 자신의 내면을 탐색할 수 있도록 돕는 '지혜의 책'이기도 합니다. '다르게 생각할 용기' '어두운 세계를 직면할 용기'를 배울 수 있는 책입니다. 그래서 작품을 다 읽고 나면 문학을 읽은 것이 아니라, 내 안의 또 다른 나를 만난 듯한 체험을 하게 됩니다.

지금, 세상의 기준에 나를 억지로 맞추며 작은 알 속에 갇혀 있다고 느끼다면, 입시, 취업, 인간관계… 수많은 압박 속에서 나다움을 잃어버렸다고 생각한다면, 싱클레어처럼 이 알을 깨고 나오기 위한 시도를 해보았으면 합니다. 그 용기로 인해 지금 우리의 삶은 조금씩 바뀔 수 있습니다.

헤르만 헤세, 《데미안》

하늘은 백성의 소리를 들어 왕을 바꾼다

맹자(孟子, BC. 372~BC. 289)는 전국시대의 사상가로, 공자의 사상을 계승하고 체계화한 유학(儒學)의 대표 인물입니다. 그는 후대 사람들에게 '아시아의 아리스토텔레스'라고 불릴 만큼 철학적 깊이를 지닌 인물입니다. 전국시대의 혼란 속에서 맹자는 여러 나라를 돌아다니며 왕도정치(王道政治)를 주장했는데, 왕도정치는 '왕이 백성을 돌보고 도덕으로 나라를 다스려야 한다'는 이상적 통치 이념입니다. 특히 맹자는 "백성이 가장 귀하고, 사직이 그다음이며, 군주는 가장 가볍다"라고 하여 정치의 중심이 백성인 민본주의적 시각을 선명하게 드러낸 인물이기도 합니다. 그가 쓴 《맹자》는 그의 사상과 언행 그리고 제자들과의 문답을 엮은 책으로, 성선설, 왕도정치, 민본주의 등 맹자의 핵심 사상이 담겨 있습니다. 이 책은 도덕·정치·교육의 원리뿐 아니라 인간 본성에 대한 깊은 통찰을 담은 고전입니다.

공자의 《논어》가 간결한 언어로 인격 수양과 인간관계의 덕목을 담았다면, 《맹자》는 정치 이념과 현실 개혁을 다룬 점에서 보다 적극적인 사회 철학서에 가깝습니다. 그러므로 바로 뒤에 소개하는 《논어》를 읽고 《맹자》를 읽는 순서를 추천합니다.

《맹자》는 '인간은 본래 선하게 태어난다'란 '성선설(性善說)'을 바탕으로 인간의 본성을 긍정하고, 왕도정치를 실현하기 위한 지도자의 역할과 백성 중심의 정치철학을 강조합니다. 책은 7편 14장이며, 7편은 각각 왕이나 제후, 학자와 제자들과 나눈 문답으로 각각의 이름이 편의 제목입니다.

하지만 《맹자》는 편과 장 중심이 아니라 사상 주제 중심으로도 나눌 수 있습니다. 그래서 학자들은 맹자의 사상을 주제별로 여섯 개 영역으로 나누어 이해하기도 합니다.

① 성선설: 인간 본성의 선함에 대한 철학적 신념

맹자는 공자의 인(仁)을 계승하면서 인간 본성에 대한 보다 명확한 정의를 내립니다. 그는 인간은 본래 선하게 태어난 존재이며, 그 안에 네 가지 덕성의 씨앗인 '사단(四端)'이 존재한다고 보았습니다. 이 네 가지, 선한 마음을 키우는 것이 맹자가 주장하는 교육과 도덕 수양의 핵심입니다. 이 네 가지는 다음과 같습니다.

— 측은지심(惻隱之心) : 타인의 고통을 불쌍히 여기는 마음 → 인(仁)
— 수오지심(羞惡之心) : 부끄러움을 아는 마음 → 의(義)

— 사양지심(辭讓之心) : 겸손히 양보하는 마음 → 예(禮)

— 시비지심(是非之心) : 옳고 그름을 가릴 줄 아는 마음 → 지(智)

이 사단은 누구에게나 있으며, 성선설은 인간에 대한 낙관주의적 관점일 뿐 아니라 도덕 교육의 가능성과 사회 윤리의 기초를 제공하는 철학입니다.

② 왕도정치: 무력이 아닌 덕으로 다스리는 정치

맹자는 유가 정치철학의 중심을 '왕도(王道)'에 두었습니다. 이는 단순히 군주의 덕만을 의미하는 것이 아니라, 국가 운영 전반에 인(仁)과 의(義)를 적용하는 체제적 정의를 뜻합니다. 왕도는 강제나 법률보다 도덕성과 신뢰에 기초하며, 백성들의 자발적 복종과 존경을 이끌어내는 이상적 정치입니다. 이에 반해 패도(覇道)는 폭력과 술책에 의존하여 지배하는 정치로, 맹자는 이를 강하게 비판했습니다. 그는 전란과 혼란의 시대일수록 더더욱 왕도정치의 회복이 필요하다고 강조했습니다.

③ 민본주의: 백성을 국가의 중심에 둔 사상

맹자 정치철학의 핵심은 백성을 국가의 근본으로 보는 '민본주의(民本主義)'입니다. 그는 '민귀군경(民貴君輕)'이라 하여 백성이 가장 존귀하고, 군주는 가장 가볍다고 말했으며, 이 사상은 단순한 민심 중시가 아니라 군주의 통치 정당성이 백성의 삶을 보장하는 데 있음을 강조한 것입니다. 특히 맹자는 군주가 백성을 학대하거나 굶주리게 할 경우, 그를 '군주'가 아닌 적(賊)으로 간주하여 축출할 수 있다고 했습니다. 이런 급진적인 발언은 전제군주제 시대에 매우 파격적인 주장이었으며, 후대 동아시아 정치에 민본주의 전통을 심는 계기가 되었습니다.

④ 예와 의의 윤리학: 이익보다 정의를 따르는 삶

맹자의 철학에서 중요한 덕목은 '예'와 '의'입니다. 그는 인간이 단지 본능과 이익만을 추구하는 존재가 아니라 무엇이 옳은지를 분별할 수 있는 존재임을 강조합니다. 그에 따르면, 진정한 인간은 이익을 위해 도덕을 버리지 않으며, 의를 따르기 위해 고통을 감수할 수 있어야 합니다. 그는 대장부라면 의를 해치면서까지 살려 하지 않고, 의가 있다면 죽음도 마다하지 않는다고 말했습니다. 이는 우리에게 직업 선택, 인간관계, 사회 참여 등 다양한 영역에서 '옳음'의 기준을 세우는 삶을 알려줍니다.

⑤ 제도 개혁과 실천적 철학: 사회, 정치 현실 적용

맹자는 철학자로서 현실 개혁에도 매우 적극적이었습니다. 그는 단지 이상을 주장한 것이 아니라 토지제도(정전제), 세금 정책, 교육 확대, 인재 등용 등 구체적인 정책을 내놓으며, 군주들에게 개혁의 방향을 제시했습니다. 특히 그는 백성의 생계를 우선 보장하고, 안정된 삶 위에서만 도덕 교육이 가능하다고 보았습니다.

⑥ 교육론: 인간 수양과 제자 지도

맹자는 인간 본성을 계발하고 덕을 실천하도록 가르치는 교육을 매우 강조했습니다. 군자 수양, 제자 지도, 도덕 훈련, 올바른 판단과 행동을 기르는 수양과 교육의 측면이 포함됩니다. 맹자는 교육을 인간 본성을 꽃피우는 도구로 보았고, 그는 누구나 선한 마음을 타고났다고 믿었기에, 교육을 통해 그 본성을 지켜주고 키워주는 것이 중요하다고 강조했습니다.

《맹자》는 실천과 제도 개혁을 아우른 유가 정치철학의 정수라 할 수 있습니다. 그는 제자들에게 단순한 암기가 아닌, 도덕적 판단력과 의로운 실천을 가르쳤으며, 제자들과의 문답을 통해 논리적 사고를 발전시켰습니다.

공자와 달리 맹자는 현실 정치에 적극 개입했고, 군주와 권력자에게 직접 찾아가 바른 정치를 권했습니다. 이런 점에서 맹자는 유학을 이상론에서 실천론으로 이끈 인물이라 할 수 있습니다.

맹자의 사상은 조선의 성리학자들, 특히 율곡 이이와 같은 인물에게 큰 영향을 주었으며, 백성을 보호하고 도덕으로 정치를 이끈다는 원칙은 오랫동안 조선의 통치 이념이었습니다.

그는 전국시대 여러 나라를 돌아다니며 군주에게 왕도정치를 설파했지만, 애석하게도 현실 정치에 크게 받아들여지지는 않았다고 합니다. 그래서 그는 말년에 교육과 집필에 더욱 전념하게 됩니다.

맹자는 단호하면서도 따뜻한 철학자였고, 약자에 대한 연민과 강자에 대한 당당한 직언을 두려워하지 않았습니다. 그의 글을 읽는다는 것은 도덕적 용기를 배우는 것이며, 어떤 상황에서도 꺾이지 않는 호연지기의 정신을 내면화하는 일입니다. 《맹자》는 지금도 여전히 스스로를 돌아보고, 사회에 일원으로 책임감 있는 인간으로 살아가야 함을 가르쳐주는 위대한 고전입니다.

군자는 의에 밝고, 소인은 이익에 밝다

공자(孔子, BC. 551~BC. 479)는 춘추전국시대 노나라 출신의 사상가이
자 교육자로, 유학의 창시자입니다. 《논어(論語)》는 공자와 제자들 사
이의 문답과 공자의 언행을 제자들이 기록한 책으로, 춘추전국시대의
혼란 속에서 도덕 질서의 회복을 꿈꾸며 정리한 유학의 핵심 경전입니
다. 이런 공자의 철학은 이후 수천 년에 걸쳐 동아시아 정치, 교육, 윤리
전반에 지대한 영향을 끼쳤습니다.

《논어》는 '인(仁)'과 '예(禮)'를 중심으로 한 도덕적 삶과 자기 수양, 바
른 정치, 인간관계의 조화를 통해 이상적인 인간상인 '군자(君子)'가 되
는 길을 제시해, 철학책이라기보다는 '어떤 삶을 살아야 하는지' 보여주
는 인생 지침서 같은 느낌이 강합니다.

책은 20편 500여 개의 짧은 문장으로 구성되어 있으며, 그 핵심 가치는
'인' '예' '의(義)' '지(智)' '신(信)' 등으로, 인간으로서 사는 법에 대해 끊
임없이 질문하고 답하는 방식으로 내용이 전개됩니다. 이 중에서 공자

가 가장 중요하게 여긴 덕목은 '인'으로, 인은 단순한 사랑이나 친절을 넘어, 타인을 배려하고 스스로를 절제하며 조화를 이루는 삶의 자세를 뜻합니다. 공자는 "인이란 사람을 사랑하는 것"이라고 말하며, 군자란 "인을 실천하려는 사람"이라고 정의했습니다. '예'는 공동체 속에서 질서를 지키며 타인을 배려하는 태도이며, 단지 형식적 의례가 아니라 사람 사이의 도리를 지키기 위한 실천 규범입니다. 공자는 '예'를 통해 인간이 욕망을 조절하고 타인과 조화를 이루며 살아갈 수 있다고 보았습니다. 따라서 인과 예는 따로 떨어질 수 없는 윤리의 두 축입니다.

제자인 자공(子貢, BC. 520년경~BC. 456년경)이 인이 무엇인지 묻자, 공자는 "자기를 이기고 예로 돌아가는 것이 인"이라고 답합니다. 또한 "배우고 때때로 익히면 또한 기쁘지 아니한가[學而時習之 不亦說乎]" "내가 하고 싶지 않은 것을 남에게 하도록 시키지 마라[己所不欲 勿施於人]"란 문구는 오늘날에도 널리 인용되는 구절입니다.

공자는 덕 있는 정치가 가장 이상적이며, 군주는 백성 위에 군림하는 존재가 아니라 도덕으로 백성을 이끄는 사람이어야 한다고 강조했습니다. 그는 도를 실현하는 데에 있어서 권력이나 재산보다 성실함과 인격을 앞세웠고, 말보다는 행동, 외양보다는 진실을 중요시했습니다. 그는 군자의 길을 강조하며 "군자는 의에 밝고, 소인은 이익에 밝다"고 했습니다. 이는 물질적 이익보다 도덕적 올바름을 우선하는 자세입니다.

또한 공자는 나이에 따른 자기 수양의 단계를 말하기도 했습니다. 이 구절은 자기 성찰과 도덕적 성장을 추구하는 삶의 전형으로 지금도 여전히 삶의 귀감이 됩니다.

"나는 열다섯에 학문에 뜻을 두었고, 서른에 자립했으며, 마흔에 미혹이 없고, 쉰에 천명을 알았으며, 예순에 귀가 순해졌고, 일흔에 마음 가는 대로 해도 법도를 어기지 않았다[吾十有五而志於學, 三十而立, 四十而不惑, 五十而知天命, 六十而耳順, 七十而從心所欲, 不踰矩]."

《논어》는 유학의 경전 가운데에서도 가장 인간적인 책입니다. 실천적 윤리가 강조되며, 공자라는 인물이 지닌 인격적 매력도 잘 드러납니다. 그는 제자들을 다정히 대했고, 부족함을 솔직히 인정하며 늘 자신을 돌아보았습니다. 이런 공자의 가르침은 수천 년이 지난 오늘날에도 인간답게 사는 법, 타인과 조화를 이루는 삶, 바른 관계를 맺는 방식을 고민하는 이들에게 깊은 가르침을 줍니다.

공자는 "가르침에는 차별이 없다"라고 하며 신분과 배경을 불문하고 누구에게나 교육의 문을 열었습니다. 이는 평등한 교육관의 시초로, 후대 교육 철학에 큰 영향을 주었습니다.

정치에 대해서도 도덕적 통치를 이상으로 삼아, 그는 법과 형벌보다 '덕(德)'을 앞세웠고, "덕으로 나라를 다스리면 북극성이 제자리를 지키듯 만물이 저절로 따르게 된다[爲政以德, 譬如北辰, 居其所而衆星共之]"고 했습니다. 군주의 덕이 바로 설 때 백성은 감화되고, 나라가 안정된다는 것입니다. 그는 권력을 남용하는 자들을 경계했고, 겉치레보다 실제 정치인의 품성과 인격을 중요시했습니다.

《논어》는 한나라 이후 과거제도의 중심 교재가 되었고, 조선시대에는 사대부 교육의 핵심 교양서로 자리했습니다. 동양뿐 아니라 서양의 철학자들도 공자의 사상에 주목했는데, 오늘날 세계 각지에서 《논어》는 윤리 교육과 자기 수양의 고전으로 널리 읽히고 있습니다. 공자는 '사람답게 사는 법'을 가르친 스승이었고, 그 정신은 지금도 학교, 가정, 사회에서 적용할 수 있는 삶의 원칙입니다.

오늘날의 독자에게도 《논어》는 단순히 옛말 모음이 아니라, 혼란한 시대 속에서도 원칙과 신의를 지키며, 자신을 성찰하는 방법을 일러주는 나침반입니다. 공자의 말처럼 '배우고 때때로 익히는' 삶은, 결코 과거의 이상에 머물지 않습니다. 제게 《논어》는 나이가 들수록 매번 새롭게 읽히며, 경험이 쌓일수록 각 구절의 의미는 달리 다가옵니다.

세상이 혼란할수록 바른 인성과 절제, 인간관계의 도리를 갖춘 사람이 중요합니다. 공자의 '군자'란 단순한 이상향이 아니라, 실천과 인내로 도달해야 할 인간상이며, 오늘날의 청년에게도 여전히 유효한 삶의 지표입니다.

'어떻게 살아야 할까'란 질문 앞에서 이리저리 흔들릴 때 기준을 잡아주는 책, 때로는 따뜻하게 때로는 냉정하게 현실 조언을 해주는 《논어》는

2천 년이란 시간을 뛰어넘어 여전히 소중한 통찰을 보여주는 인류 보편의 자원입니다.

있는 그대로의 나로 충분하다

노자(老子, ?~?)는 기원전 6세기경인 춘추전국시대 말기에 활동한 사상가로, 인위적인 규범보다 자연의 도에 순응하는 삶을 강조하는 도가(道家) 철학의 시조입니다. 그가 남긴 《도덕경(道德經)》은 전체 81장, 단 5천자 남짓의 짧은 경구 모음이지만, 동양 사상의 근간이며 자연 철학, 정치 이론, 윤리적 수양의 지침서로 오랫동안 전해 내려오고 있습니다.

《도덕경》은 '도(道)'라는 우주의 근본 원리와, 그에 따라 살아가는 구체적 삶의 방식인 '덕(德)'을 중심으로, 무위(無爲)의 실천과 겸허한 통치를 강조하며, 혼란한 시대를 사는 인간에게 자연의 질서에 따라 순응하며 사는 삶인 무위자연(無爲自然)의 삶을 제시하고 있습니다.

《도덕경》 안에는 정치, 윤리, 존재론, 자연철학을 아우르는 심오한 통찰이 담겨 있습니다. 노자에게 있어 도는 이름 붙일 수 없는 근원이며, 눈에 보이지 않지만 모든 것을 낳고 품는 존재입니다.

《도덕경》에서 가장 많이 반복되는 주제는 '무위'인데요, 이는 '아무것도 하지 않는다'란 뜻이 아니라, 억지로 개입하거나 과도하게 통제하지 않는 태도, 즉 자연스러운 흐름에 순응하는 자세를 뜻합니다. 예를 들어, 노자는 다음과 같이 말했습니다.

"지극히 부드러운 것이 세상에서 가장 거칠고 단단한 것을 이긴다[柔弱勝剛強]." 이는 강한 힘이나 권력이 아니라 유연함과 수용성이 오히려 더 큰 지속력을 가진다는 역설적 통찰입니다. 또한 "도는 언제나 무위로 행하지만, 이루지 못하는 것이 없다[道常無為而無不為]"란 말처럼, 도는 조용히 존재하지만 모든 것을 이루는 궁극의 원리로 작용한다고 합니다.

노자는 물[水]의 속성으로 도의 본질을 설명하기도 합니다. 물은 가장 낮은 곳을 향하고, 다투지 않으며, 막힘없이 흘러갑니다. 그는 지도자 또한 물처럼 존재해야 한다고 보았습니다. 지나친 개입이나 위계적인 명령이 아니라 스스로 낮추고 다스리지 않음으로써 백성을 편안하게 해야 한다는 것입니다.

《도덕경》은 역설과 반어의 언어로 가득합니다. '있는 것보다 없는 것이 유용하다' '강한 자보다 부드러운 자가 오래간다' '지혜로운 자는 아는 체하지 않는다' 등의 정신은 고정관념을 깨뜨리고 사고의 틀을 재정립하게 만듭니다. 노자는 인간이 자신의 욕망을 절제하고, 지식과 권력을 앞세우는 것을 경계하며, 텅 빈 마음과 고요한 정신 속에서 진정한 평화를 찾으라고 말합니다.

그의 철학은 현대인에게 '비움' '절제' '조화' '자연'이라는 키워드로 깊은 울림을 줍니다. 경쟁과 효율을 강요하는 현대 사회에서 노자의 말은 속도를 늦추고, 스스로 돌아보게 하며, 타인과의 갈등 속에서 양보와 수용의 가치를 일깨웁니다.

또한 《도덕경》은 특정한 체계나 교리를 따르지 않습니다. 대신 독자 스스로가 각 문장을 음미하며 자신의 삶에 적용할 철학을 발견하게 합니다. 때로는 한 문장을 여러 번 읽고 생각하며 그 속의 뜻을 찾아가는 과정이 필요합니다. 노자는 진리를 한눈에 드러내지 않으며, 모호하고 비유적인 방식으로 질문을 던집니다. 하지만 그 모호함 속에 인간과 자연, 권력과 덕, 존재와 공허 사이의 관계를 꿰뚫는 통찰이 숨어 있습니다.

《도덕경》의 1장의 첫 구절은 이렇게 시작합니다.

"도를 도라고 부를 수 있는 순간, 더이상 참된 도가 아니다[道可道, 非常道]." 이 문장은 도가 이름 붙일 수 없는 존재이며, 언어와 개념 너머에 있다는 점을 강조합니다. 노자는 말보다 '말하지 않음'을 더 중시했고, 외형보다 내면, 힘보다 덕을 중심에 놓았습니다. 그가 강조한 '무명(無名)'과 '무위(無爲)'는 현대인의 언어로는 '집착하지 않음' '억지로 하지 않음'에 가깝습니다. 그는 '비어 있음' 속에서 충만함을 찾았고, 겸손한 자가 결국 더 높아진다고 보았습니다.

《도덕경》 8장에는 "최고의 선은 물과 같다[上善若水]"란 구절이 등장합니다. 물은 다투지 않고 낮은 곳으로 흐르며 만물을 이롭게 하면서도 그 자리를 탐하지 않습니다. 노자는 지도자뿐만 아니라 이상적인 인간상은 바로 물과 같은 존재, 즉 겸허하고 유연하며 스스로를 내세우지 않는 사람이라고 했습니다.

노자의 정치관도 남다릅니다. 그는 '무위 정치(無爲之治)'를 주장했습니다. 다스리지 않음으로써 다스리는 정치, 간섭하지 않고 스스로 살게 하는 통치입니다. '백성이 지혜로우면 나라가 어지럽고, 백성이 어리석을수록 나라가 평화롭다'란 말이 오늘날엔 위험하게 들릴 수 있으나, 그 핵심은 '권력자의 개입이 많을수록 혼란이 커진다'는 역설입니다. 노자는 소박한 삶, 검소한 정치, 자연과의 조화를 강조하며, 크고 복잡한 체제보다 단순하고 개입이 덜한 정치가 오래 간다고 믿었습니다.

노자는 급할수록 멈추고, 욕망이 클수록 비우라고 했습니다. 그는 인간이 가장 자연스러울 때, 즉 억지 부리지 않고 타인과 다투지 않으며 자기 자리를 지킬 때 가장 강하다고 말합니다. 이렇듯 《도덕경》은 모든 시대에 통하는 철학입니다. 빠름과 경쟁보다 느림과 절제, 억지보다 비움의 지혜를 일깨우는 노자의 철학은 혼란스러운 현대 사회 속에서도 내면의 중심을 지키고, 자연과 타인과 더불어 조화를 이루는 삶을 추구하라고 합니다. 자기 자신을 강하게 만드는 것이 아니라, 부드럽게 만들어야 더 오래 간다는 그의 가르침은 욕망이나 집착이 많아 마음이 힘이 들 때, 거칠고 복잡한 세상 속에서 지칠 때 큰 위안이 됩니다.

너 자신의 북소리를 따라가라

《월든(Walden)》을 쓴 헨리 데이비드 소로(Henry David Thoreau, 1817~1862)
는 19세기 미국에서 살았던 사상가이자 수필가, 시인, 자연주의 철학자
입니다. 랠프 월도 에머슨(Ralph Waldo Emerson, 1803~1882)과 함께 미국
초월주의 운동의 대표 인물로 여겨지며, 산업화 시대의 물질문명과 도시
생활을 비판하며, 자연 속에서 자립하는 삶을 실천해 인간의 본질적인 자
유를 추구했습니다. 그의 대표작인 《시민불복종》과 《월든》은 현대 생태
사상, 시민 저항운동, 미니멀리즘 철학에 큰 영향을 끼쳤으며, 그의 사상
은 간디와 미국의 마틴 루서 킹 목사에게도 영감을 주었습니다.

소로는 1845년부터 2년 2개월 동안 미국 매사추세츠주 콩코드 근처에
있는 월든 호숫가의 숲속 오두막에서 혼자 자급자족하며 살면서, 자연,
인간, 문명에 대한 깊은 성찰을 기록했습니다. 《월든》은 문명에서 벗어나
자연 속에서 고독하게 살며 인간 존재의 본질을 탐색한 기록이지요.
저자는 단순하게 살고 싶었습니다. 그는 자본주의와 소비사회가 강요

하는 욕망과 관습에서 벗어나 자연과 철학, 고요함을 통해 진정한 삶의 의미를 성찰했습니다. 그런 이유로《월든》은 단순한 자연 체험기가 아니라 인간이 어떻게 '자신의 삶을 소유할 수 있는가'에 대한 깊은 철학적 물음입니다.

각 장에서 저자는 노동, 고독, 자연, 문명 비판, 철학적 자각 등 다양한 주제를 천착합니다. 첫 장인 <경제>에서는 인간이 본래 단순하게 살 수 있음에도 불구하고, 사회는 과도한 노동과 소비로 인간을 소외시키고 있다고 비판합니다.

5장인 <고독>에서는 공동체 안에서 느끼는 고립보다 자연 속에서의 고독이 훨씬 풍요롭다고 강조합니다. 자연은 그에게 관조의 대상이 아니라 교감의 존재였으며, 개구리 소리, 물결의 울림, 새의 날갯짓 등에서 질서와 조화를 배울 수 있었습니다.

17장인 <봄>에서는 자연의 부활과 생명의 순환을 예찬하며, 그 안에서 인간 역시 다시 태어날 수 있다고 주장합니다. 소로는 자연이 곧 진리이며, 책보다 더 위대한 가르침을 준다고 말합니다. 시적 문장은 단순한 자연 묘사에 그치지 않고 존재론적 성찰로 나아갑니다.

소로는 "기차는 우리를 실어 나르기도 하지만, 우리 삶을 짓밟고 지나간다"라며 철도와 신문, 통신의 발전이 인간에게 진정한 자유를 주지 않으며, 오히려 삶을 조급하고 단절되게 만든다고 했습니다. 그는 속도의 문화는 인간의 본질을 흐릿하게 만든다고 경고하며, 불필요한 정보를 줄이고, 내면의 사유와 침묵 속에서 진실한 삶을 발견해야 한다고 합니다. 책의 마지막 장 <결론>은 철학적 명문으로 꼽힙니다. "타인의 인생을 살지 말고, 너 자신의 북소리를 따라가라"는 조언은 소로가 말하는 진정한 자유의 표현입니다. 자유는 외적 고립이 아니라 내면의 독립이며, 그 안에서 자아를 성찰하고 삶을 창조하는 주체가 되라는 의미입니다. 이런 그가 선택한 삶은 물리적 실험이 아니라 정신적 선언의 표현이었습니다.

《월든》과 《시민불복종》은 이후 세계 사상사의 흐름에 거대한 파장을 일으켰습니다. 러시아의 톨스토이는 소로의 《시민불복종》을 읽고 깊은 영향을 받아 기독교적 아나키즘과 비폭력 저항 사상을 발전시켰습니다. 톨스토이의 사상은 인도의 간디에게 전해졌으며, 간디는 톨스토이와의 서신 교류와 소로의 저작을 함께 읽으며 비폭력·불복종 운동의 철학적 토대를 마련했습니다. 간디는 "소로는 내 정신의 스승"이라고 하며, 그의 사상을 실천의 단계로 끌어올렸습니다.

간디의 정신은 한국의 시민사회운동가였던 함석헌 선생에게 이어졌습니다. 함석헌 선생은 젊은 시절 간디를 통해 소로와 톨스토이의 정신을 간접적으로 흡수했으며, 일제강점기와 해방 이후 군부독재 정권 아래에서도 비폭력, 양심, 저항의 철학을 '씨알사상'으로 계승했습니다. 이처럼 소로 → 톨스토이 → 간디 → 함석헌으로 이어지는 19세기와 20세기를 관통하는 정신의 계보는, 하나의 고요한 생각이 인류 전체의 사상사에 어떤 파장을 줄 수 있는지를 보여주는 명징한 사례입니다.

헨리 데이비드 소로, 《월든》

《월든》에서 소로가 보여준 고독과 자연에 대한 감수성은 21세기 디지털 시대의 인간에게 더욱 절실하게 다가옵니다. 소로는 자연 속에서 자아를 재발견하며, 도시의 소음과 인간관계의 피로에서 벗어난 삶을 제안합니다. 이는 단순히 문명 비판이 아니라, 자기 존재를 성찰하고 진정한 삶의 기준을 스스로 묻는 철학적 도전입니다. 그는 자본주의 시대가 주장하는 성공이 아니라 존재의 내실과 자유를 삶의 중심에 두었습니다.

우리에게 《월든》은 단순한 자급자족의 모델을 보여주는 것이 아니라, 정신적 독립과 삶의 주체성 확립이라는 강한 메시지를 전합니다. 취업과 생존의 무게에 짓눌린 청년들에게 그는 '세상과 다른 길을 걷는 용기'와 '가장 단순한 곳에서 가장 깊은 진리를 찾으려는 태도'를 가르쳐 줍니다.

세상이 정해놓은 기준만 따라가지 말고, 내가 무엇을 좋아하는지, 무엇을 하고 싶은지 알고 나의 행복을 추구하는 길을 가십시오. 문명의 소음에 익숙해 그렇게 사는 삶이 옳은 삶이라는 공식을 세운 우리에게는 소로의 언어가 낯설고 느리게 느껴질 수 있지만, 그의 문장은 즉시성보다는 깊은 사유를 알려주며, 우리에게 삶의 본질을 돌아보게 하는 깊은 울림을 선물합니다.

질문하지 않는 삶은 가치가 없다

《철학이 필요한 시간》의 저자 강신주(1967~)는 동양철학을 전공했으며, 철학이 삶과 실존을 위한 도구가 되어야 한다는 생각으로 철학 대중화를 이끌어왔습니다. 《철학이 필요한 시간》은 고대 철학자들의 사상을 현대인의 일상에 연결해, 철학이 단순한 지식이 아닌 삶을 바꾸는 태도임을 설득력 있게 전개한 철학에세이입니다.

철학은 삶의 위기 앞에서 자기 자신을 되돌아보는 사유의 기술이며, 자유롭고 주체적인 인간으로 살아가기 위해 반드시 필요한 존재 방식입니다. 《철학이 필요한 시간》은 철학을 삶의 변두리에 놓인 추상적인 학문이 아니라, 삶의 중심에서 현실을 해석하고 자기를 지키는 실존의 기술로 복원하려는 시도입니다. 강신주는 철학을 '살기 위한 무기'라고 하며, 철학이야말로 우리가 살아가며 마주치는 수많은 문제에 대해 '왜'라는 질문을 던질 수 있도록 도와주는 도구라고 말합니다. 그는 현대인이 겪는 불안, 고독, 정체성 혼란이 단지 개인의 문제가 아니라 시대 구조와 삶의 조건에서 비롯된 것임을 보여주고, 철학을 통해 그것을 직시하고 이해하도록 이끄는 작업을 하고 있습니다.

《철학이 필요한 시간》은 특히 청년들에게 철학의 중요성을 역설합니다. 청년기는 삶의 방향성과 정체성을 결정짓는 중요한 시기이지만, 오늘날의 청년들은 과도한 경쟁, 불안정한 미래, 끊임없는 비교와 평가 속에서 자기를 잃곤 합니다. 강신주는 이런 현실 속에서 철학이야말로 자기를 지키고 삶을 주도하기 위한 내적 자산이라고 말합니다. 그는 "질문하지 않는 삶은 살 가치가 없다"란 소크라테스의 말을 인용하며, 자기 욕망의 주인이 될 때 진정한 자유를 얻는다고 강조합니다.

저자는 '자유의 개념'을 반복해서 강조합니다. 우리는 스스로 자유롭게 선택한다고 생각하지만, 그 선택은 대부분 사회적 흐름, 타인의 기대, 소비 시스템이 설정해놓은 길 위에 있습니다. 스피노자는 자유란 외부의 원인이 아닌, 내적 필연성에 따라 움직일 때 실현된다고 했습니다. 니체는 남이 만든 도덕을 벗어나 스스로 삶의 가치를 창조하는 '초인'을 강조했고, 루소는 문명 이전의 자연 상태에 진정한 자유가 존재한다고 했습니다. 강신주는 이런 철학적 전통을 바탕으로, 자유는 욕망을 따르는 것이 아니라 욕망을 검토하고 통제하는 힘이라고 보았습니다. 그리고 이를 얻기 위해서는 철학적 사유를 지속적으로 훈련해야 한다고 합니다.

철학은 고독과 외로움에 대한 새로운 해석을 제시합니다. 많은 사람이 외로움을 부정적으로 경험하지만, 철학은 고독을 사유의 출발점이자 내면의 진실과 만나는 기회로 봅니다. 하이데거는 인간 존재를 '죽음에 이르는 존재'로 보았고, 그 불안은 우리가 일상성에서 벗어나 진정한 자기로 회귀할 수 있는 계기를 제공한다고 했습니다. 쇼펜하우어는 고통과 결핍이 인간 존재의 조건임을 인정하며, 그것을 예술과 철학을 통해 승화할 수 있다고 보았습니다.

강신주는 이런 철학자들의 통찰을 삶과 연결 짓습니다. 타인의 인정이 아닌 자기 성찰을 통해 삶을 살아가는 방식은 외롭지만 단단합니다. 그는 철학을 "고독을 사유하는 힘"이라고 부르며, 고독이 인간 존재의 근본 불안을 감당할 수 있는 내적인 힘을 마련해준다고 말합니다. 그 사유는 이론이 아닌 경험이고, 머리로 배우는 것이 아니라 몸으로 익히는 훈련입니다.

이 책은 철학을 통해 인간관계도 성찰합니다. 타자와의 관계에서 가장 중요한 것은 '차이'를 인정하는 태도입니다. 들뢰즈는 차이를 단순한 비교가 아니라 존재의 본질로 보았고, 타자를 나와 다른 고유한 세계로 이해하는 것이 철학적인 관계의 핵심이라고 보았습니다. 강신주는 사랑, 우정, 공동체 등 인간관계를 구성하는 모든 영역에서 철학적 태도가 필요하다고 강조하며, 사랑은 단지 감정이 아니라 타자 속에서 나를 확장하고 세계를 새롭게 바라보는 실험임을 역설합니다. 에마뉘엘 레비나스의 철학처럼, 타자 앞에서 윤리적 책임을 느끼는 감각, 즉, 노인에게 자리를 양보하거나 길 잃은 아이를 돕거나 고통받는 친구의 곁을 지키는 등의 행동은 모두 철학적 감수성의 표현입니다.

강신주는 철학이 단지 학문이 아니라 실천이어야 한다고 믿습니다. 그는 철학을 '삶의 기술'이자 '사유의 근육'이라 하며, 질문하고 해석하고 성찰하는 힘이 삶을 변화시킬 수 있다고 강조합니다.

그리하여 이 책은 혼란스러운 사회 속에서도 자신의 삶을 질문하고, 욕망을 검토하며, 고독을 견디고, 관계를 새롭게 해석할 수 있도록 돕는 철학의 힘을 보여줍니다. 삶의 방향이나 정체성에 대해 고민이 많고, '뭔가 답답한데 뭐가 문제인지 잘 모르겠는' 사람, 철학은 어렵고 멀게만 느껴졌던 사람, 사회·관계 속에서 '나'를 지키고 싶지만, 막막하거나 혼란스러운 사람에게 이 책은 현실적인 답을 줄 것입니다.

오늘, 너는 너 자신에게 정직했는가

마르쿠스 아우렐리우스(Marcus Aurelius Antoninus, 121~180)는 로마 제국의 황제이자 스토아철학의 대표 사상가입니다. 스토아철학은 일상에서 지혜, 용기, 절제 또는 중용, 정의의 네 가지 미덕을 실천하고, 자연에 순응하는 삶을 살라고 권하는 학파입니다. 《명상록(Meditations)》을 쓴 아우렐리우스는 외적의 침입과 전염병, 궁중의 음모가 끊이지 않았던 시대를 살면서도 내면의 평정과 덕 있는 삶을 실천하려고 노력했습니다. 《명상록》은 그가 원정지에서 틈틈이 남긴 철학적 기록으로, 제왕이자 철학자로서의 자기성찰이 담겨 있는 고전입니다. 고통과 시련 속에서도 인간이 어떤 자세를 취해야 하는지를 스스로 묻고 답한 사유의 흔적으로, 매일 스스로를 향해 던지는 질문을 통해 인간의 본성, 죽음, 시간, 욕망, 분노, 책임, 공동체 윤리 등을 성찰했습니다.

이 책은 총 열두 권으로 구성되어 있으며, 고정된 주제나 순서 없이 아우렐리우스가 원정지에서 틈틈이 쓴 메모들을 모은 것입니다. 1권 <감사와

배움>에서는 자신이 존경하는 이들에게서 무엇을 배웠는지를 열거합니다. 예를 들어, 아버지에게서 검소함과 평정을, 어머니에게서 자비와 단순함을, 스승 루스티쿠스에게서 진정한 철학의 의미를 배웠다는 식입니다. 그가 존경한 인물들은 대부분 성실하고 과장 없이 행동하며, 명예보다 진실을 중시한 사람들이었습니다. 이 목록은 단순한 감사의 표현이 아니라, 그가 지향한 인격의 거울이자 실천적 철학의 출발점입니다.

그는 삶의 핵심이 이성과 도덕에 있다고 거듭 강조합니다. 운명은 우리가 바꿀 수 없지만, 그것에 어떻게 대응할지는 우리의 몫이라고도 합니다. 자신의 마음이 동의하지 않는 한 외부의 악은 우리를 해치지 못하며, 모든 판단과 감정은 우리 내면에서 비롯된다는 통찰은 스토아철학의 핵심입니다. 그는 자신의 욕망이나 감정이 아니라 자연과 이성의 법칙에 순응하는 삶을 추구했습니다. 분노, 두려움, 자만심, 쾌락 등은 모두 통제할 수 있는 대상이며, 인간은 오직 지금 이 순간의 행동을 바로잡을 수 있을 뿐이라고 말합니다.

또한 그는 자기감정을 억누르는 것이 아니라, 그것이 이성을 침범하지 못하게 다스리는 법을 배웠습니다. 즉, 감정은 피할 수 없지만, 감정이 이끄는 대로 말하거나 행동하지 않는 절제를 철학의 핵심으로 삼았습니다. 그는 신의 섭리나 자연 질서를 인간 이성보다 위에 두며, 인간은 그 법칙을 따르며 살 때 비로소 자유로울 수 있다고 믿었습니다.

그는 12권에서 죽음에 대해서도 담담히 말합니다. 죽음은 자연의 일부이며, 인간은 찰나적인 존재이기에 영광이나 평판을 좇는 일은 어리석다고요. 더불어 "사람은 죽음을 두려워하지만, 살며 의미 없이 낭비하는 시간을 더 두려워해야 한다"고도 말합니다.

마르쿠스 아우렐리우스는 로마 황제로서 절대 권력을 지녔지만, 자신의 위치를 특권이 아니라 책임으로 여겼습니다. 그는 병상에서도 글쓰기를 멈추지 않았고, 전염병으로 병사들이 죽어가는 전장에서 묵묵히 자신에게 질문을 던졌습니다.

《명상록》은 짧고 반복적인 단문이 이어집니다. 처음 읽는 사람은 다소 지루하게 느껴질 수도 있습니다. 하지만 이 반복은 스스로를 다잡기 위한 훈련입니다. "오늘도 다시 한 번, 밖이 아닌 안을 바라보자" "타인의 인정을 바라지 말고 네가 옳은 일을 하라" 등의 문장은 반복할수록 무게를 더해갑니다. 아우렐리우스는 철학이 머릿속의 이론이 아니라 날마다 실천해야 할 도덕 훈련임을 보여줍니다.

그는 물러서지 않고 삶의 중심을 지키려 애썼으며, 그것을 글로써 담담히 기록했습니다. 황제란 권력의 달콤함보다 덕과 이성을 지키는 삶을 추구했고, 자신의 명예나 이름을 남기는 데에는 관심이 없었습니다. 그는 후계자인 아들을 제국의 주인으로 삼으면서도 아버지로서가 아니라 지도자로서 바른 성품을 갖추게 하려 애썼습니다. 《명상록》에는 자녀 교육, 충신을 알아보는 눈, 아첨을 경계하는 법, 사소한 것에 분노하지 않는 마음 등을 강조한 구절이 곳곳에 보입니다. 그는 명예도 부도 권력도 모두 사라질 덧없는 것이라 말하며, 지금 이 순간을 이성적으로, 절제하며 살아가야 한다고 거듭 다짐합니다.

《명상록》은 이후 세기의 철학자, 심리학자, 정치가 들에게 깊은 영감을 주었습니다. 괴테, 니체, 몽테뉴, 라이프니츠, 라이언 홀리데이 등 수많은 사상가가 《명상록》을 인용했고, 제2차 세계대전 중에 그의 문장은 영국 수상 윈스턴 처칠의 잠언 속에 등장했습니다.

이렇게 오랫동안 많은 사람들이 이 글을 인용한 이유는 무얼까요? 첫 번째는 책과 저자가 아주 특별하기 때문입니다. 황제가 철학자라는 독특한 존재 그리고 전장에 나간 군인이라는 저자의 신분이 독특합니다. 두 번째는 생사의 경계를 넘나드는 전장에서, 매일 꼬박꼬박 글을 썼다는 사실입니다. 세 번째 이유는 로마 문화의 영광에 올라탄 행운을 누렸다는 점입니다. 로마 문화가 유럽을 비롯한 전 세계 문화에 엄청난 영향을 끼치면서 이런 로마 문화의 선두에 있던 《명상록》 같은 책들이 로마 문화 전파에 덕을 보는 행운을 가질 수 있었습니다.

오늘날의 독자에게도 《명상록》은 조용하지만 깊은 울림을 줍니다. 세상이 시끄러울수록 내면의 목소리를 듣고자 하는 사람에게, 아우렐리우스는 말합니다. "고통은 밖에서 오지 않는다. 네가 그걸 고통이라 판단하는 순간, 그것은 고통이 된다."

그는 하루를 잘 보냈다

알렉산드르 솔제니친(Aleksandr Isayevich Solzhenitsyn, 1918~2008)은 러시아의 소설가이자 사상가로, 스탈린 체제의 정치범 수용소를 고발한 '수용소 문학'의 창시자로 불립니다. 1945년 정치적 발언으로 체포되어 8년간 수용소 생활을 겪었고, 이 체험을 바탕으로 소설 《이반 데니소비치의 하루》를 비롯해 《수용소군도》 등 대표작을 집필했습니다. 그는 1970년 노벨문학상을 수상했으며, 소비에트 체제를 비판하는 목소리를 내어 20세기 지성사의 중요한 인물로 평가받습니다.

《이반 데니소비치의 하루》는 전체주의 체제 아래에서도 인간은 자신의 존엄과 인간다움을 지킬 수 있는 존재임을 잘 보여줍니다. 비인간적인 조건 속에서도 하루하루를 살아내는 평범한 인간의 삶을 통해, 자유와 인간성의 본질 그리고 체제에 순응하지 않는 정신의 힘을 탐구하는 내용입니다.

《이반 데니소비치의 하루》는 정치범 수용소라는 극한의 공간에서 인간이 자기 삶의 질서를 유지하며 인간다움을 지켜갈 수 있는지를 묻고 있습니다. 주인공 이반 데니소비치 슈호프는 간첩 혐의로 수용소에 억울하게 수감된 인물로, 소설은 그가 겪는 '하루'의 기록을 통해 전체주의 체제의 민낯과 인간의 저항을 동시에 그립니다. 작품은 영웅적 인물이나 반전의 서사 없이, 철저히 일상적이고 반복적인 시간 속에서 인물의 내면과 행동을 세밀하게 관찰했습니다.

이반의 하루는 새벽의 혹한 속에서 시작됩니다. 포근함도 사생활도 없는 감방, 형식적인 기상점호, 굶주림에 가까운 아침 식사. 혹한 속에서 행해지는 벽돌 작업과 반복되는 검열 그리고 배급. 그는 하루를 견디기 위해 머리끝까지 감싸는 모자를 조이고, 빵을 숨길 방법을 고민하며, 동료와의 협력 속에서 살아남을 방법을 익힙니다. 하지만 이런 조건 속에서도 그는 남의 것을 탐하지 않고, 일을 허투루하지 않으며, 타인의 몫을 위해 작은 희생을 감수합니다. 이 소설은 그런 작고 조용한 윤리가 어떻게 전체주의의 감시를 비켜나가는지를 잘 보여줍니다.

주인공의 하루는 억압된 구조와 절망으로 가득 차 있지만, 동시에 주어진 현실 속에서 '스스로 선택할 수 있는 최소한의 공간'을 상징합니다. 이반은 규율을 어기지 않되, 감시 속에서도 자기만의 방식을 유지하며 하루를 스스로 설계합니다. 그는 간수의 눈을 피하면서도 정직한 태도를 지키고, 배급을 받기 위해 줄을 서면서도 질서를 지키려 하고 동료에게도 해를 끼치지 않습니다. 이는 격렬한 저항이 아닌, '체제 속에서 도덕적 자율성이 가능한가'를 탐색하는 철학적 질문으로 이어집니다.

특히 수용소 노동의 묘사는 매우 인상적입니다. 노동은 수용소의 통제 수단이지만, 이반에게는 존재를 증명하는 기회가 되기도 합니다. 그는 벽돌을 성실히 쌓고, 동료와 함께 효율적인 방법을 모색하며, 작업 속에서 자부심을 느낍니다. 작가 솔제니친은 이런 묘사를 통해, 고통의 조건 속에서도 인간이 의미를 만들 수 있다는 메시지를 전달합니다. 인간은 단순히 살아남는 존재가 아니라 살아가는 방식을 선택하는 존재임을 강조합니다.

수용소라는 비정한 공간 속에서 이반은 자기만의 원칙과 질서를 세웁니다. 병에 걸리지 않기 위해 몸을 관리하고, 날씨를 계산해 노동 강도를 조절하며, 인간관계의 미묘한 균형을 읽어냅니다. 이 작은 전략들은 모두 그의 하루를 구성하는 치열한 사유의 결과입니다.

가장 인상적인 장면은, 하루의 끝에서 이반이 "오늘 하루를 잘 살았다"라고 스스로 평하는 대목입니다. 처벌을 받지 않았고, 남의 것을 빼앗지 않았으며, 자신의 책임을 다한 하루. 이 단순한 기록은 자유와 존엄에 대한 가장 깊은 철학적 성찰이라는 생각이 듭니다.

소설은 다양한 수감자의 존재를 통해 전체주의 체제에 대한 집단적 초상을 그려냅니다. 밀고자, 체념한 방관자, 규율에 굴종한 자들 속에서 이반의 태도는 더욱 도드라집니다. 그는 가장 평범한 인간이지만, 그 평범함 속에서 체제에 균열을 내는 윤리적 힘이 작동합니다. 이러한 구성으로 독자는 주인공에게 깊이 감정이입하게 됩니다.

알렉산드르 솔제니친, 《이반 데니소비치의 하루》

1962년 이 작품이 처음 발표되었을 때, 그것은 소련 문단의 침묵을 깨는 '해방'의 상징이었습니다. 《이반 데니소비치의 하루》는 정치적 선언문이 아닌, 철저히 문학적 언어로 진실을 말하는 방식이었으며, 이후 세계 문학사에 '수용소 문학'이라는 새로운 장르를 열게 되었습니다.

결국 이 작품은 인간이 얼마나 강인한 존재인지, 그리고 하루라는 시간 속에서 어떻게 존엄과 자유를 구현할 수 있는지를 보여줍니다. 체제가 아무리 우리 삶을 통제하더라도, 마지막 선택은 우리의 몫이라는 진실을 이반의 하루가 증명하고 있는 것입니다.

"아무리 가혹한 상황 속에서도 인간다움을 지킬 수 있는가?" 이 작품은 우리에게 묻습니다. 이 질문은 단지 역사적 교훈이 아니라 오늘의 삶에도 적용되는 과제입니다. 무의미한 경쟁, 불공정한 사회, 외부 통제로 가득 찬 현실 속에서, 외부 환경을 탓하기보다 이반처럼 작은 존엄과 자기 성실을 지키며 살아가는 태도가 얼마나 소중한지를 말입니다. 이 소설은 비극적인 세계 속에서도 자신의 하루를 의미 있게 채워갈 수 있다는 희망의 메시지를 전합니다.

당신은 지금도 쓸모 있는가

프란츠 카프카(Franz Kafka, 1883~1924)는 19세기말 오스트리아–헝가리 제국 치하의 프라하에서 태어난 유대계 독일어 작가입니다. 체코 지역 출신이지만, 독일어를 사용하는 유대인 가정에서 성장했으며, 후기에는 독일 문학의 상징적 인물로 평가받고 있습니다. 프라하대학교에서 법학을 전공하고 박사학위를 취득한 뒤 보험회사에서 일했지만, 그의 삶의 중심에는 언제나 문학이 있었습니다. 인간 존재의 부조리, 소외, 불안을 그로테스크한 방식으로 형상화한 작품 세계는 20세기 현대문학에 지대한 영향을 끼쳤습니다. 대표작으로 《변신》《소송》《성》 등이 있으며, 결핵으로 마흔 살의 나이로 요절하기 전까지 그가 남긴 문학적 유산은 세계적인 고전으로 후대에 전해지고 있습니다.

《변신(Die Verwandlung)》은 '쓸모'로 인간의 존재를 평가하는 사회의 잣대와 가족이라는 공동체조차도 조건부 사랑 위에 존재한다는 사실을 보여주며, 인간 소외와 실존의 불안을 통렬하게 고발하는 작품입니다.

이 작품은 인간 존재의 조건, 가족 관계, 사회적 효용의 붕괴가 한 개인의 정체성과 생존을 어떻게 위협하는지를 상징적으로 드러낸 실존적 우화로, 주인공 그레고르 잠자가 어느 날 아침 자신이 거대한 벌레로 변해 있다는 사실을 깨달으며 이야기가 시작합니다. 카프카는 이 '변신'의 원인을 일체 설명하지 않음으로써, 독자가 인간 존재 자체의 조건에 집중하게 만듭니다. 이 이야기에서 중요한 것은 왜 그가 벌레가 되었는지가 아니라, 그가 변신한 뒤 주변 세계가 어떻게 반응하느냐입니다.

그레고르는 이전까지 가족의 생계를 책임지는 성실한 가장이었습니다. 하지만 벌레가 되자 그는 순식간에 가족과 사회로부터 소외되고 타자화됩니다. 여전히 인간의 감정을 지니고 있지만, 외형이 바뀌었다는 이유만으로 그는 이해받지 못하고 두려움과 혐오의 대상이 된 것이죠. 처음에 어머니와 여동생이 동정심을 보이지만, 시간이 흐르면서 가족의 태도는 무관심으로 바뀝니다. 특히 여동생 그레타는 오빠를 돌보던 유일한 존재였으나, 결국 그를 방에서 내쫓고 제거의 대상으로 간주해버립니다.

이런 전개는 외형이나 쓸모, 사회적 역할이 인간 존재의 가치와 존엄을 얼마나 쉽게 규정하는지를 날카롭게 보여줍니다. 그레고르는 노동할 수 없고, 말을 할 수 없게 되었을 뿐인데 존재 전체가 쓸모없다고 간주됩니다. 이는 효율성과 생산성이 인간 평가의 기준이 되는 현대 자본주의 사회에 대한 강한 비판입니다. 인간을 '쓸모'로만 평가한다면, 타자에 대한 연민과 존중은 어떻게 유지될 수 있을까요? 이 작품은 독자로하여금 바로 그 질문을 정면으로 마주하게 합니다.

특히 카프카는 벌레라는 존재를 단순한 혐오의 상징으로 그리지 않았습니다. 그레고르의 내면은 끝까지 인간적이며, 가족을 배려하고 이해받기를 원합니다. 외모는 벌레지만, 마음은 여전히 가족을 사랑하는 아들이고 오빠입니다. 이처럼 육체와 정신, 외형과 본질 사이의 괴리는 인간 조건의 모순을 극대화하는 장치로 작동합니다. 그는 점점 음식도 먹지 않고, 방에 틀어박힌 채 조용히 존재감을 지워갑니다. 결국 스스로 가족의 짐이 되고 싶지 않다는 이유로 죽음을 선택하게 되지요.

그레고르의 죽음 이후 가족은 놀랍도록 빠르게 안도하며 새로운 삶을 구상합니다. 이 장면은 단순히 냉담한 가족상을 넘어서, 공동체가 쓸모없는 존재를 얼마나 쉽게 폐기하고 망각하는지를 보여주는 구조적 폭력의 은유입니다. 가족이라는 가장 가까운 집단조차 개인을 조건부로 받아들인다는 사실은 독자에게 깊은 불안과 성찰을 불러일으킵니다.

카프카의 실존주의 문학은 《변신》에서 극대화됩니다. 인간이 사회에서 한 위치를 잃는 순간, 존재의 의미도 함께 소거될 수 있다는 불안은 현대인의 실존 조건을 반영합니다. 벌레가 된 그레고르는 비단 문학 속 인물이 아니라 현실 세계에서 무능력자, 낙오자, 비정규직, 실업자로 쉽게 이름 붙여지는 이들의 또 다른 자화상일 수 있습니다. 현대 한국의 가족 안에서 실직한 가장의 모습이 오버랩되는 대목이기도 합니다. 작품은 그런 이들에게 연민과 이해의 시선을 보내는 동시에, 독자가 자신의 시선을 반성하게 만듭니다.

《변신》은 괴기스러운 상상력 위에 세워진 이야기가 아니라, 오히려 가장 현실적인 인간관계의 민낯을 드러내는 거울입니다. 누구나 사회 혹은 관계 속에서 '쓸모'를 잃는 순간 그레고르가 될 수 있으며, 누구나 한때 사랑했던 이를 무의식적으로 소외시킬 수 있습니다. 이 작품은 사회가 인간에게 던지는 냉혹한 질문, '당신은 지금도 쓸모 있는가?'에 대한 문학적 성찰이며, 동시에 타인을 어떻게 바라볼 것인지에 대한 윤리적 질문이라고 하겠습니다.

나를 견디게 하는 힘

빅터 프랭클(Viktor E. Frankl, 1905~1997)은 오스트리아 출신의 신경정신과 의사이자 철학자이며, 제2차 세계대전 당시 유대인으로서 아우슈비츠 수용소를 경험한 인물입니다. 《죽음의 수용소에서(Trotzdem Ja zum Leben Sagen)》는 그가 수용소에서 겪은 극한의 고통 속에서도 인간 존재의 의미를 발견하고자 한 체험적 기록이자 철학적 고백입니다. 빅터 프랭클은 로고테라피(logotherapy, 의미 치료)의 창시자로 알려져 있습니다.

저자는 이 책에서 '삶의 의미를 상실하지 않는다면, 인간은 어떤 상황에서도 존엄과 자유를 지킬 수 있다'란 메시지를 전합니다. 고통 속에서도 자신의 태도를 선택할 수 있으며, '의미'를 찾으려는 의지를 인간 본성의 핵심으로 보았습니다.

《죽음의 수용소에서》는 강제수용소에서 3년 넘게 지냈던 프랭클이 비인간적인 상황 속에서도 어떻게 존엄을 지킬 수 있었는지를 기록한 책입니다.

책의 내용은 크게 두 부분으로 나뉩니다. 1부는 수용소 생활의 구체적 경험을 통해 인간 정신의 단계를 묘사하고, 2부는 이를 바탕으로 자신이 창시한 심리치료법인 '로고테라피'의 철학을 설명합니다.

수용소의 삶은 단순한 고통이나 육체적 고난 그 이상이었습니다. 인간은 철저히 인권을 유린당한 채 번호로 불렸고, 굶주림과 추위, 죽음의 공포에 시달렸습니다. 하지만 프랭클은 이런 상황에서도 절망하지 않고 의미를 발견하려는 사람들이 있었다고 기록합니다. 그들은 종교적 신념, 사랑하는 이의 존재, 혹은 자신의 운명에 대한 책임감을 통해 살아남았습니다. 극도의 결핍 속에서도 미소를 나누고, 쓰러진 동료를 일으키는 인간의 모습은 물질이 아니라 의미가 인간을 살게 한다는 증거였습니다.

고통이 자신에게 주어진 과제를 성실히 수행할 수 있는 기회였다는 프랭클은 인간이 외부 환경을 통제할 수는 없지만, 자신의 태도만은 선택할 수 있다는 점에 주목했습니다. 예컨대, 굶주림 속에서도 빵을 나누는 사람, 수용소의 죽음 속에서도 동료를 위로하는 사람, 이런 모습 속에 인간의 자유와 책임이 담겨 있다는 것입니다. '의미'가 고통을 없애주지는 못하지만, 고통을 견딜 수 있는 이유를 제공합니다. 이런 통찰은 단지 생존의 철학을 넘어, 인간 존재에 대한 근본적 사유입니다.

2부에서는 정신분석학의 흐름 속에서 로고테라피를 이론적으로 설명합니다. 이 치료법은 인간을 '의미를 찾는 존재'로 간주하며, 정신병의 근본 원인이 공허, 무의미함, 실존적 좌절에 있다고 보았습니다. 프랭클은 환자가 삶의 목적과 책임을 다시 인식하게 될 때, 치유가 시작된다고 말합니다. 특히 현대인의 삶에서 흔히 겪는 우울, 무기력, 삶에 대한 혐오 등은 의미의 상실에서 비롯된다고 보았고, 그 해법을 '자기 초월(self-transcendence)'에서 찾았습니다. 자신을 넘어서 더 큰 가치나 사랑, 책임을 향해 나아갈 때 비로소 인간은 진정한 회복을 이룰 수 있다는 것입니다.

《죽음의 수용소에서》는 단지 수용소의 기록이 아니라, 인간이 삶에서 마주하는 어떤 고난에도 그 안에 의미를 부여할 수 있다면 살아갈 이유 또한 생겨난다는 희망의 선언입니다. 삶의 의미는 외부에서 주어지는 것이 아니라 스스로 창조하고 발견하는 것임을 프랭클은 강조합니다. 이 책은 심리학의 고전이자 실존 철학의 정수로, 청년들에게 삶의 주도권을 되찾게 해주는 강력한 정신적 나침반이 됩니다. 고통을 없애는 것이 아니라 고통을 견디는 힘을 찾는 여정, 그것이 바로 이 책이 말하는 인간 존재의 위엄입니다.

프랭클은 극단의 현실 속에서 작동하는 삶의 구체적인 힘을 강조합니다. 그는 수용소에서 매일 죽음의 그림자를 목격하면서도, 하루하루를 버티는 이유를 가진 사람은 끝까지 살아남는 경우가 많았다고 말합니다. 누군가를 다시 만나야 한다는 의무감, 아직 완성하지 못한 연구나 작업, 또는 단순히 자신의 고통이 누군가에게 의미가 될 수 있다는 확신은 절망 속에서도 인간을 일으켜 세우는 동력이 됩니다.

책에서는 수용소에서 인간이 보이는 반응을 크게 세 가지 유형으로 구분했습니다. 첫째는 무기력에 빠져 모든 희망을 포기하는 사람들, 둘째는 극한 상황에서도 본능적으로 생존만을 추구하는 사람들, 셋째는 그 고통 속에서도 자신보다 타인을 위한 행동을 선택하며 자신을 초월하는 사람들입니다. 그는 이 마지막 유형의 인간에게서 진정한 자유와 의미의 실현 가능성을 보았습니다.

《죽음의 수용소에서》는 말합니다. 인간은 환경에 의해 전적으로 결정되는 존재가 아니라 의미를 창조하는 주체라고요. 삶의 고통을 제거할 수 없다면, 그 고통을 감싸 안고 새로운 책임과 사랑으로 바꾸는 용기를 가져야 합니다. 이럴 때, 우리는 비로소 삶의 진실과 대면하게 됩니다.

절망과 허무가 일상이 되어가는 시대, 이 책은 우리에게 어떤 질문을 던질까요? 청년들은 실패, 불안정, 경쟁 속에서 방향을 잃기 쉽지만, 저자는 삶에 무엇을 기대하기보다, 삶이 우리에게 무엇을 기대하는지를 생각하라고 말합니다.

고통은 피할 수 없지만, 그 고통에 어떤 의미를 부여할지는 온전히 나 자신의 선택입니다. 《죽음의 수용소에서》는 바로 이 지점에서 출발합니다. 이 책은 인간이 절망의 끝에 몰린 상황에서도 삶의 이유를 찾을 수 있는가, 고통을 단지 견디는 것을 넘어 어떻게 해석하고 재구성할 수 있는가에 대해 깊은 질문을 던집니다.

수용소라는 극한 환경에서 쓰인 만큼, 어떤 부분은 놀라울 정도로 절제되어 있어 오히려 더 큰 울림을 주며, 반대로 어떤 장면은 마주하기조차 힘든 고통과 폭력의 묘사로 인해 강한 정신적 충격을 줄 수 있습니다. 하지만 바로 그 극단의 경험 속에서 프랭클은 삶의 의미가 어떻게 발견되고, 인간이 어떻게 다시 앞으로 나아갈 힘을 얻는지를 보여줍니다. 그래서 이 책은 단순한 홀로코스트의 기록을 넘어, 지금을 살아가는 우리에게도 삶의 방향성을 되묻는 철학적 안내서가 됩니다.

빅터 프랭클, 《죽음의 수용소에서》

신이 없다면 모든 것이 허용되는가

"우리는 왜 살아야 할까?" 이 질문 앞에서 방황하던 시절, 누군가는 이 책을 만났을지도 모릅니다. 표도르 도스토옙스키(Fyodor Mikhailovich Dostoevsky, 1821~1881)가 쓴 소설 작품《카라마조프가의 형제들(Бра́тья Карамазовы)》은 단순한 문학이 아닙니다. 인간의 자유, 죄, 신 그리고 용서에 대한 매우 현실적인 실존의 지도입니다.

작가인 표도르 도스토옙스키는 러시아의 대문호로, 인간 존재의 심연을 탐구한 작가로 평가받습니다. 그는 청년 시절 사회주의 운동에 연루되어 시베리아 유형을 겪었으며, 이후 기독교적 인간 이해와 고통, 구원, 자유의지와 같은 주제를 깊이 있게 탐구했습니다. 대표작으로《죄와 벌》《백치》《악령》그리고 마지막 작품인《카라마조프가의 형제들》이 있으며, 이 작품은 오늘날까지도 도스토옙스키 사상의 집대성이자 러시아 문학의 정점으로 평가받고 있습니다.

《카라마조프가의 형제들》은 신의 존재, 인간의 자유의지, 도덕과 죄, 사랑과 구원 등 철학적이고 종교적인 주제를 심층적으로 다룹니다. 이야기의 중심에는 카라마조프 가의 아버지 표도르 파블로비치 살인사건과, 그를 둘러싼 세 아들—드미트리, 이반, 알료샤—의 각기 다른 인생관이 있습니다. 이들은 단순한 등장인물이 아니라 각각 감정, 이성, 신앙을 상징하는 정신적 표상입니다.

장남 드미트리는 충동과 육체적 욕망에 충실한 인물로, 인간 본능의 파괴적 힘을 보여줍니다. 그는 아버지와 같은 여성인 그루셴카를 두고 갈등하며, 종종 충동적으로 행동하지만 내면의 도덕성을 간직한 인물입니다. 차남 이반은 지적 회의주의자이자 이성적 탐구자이며, 냉소적인 지식인으로, '신이 존재한다면 왜 악이 존재하는가'란 질문을 끊임없이 던집니다. 막내 알료샤는 신앙과 순결, 사랑을 실천하는 성직자로, 그는 정신적 스승 조시마 장로에게서 무조건적인 사랑과 용서를 배우며, 혼란 속에서 중심을 잡는 도덕적인 축의 역할을 합니다.

이처럼 세 형제는 각기 다른 것을 표상하지만, 작품 전체는 이들이 서로의 길을 비추며 결국 인간이 추구해야 할 통합적 가치가 무엇인지를 탐색합니다. 특히 알료샤의 용서와 사랑은 이성의 회의와 본능의 혼란을 넘어설 수 있는 가능성을 보여주는 중요한 실마리로 제시됩니다.

소설은 살인사건을 중심으로 이야기가 전개되지만, 진정한 주제는 인간이 고통 속에서 어떻게 신을 이해하고, 자유를 감당하며, 타자에 대한 사랑을 실천할 수 있는가에 대한 것입니다. 이반의 사유는 신의 정의를

표도르 도스토옙스키, 《카라마조프가의 형제들》

부정하며 무신론적 세계관으로 나아가지만, 그 끝에는 인간의 정신적 붕괴가 있습니다. 그는 신 없는 세계가 허용하는 무제한의 자유 앞에서 죄책감과 광기를 마주합니다. 반면 알료샤는 신앙을 통해 고통을 감내하고, 타인의 삶으로 들어가 상처받은 이들을 위로합니다.

'대심문관' 장면은 소설의 사상적 중심축입니다. 이반이 동생 알료샤에게 들려주는 이야기인 '대심문관' 장면은, 종교 재판이 한창인 스페인에 다시 예수가 나타나고, 대심문관은 예수를 감옥에 가두며 인간은 자유를 원하지 않으며, 교회는 오히려 그 자유를 빼앗음으로써 인간을 안락하게 만들었다고 말합니다. 이반은 신을 부정하기보다, 신이 인간에게 준 자유의 무게를 비판했습니다. 여기서 그는 종교가 인간을 구속하는 도구로 전락했다고 주장합니다. 이 장면은 신앙, 권력, 자유에 대한 도스토옙스키의 깊은 성찰을 담고 있으며, 이후 20세기의 실존주의와 정치철학에 지대한 영향을 끼쳤습니다.

도스토옙스키는 이 작품을 통해 '신이 없다면 모든 것이 허용되는가'란 질문을 던집니다. 그는 이 질문에 단순한 무신론이나 신앙의 옹호로 답하지 않습니다. 대신 죄와 고통, 회개와 용서라는 인간 내면의 도덕적 갈등을 깊이 있게 그려냈습니다. 특히 드미트리가 스스로 죄를 고백하고, 이반이 광기 속에서 죄의식을 이야기하는 대목은 신의 존재 여부와 무관하게 인간은 책임을 지는 존재임을 강조합니다.

도스토옙스키는 인간이 구원에 이를 수 있는 유일한 길로 '사랑'을 제시합니다. 알료샤는 신앙을 내면에만 가두지 않고, 공동체 속에서 고통받는 이들을 위한 행동으로 실현합니다. 그는 병든 아이를 방문하고, 아이의 친구들에게 따뜻한 인간관계를 가르치며, 상처받은 사람들의 이야기를 들어주는 실천적 사도로 움직입니다. 이런 모습은 종교가 도덕을 강요하는 체계가 아니라 타자에 대한 연민과 책임으로 작동해야 함을 보여줍니다.

저는 이 작품을 대학 시절 처음 읽었습니다. 그때는 이반의 냉철한 이성이 가장 깊이 다가왔습니다. 하지만 나이가 들어 다시 읽자 알료샤의 용서와 사랑이 훨씬 더 깊이 다가옵니다. 인생의 어느 지점에서 이 작품을 만나느냐에 따라 마음을 울리는 지점이 달라지는 책입니다. 그래서 저는 청년들이 이 작품을 읽을 때, 단지 철학적 논쟁을 넘어 '내 인생의 무게 중심을 어디에 두어야 하는가'란 질문을 스스로에게 던져보길 권합니다. 단지 과거 러시아의 이야기가 아니라, 오늘날에도 여전히 유효한 윤리적·영적 성찰의 거울이기도 한 이 작품은 인간의 자유는 무겁고, 신은 침묵하며, 고통은 피할 수 없지만, 그럼에도 사랑과 용서, 회개와 책임이 존재할 수 있다는 희망을 놓치지 않습니다. 청년들이 자기 인생의 중심이 무엇인지 물을 때 반드시 마주해야 할 고전입니다.

표도르 도스토옙스키, 《카라마조프가의 형제들》

'해석하는 존재'로서의 인간

움베르토 에코(Umberto Eco, 1932~2016)의《장미의 이름(Il nome della rosa)》은 단순한 추리소설이 아닙니다. 중세 수도원에서 벌어진 연쇄 살인사건을 둘러싼 이야기 같지만, 그 이면에는 '진리란 무엇인가' '우리는 세상을 어떻게 해석하는가' 같은 심오한 질문들이 있고, 이 질문들을 철학적으로 풀어낸 지적 미스터리 소설입니다. 그리고 이 소설 속 질문들은 오늘날 우리가 살아가며 던지는 세상에 대한 질문들과 너무도 닮아 있어서 더욱 깊은 공감을 자아냅니다.

이 작품은 수도원이라는 폐쇄된 공간을 무대로, 종교적 권위와 학문적 자유, 신앙과 이성의 갈등을 그리며, 모든 해석이 임의적이고 상대적이라는 진리를 문학적 형식으로 전개하고 있습니다.

움베르토 에코는 이탈리아의 기호학자, 철학자, 소설가로,《장미의 이름》은 그의 첫 장편소설입니다. 이 작품은 한 중세 수도원에서 살인사건이 벌어지고, 범인을 찾는 과정을 통해 진리, 해석, 권력, 종교, 언어의 문제를 복합적으로 탐구합니다. 기호학적 이론과 포스트모던 문학의 실험이 결합된 이 지적인 소설은 전 세계적인 성공을 거두었으며, 에코를 학문과 문학의 경계를 넘나드는 글로벌 지식인의 아이콘으로 만들었습니다.

프란체스코회 수도사 윌리엄 바스커빌과 그의 제자 아드소는 중요한 신학 논쟁을 다루는 회의에 참석차 북부 이탈리아의 베네딕토회 수도원에 방문합니다. 그러나 도착하자마자 수도원에서는 사서 형제의 기괴한 죽음을 시작으로, 수도사들이 연쇄적으로 의문사하는 사건이 벌어집니다. 논리와 경험을 중시하는 윌리엄은 기호 해석학과 추리 그리고 중세 스콜라 철학에 기반한 논증을 통해 비밀스럽게 운영되는 도서관의 미로, 금서(禁書), 수도사들의 은밀한 갈등 속에서 실마리를 찾아갑니다.
이야기는 세월이 흘러 노년의 아드소가 과거를 회상하며 기록한 회고록의 형식으로 진행됩니다. 그는 윌리엄 곁에서 신앙과 이성의 충돌, 지식에 대한 욕망, 인간의 죄와 구원이라는 거대한 질문과 마주하게 됩니다. 중세 수도원이라는 폐쇄적인 공간에서 벌어진 연쇄 살인사건이라는 단순한 살인 미스터리를 넘어, 이 이야기는 아드소가 윌리엄과 함께 진실을 추적하는 과정에서 성장하고 깨달음을 얻게 되는 정신적 여정으로 이어집니다.

수도원의 핵심 공간은 미로처럼 설계된 도서관입니다. 이 도서관은 단지 지식의 보고가 아니라 통제된 진리와 억압적 권위를 상징하는 공간입니다. 도서관의 가장 깊은 곳에 숨겨진 아리스토텔레스의 《시학》 제2권은 희극과 웃음을 다루는데, 도서관을 총괄하는 맹인 수도사 호르헤는 이를 위험한 금서로 간주하고 철저히 숨겨왔습니다. 호르헤는 독을 발라 책을 읽는 사람의 손가락에 독이 묻도록 하여 《시학》 제2권의 내용을 꽁꽁 숨겨왔으며, 진리를 추구하는 수도사들은 그것도 모르고 독서 행위만으로 목숨을 잃었습니다.

호르헤는 인간이 웃음을 통해 성스러움을 조롱하게 될 것이라 두려워하며, 지식의 해석 가능성을 부정하고 진리의 독점을 추구합니다. 그에게 진리는 절대적이며 신성한 것으로, 해석되거나 비틀어져서는 안 되는 것입니다. 반면 윌리엄 수도사는 다양한 해석을 가능케 하는 열린 진리를 지향합니다. 그는 고전적 귀납법과 실증적 관찰, 추론을 통해 사건의 전모를 파악하려 하며, 끝내 진실과 해석이 완전히 일치하지 않음을 알게 됩니다.

이 작품은 단지 살인의 진범을 찾는 소설이 아닙니다. 아드소의 회고적 서술과 진리 탐구의 여정을 통해, 독자는 절대적 진리에 도달하는 것이 아니라 '해석하는 존재'로서의 인간 자신의 한계를 마주하게 됩니다. 진리는 언제나 불완전하며, 기호와 언어로는 그 진리를 온전히 담아낼 수 없습니다. 이런 관점은 후기 구조주의의 해석 불가능성과 텍스트의 자율성 개념과 맞닿아 있습니다. 특히 윌리엄은 자신이 찾은 진실이 전부가 아님을 인정하고, 남겨진 파편들 속에서 의미를 만들어가야 한다는 인간의 지적 겸허함을 보여줍니다.

이야기는 수도원이 불타고 수천 권의 문헌이 소실되면서 결말을 맞습니다. 인류의 지식이 체계적으로 사라지는 순간입니다. 도서관의 붕괴는 권력이 해석을 독점하려 할 때 일어나는 지적 파멸을 상징합니다. 작품의 제목인 '장미'는 어떤 하나의 정답 같은 의미가 있는 게 아니라 읽는 사람이 어떻게 느끼느냐에 따라 여러 가지 뜻을 가지게 됩니다. 즉, 언어란 결국 해석자의 참여 속에서만 살아 있는 기호임을 강조합니다.

《장미의 이름》은 소설 형식이지만, 추리와 철학, 언어학과 신학이 교차하는 복합 텍스트입니다. 독자는 단순히 사건을 따라가는 수동적 존재가 아니라 해석과 상상 속에서 의미를 재구성해야 하는 능동적 주체가 됩니다.

이 작품은 또한 해석이 권력의 고리임을 보여줍니다. 누가 해석할 수 있는가, 어떤 의미가 정당한가를 결정하는 권력 구조 속에서, 진리는 그 자체로 존재하지 않고 언제나 정치적입니다. 《장미의 이름》은 이러한 구조를 조명하며, 독자에게 해석의 자유와 책임을 동시에 요구합니다. 에코는 이 소설을 통해 고전적 권위의 해체와 현대적 독서 윤리를 동시에 만들었습니다. 청년 독자들은 이 작품을 읽으며 지식과 권력의 관계, 해석과 오독의 가능성, 글이나 지식이 하나의 고정된 의미에 갇히지 않고, 여러 해석 가능성을 품고 있다는 것에 대해 깊이 성찰할 수 있습니다.

어떤 진리도 고정된 것이 아니며, 해석은 독점될 수 없고, 진리는 늘 논쟁 속에서 살아 있다는 점에서, 오늘날 진실이 진실로서 위협받는 시대를 사는 청년들에게 이 책은 비판적 사유와 해석의 용기를 가르쳐줍니다.

움베르토 에코, 《장미의 이름》

당신은 영혼을 걸고, 무엇을 얻고 싶습니까?

한 인간이 자신의 모든 것을 걸고 던진 질문이 있습니다. 그 물음에 응답하듯, 괴테(Johann Wolfgang von Goethe, 1749~1832)는 60년에 걸쳐 이한 권의 희곡을 완성했습니다. 《파우스트(Faust)》. 세계 문학사에서 가장 숭고하고도 위험한 이야기입니다.

요한 볼프강 폰 괴테는 독일을 대표하는 시인이자 극작가, 소설가, 자연철학자입니다. 그는 독일 문학사에서 가장 위대한 인물로 평가되며, 문학뿐 아니라 과학, 정치, 철학 등 다양한 분야에 걸쳐 독창적인 업적을 남겼습니다. 바이마르 공국에서 고위관료로도 일했던 그는 《젊은 베르테르의 슬픔》으로 일약 유럽 전역에 이름을 알리게 되었습니다. 《파우스트》는 그의 사상과 문학 인생의 정점을 이룬 작품으로, 괴테는 계몽주의와 낭만주의를 모두 아우르며, 인간 존재에 대한 심오한 통찰을 문학으로 풀어낸 사상가이자 예술가였습니다.

《파우스트》는 인간 존재의 본질, 지식의 한계, 구원과 타락, 삶의 의미를 깊이 있게 탐구하는 독일 문학의 최고 걸작 중 하나입니다. 독일 전설을 바탕으로 한 이 작품은, 주인공 파우스트가 악마의 꾐에 빠져 욕망과 쾌락에 사로잡히지만 마침내 잘못을 뉘우치고 영혼의 구원을 얻는다는 내용입니다.

노학자인 파우스트는 모든 학문을 섭렵했지만, 인생의 의미를 찾지 못해 절망에 빠져 있었습니다. 이때 악마 메피스토펠레스가 그의 곁에 나타나 지식, 쾌락, 사랑, 권력 등 파우스트가 원하는 모든 것을 줄 테니 영혼을 달라는 계약을 제안합니다. 결국 파우스트는 악마와 계약을 맺고, 삶의 의미를 찾아가는 여정을 시작합니다. 이 작품은 인간의 오만과 욕망, 사랑과 죄, 구원과 속죄라는 보편적 주제를 다루며, 인간 정신의 고투와 궁극적 구원의 가능성을 드라마틱하게 그려냅니다.

《파우스트》는 1부와 2부로 구성되어 있습니다. 1부에서 파우스트는 마녀의 부엌, 궁전, 유희와 향락의 세계 그리고 순진한 소녀 그레첸과의 비극적 사랑을 경험합니다. 악마의 힘으로 젊어진 파우스트는 그레첸을 유혹하고, 그레첸은 파우스트로 인해 파멸의 길로 접어들게 됩니다. 자신의 아이를 죽인 죄로 감옥에 갇힌 그레첸은 자신의 죄를 뉘우치며 신의 심판을 받아들입니다. 그레첸은 죄의식과 구원을 상징합니다. 욕망에 사로잡힌 파우스트는 누군가의 인생을 파괴하는 욕망의 화신입니다. 2부에서 파우스트는 사회와 정치, 문화와 철학, 고대와 현대의 문명까지 포괄하는 다양한 영역을 여행하며 인간 정신의 확장을 시도합니다.

그는 이상 국가를 건설하려 하고, 인류의 진보를 위해 노력하지만 그 과정에서도 수많은 희생과 모순을 겪습니다. 결국 그는 죽음에 이르고, 메피스토펠리스는 그의 영혼을 가져가려 하지만, 하늘의 사자들이 파우스트를 구원합니다. "끊임없이 노력하는 자, 그를 우리는 구원한다."

《파우스트》는 단순한 비극 이상의 작품입니다. 괴테는 인간 존재의 본질을 탐구하면서, 단순한 쾌락의 추구가 아니라 '의미 있는 삶'에 대한 근원적인 질문을 던집니다. 파우스트는 학문, 종교, 마법을 모두 경험하지만, 참된 만족을 얻지 못하고 결국 악마와 계약을 맺어 삶의 본질에 도달하려고 합니다. 메피스토펠레스는 파우스트에게 다양한 유혹을 제공하지만, 파우스트의 내면은 언제나 공허하기만 합니다.

특히 그레첸과의 관계는 이 작품에서 중요한 전환점을 이룹니다. 그레첸은 순수한 사랑의 상징이지만, 파우스트의 탐욕과 메피스토펠레스의 간섭으로 인해 비극적인 운명을 맞습니다. 그레첸의 파멸은 파우스트에게 죄책감을 안기고, 이후의 여정에 심오한 반성과 전환의 계기를 제공합니다.

2부에서 파우스트는 개인적인 욕망이 아니라, 인류 전체를 위한 이상을 추구하는 존재로 변화합니다. 그는 대규모 토목사업을 통해 새로운 사회 질서를 창조하려 하며, 궁극적으로는 인간을 위한 '더 나은 세계'를 실현하려고 합니다. 이 과정에서 파우스트는 '끊임없이 노력하는 인간'으로서 구원의 가능성을 인정받게 됩니다.

이 작품은 구원에 대한 기독교적 관점뿐만 아니라, 인간은 '실패하더라도 끊임없이 추구하고 고뇌하는 존재'라는 점에서 그 자체로 숭고하다는 사상을 전합니다. 메피스토펠레스는 단순한 악마가 아니라 인간 내면의 회의와 이성, 파괴와 충동의 상징이며, 파우스트의 고투는 인간 전체의 정신 여정을 대변합니다.

《파우스트》는 지식과 성취를 좇는 삶이 반드시 행복으로 이어지지 않으며, 오히려 인간성을 외면한 채 외부의 성과만을 추구할 때 내면의 공허함이 커질 수 있음을 잘 보여줍니다. 파우스트처럼 방황하고 좌절하더라도 끝내 공동체를 위한 가치를 발견하고, 자기 삶의 방향성을 재정립하려는 노력은 우리에게 중요한 교훈이 됩니다. 또한, 인간은 완전할 수 없지만, '끊임없이 노력하는 존재'로서 존엄성과 구원의 가능성을 지닌다는 메시지는 도전과 불확실성 속에서 살아가는 이들에게 위로와 용기를 줍니다.

작품의 중심축인 파우스트와 메피스토펠레스가 계약을 맺는 장면은 인간의 욕망과 한계, 윤리적 갈등을 가장 상징적으로 보여줍니다. 메피스토펠레스가 제안하는 삶의 방식은 눈앞의 쾌락과 즉각적 충족을 약속하지만, 그 끝에는 허무와 자기파괴가 기다리고 있습니다.
그레첸과의 관계에서 드러나는 순수성과 죄의식의 충돌은 인간적 고뇌를 실감 나게 전달하며, 2부의 이상 사회 건설과 마지막 구원의 장면은

요한 볼프강 폰 괴테, 《파우스트》

철학적·신학적 논쟁을 불러일으킬 수 있는 부분입니다.

《파우스트》 전체를 관통하는 상징과 언어의 깊이를 곱씹으며 읽는다면 작품에 대한 이해가 더욱 풍부해지고, 이야기 속 숨겨진 상징들, 보이지 않던 것들을 더 많이 발견하게 될 것입니다.

어리석고 사랑스러운 인간이란 세계

"이 몸은 고양이로소이다. 이름은 아직 없다." 이 문장을 한 번이라도 들어본 적 있다면, 이미 일본 근대문학의 가장 냉소적이고도 유쾌한 문장을 만난 셈입니다.

나쓰메 소세키(夏目漱石, 1867~1916)의 《나는 고양이로소이다(吾輩ハ猫デアル)》는 자신이 어디에서 태어났는지 모른 채 버려진 한 새끼 고양이가 영어교사인 진노 쿠샤미의 집에 들어가 살게 되면서, 자신이 고양이로서 겪는 일과 쿠샤미 선생의 생활 그리고 그의 친구들과 주변 인물들에 대해 이야기하는 소설입니다. 이 소설은 19세기 근대화의 한가운데를 달리던 일본, 그 속에서 허둥대는 인간들의 위선, 허세, 혼란 등을 고양이의 시선으로 바라보며 풍자적으로 비판한 작품으로, 무언가를 이루기 위해 분투하는 인간의 위대함보다는 삶의 사소함과 모순, 허영과 위선을 더 집요하게 들여다보고 있습니다. 그 시선은 냉정하지만, 기묘하게도 따뜻합니다. 바보 같고 이기적인 인간의 모습을 보여주면서도, 작가는 여전히 인간이란 존재에 대한 애정을 놓지 않습니다.

나쓰메 소세키는 일본 근대문학의 아버지로 불리는 작가로, 메이지 시대를 대표하는 지식인이자 사상가입니다. 영문학자로서 서양 사상과 일본 전통의 갈등을 문학적으로 풀어냈으며, 유머와 풍자를 통해 인간의 본성과 사회적 위선을 예리하게 비판했습니다.

《나는 고양이로소이다》는 발표 당시부터 큰 반향을 일으켰고, 나쓰메 소세키는 이 작품으로 일본 문단에서 독보적인 위치를 차지하게 되었습니다. 그는 서양 근대사상과 일본 전통이 충돌하는 시기에 일본인의 내면을 성찰한 문학을 창조해냈습니다. 그 문학적 깊이와 사회적 통찰은 단지 문학가로서의 평가를 넘어, 일본인 정체성의 초석을 다진 사상가로서의 위치까지 부여했습니다. 그런 공로로 그는 한때 일본 1천 엔 지폐의 인물로 선정되기도 했습니다.

주인공인 고양이는 인간들의 언행과 사회 구조를 관찰하며 인간들의 위선, 허영심, 무능함을 때론 해학적으로, 때론 냉정하게 비판합니다. 이와 같은 관찰은 단순한 웃음을 넘어서, 근대화 과정에서 정체성을 잃어가는 일본 사회의 내면을 날카롭게 드러냅니다.

작품은 겉으로 보기엔 유머 가득한 일상 소설처럼 보이지만, 그 안에는 깊은 철학적 질문이 담겨 있습니다. 고양이는 인간과 세계를 있는 그대로 바라보는 대신, 언제나 거리감을 유지하며 '왜 저렇게 살까?' '무엇을 위해 살까?'라는 질문을 던집니다. 특히 주인인 쿠샤미 선생과 주변 인물들은 근대화에 어설프게 적응해 표면적으로는 교양과 합리성을 추구하지만, 실제로는 내면의 공허와 불안, 허세에 사로잡혀 있습니다. 소세키는 이들을 통해 일본의 근대 지식인이 겪는 자기모순과 정신적 불균형을 섬세하게 그려냈습니다.

이 소설의 진짜 독창성은 고양이의 시점을 통해 인간 사회를 관찰하는 장치에 있습니다. 고양이는 인간 세계에 속하지 않기에 비판자이면서도 동시에 냉소적인 구경꾼입니다. 그 시선은 독자에게 '너는 이 세상을 어떻게 보고 있는가?'라는 물음을 던지며, 스스로를 돌아보게 만듭니다. 이런 거리 두기의 미학은 단순한 소설적 기교를 넘어, 당대 일본 사회가 처한 문화적 혼란과 심리적 불안을 은유적으로 표현한 수단이기도 합니다. 《나는 고양이로소이다》는 단순한 풍자 소설이 아니라 근대 문명의 진통을 겪는 한 사회의 영혼을 조명한 철학적 우화입니다.

한편 이 작품은 당대 일본 사회의 급격한 근대화 속에서 나타난 문화적 혼란과 인간 소외 문제를 비판적으로 조명하고 있습니다. 고양이는 서양 문물이 무분별하게 도입되는 현실 안에서 진정한 교양과 정신적 중심을 잃어가는 인간들을 봅니다. 쿠샤미 선생과 그의 친구들은 자신을 지성인이라 자처하면서도 실제로는 피상적인 지식에 의존하거나 허영과 허세에 빠져 있습니다. 이런 모습을 보여주는 대표적인 장면 중 하나는 쿠샤미 선생과 친구들이 모여 서양의 사상과 문물을 논하는 장면입니다. 그들은 근대적 지식을 아는 체하며 장황한 토론을 벌이지만, 실상은 그 깊이를 이해하지 못한 채 허세와 자기만족에 빠져 있습니다. 고양이는 이들을 냉소적으로 관찰하며, 그들의 말과 행동의 모순을 날카롭게 꼬집습니다. 예컨대, 서양 철학을 논하며 진보를 외치는 이들이 실제 생활에서는 자기 안위와 체면을 더 중시하는 모습은 근대화의 외피 아래 숨겨진 공허한 지식인의 실상을 보여줍니다.

흥미로운 점은, 고양이가 인간들을 비웃지만 자신도 인간 사회에 동화되고 싶어 한다는 점입니다. 고양이는 인간들의 말과 행동을 흉내 내고, 인간처럼 사고하려 들지만 결국 인간이 될 수 없다는 한계를 느낍니다. 이런 아이러니는 인간 자체의 정체성에 대한 철학적 질문으로 이어집니다. 인간이란 무엇인가? 문명이란 무엇을 위한 것인가? 라는 질문 말입니다.

이 작품은 장편이면서도 각 장이 비교적 독립된 에피소드 형식으로 구성되어 있어서, 독자는 고양이의 시선을 따라가며 하나하나의 장면 속에서 당대 일본의 단면을 읽어낼 수 있습니다. 풍자와 해학, 때로는 슬픔과 허무함이 배어 있어 웃음 속에 뼈 있는 메시지가 느껴집니다. 이처럼 《나는 고양이로소이다》는 웃기지만 결코 가볍지 않은, 유쾌하지만 날카로운 작품입니다.

오늘날에도 이 소설은 일본뿐 아니라 전 세계에서 읽히며, 인간 사회에 대한 보편적 성찰을 가능케 합니다. 사회가 변화하고 문명이 발전해도, 인간의 본성과 허위의식, 자기기만은 여전히 유효하기 때문입니다. 그렇기에 이 작품은 시대를 초월한 고전으로 남을 수 있었고, 나쓰메 소세키는 단순한 소설가가 아닌 '근대 일본의 양심'으로 평가받게 되었습니다.

깨닫지 못한 자의 죽음

어쩌면 지금, 우리는 모두 '아큐'일지도 모릅니다. 루쉰(魯迅, 1881~1936)
이 1921년 발표한 중편소설 《아큐정전(阿Q正傳)》은 1920년대 중국이
라는 특정한 시간과 장소를 배경으로 쓰여졌지만, 그 안에 담긴 통렬한
인간 심리는 국경도, 세대도 초월합니다. 자기기만으로 현실의 굴욕을
견디고, 작은 권력 앞에서 기꺼이 고개를 숙이면서도 약자에게는 거칠게
굴고, 고통 속에서도 스스로를 위안하는 '정신승리법'으로 오늘을 버텨
내는 사람들. 루쉰은 그런 인간 군상을 '아큐'라는 이름 하나로 응축해
냈습니다.

루쉰은 중국 현대문학의 선구자이자 사상가로, 본명은 저우수런(周樹
人)입니다. 그는 청나라 말기와 민국 초기를 살아가며 중국 사회의 봉건
적 질서와 정신적 낙후성을 통렬히 비판한 작가로 평가받고 있습니다.

일본에 유학해 의학을 공부하던 그는 문학이야말로 국민의 정신을 치
료할 수 있는 길이라 생각하게 되었고, 이후 문필 활동에 전념하게 됩니
다. 《광인일기》《아큐정전》 등은 중국 근대소설의 출발점으로 간주되

며, 특히《아큐정전》은 민중 내부의 패배와 굴종 심리를 신랄하게 풍자한 대표작입니다. 루쉰은 수많은 필명을 사용하며 비판적 논평과 계몽적 저술을 남겼으며, 마오쩌둥에게 "중국 문화혁명의 선봉"이라 불릴 정도로 칭송 받았습니다.

《아큐정전》은 루쉰이 당대 민중과 지식인의 정신적 행태를 통렬하게 해부한 풍자소설입니다. 주인공 아큐는 무산계급인 하층민으로, 가난하고 무식하며 사회적으로 무시당하는 인물입니다. 하지만 그는 고통스러운 현실을 정면으로 마주하기보다는 자신만의 방식으로 위로를 만들어냈습니다. 이를테면 '정신승리법'이라 불릴 만한 독특한 자기 위안의 전략으로, 상황을 왜곡하거나 스스로를 속이며 아픔을 부정하고 현실을 외면하는 방식입니다. 아큐는 현실에서 늘 억압당하고 폭력에 노출되었습니다. 그는 다른 이들에게 맞고 모욕당하면서도 이를 '내가 더 높기 때문에 질투를 받는 것'이라고 해석하거나, '마치 내가 그를 때린 것 같다'라고 믿는 식이었습니다. 이런 정신승리법은 고통의 원인을 외부에 돌리면서 자존심을 지키는 방식이지만, 동시에 현실을 직시하지 못하고 자신을 변화시키지 않는다는 점에서 위험한 자기기만입니다. 루쉰은 이런 자기기만이 내면화된 체념과 타성의 형태로 당시 중국 민중에게 깔려 있다고 보았습니다.

작품에서 아큐는 수시로 권력에 복종하고 강자에게 아첨하며, 자기보다 약한 사람에게는 폭력을 행사하며 왜곡된 서열 체계를 반복 재생산

했습니다. 그는 새로운 혁명의 소문에 기대감을 품지만, 그 본질을 이해하지 못한 채 변화된 체제의 희생양이 되었습니다. 민중의 주체화 없이 이루어지는 혁명은 결국 또 다른 권력 구조로 귀결될 뿐이며, 아큐의 마지막은 바로 그 구조 속에서 희생되는 '깨닫지 못한 자'의 전형으로 읽힙니다.

그의 죽음 장면은 특히 인상 깊습니다. 도둑으로 몰려 체포된 그는 사형장으로 끌려가면서도 끝내 죽음의 실체를 제대로 받아들이지 못합니다. 오히려 예전에 친하게 지냈던 사람들이 자신을 구하러 올 거라고 믿으며, 허망한 기대에 매달립니다. 하지만 결국 그는 어느 누구의 관심도 받지 못한 채, 구경꾼들 사이에서 조용히 사라집니다.

루쉰은 이 장면을 통해, '깨닫지 못한 삶의 끝은 결국 의미 없는 죽음으로 이어진다'란 메시지를 전합니다. 이는 단지 한 개인의 비극을 넘어, 무지와 체념 속에서 조금씩 침몰해가는 민족 전체에 대한 날카로운 경고로 읽힙니다.

《아큐정전》은 단순한 희극이나 풍자가 아니며, 루쉰은 '웃기 위해'가 아니라 '깨닫게 하기 위해' 아큐라는 인물을 만들었습니다. 특히 그는 당시 중국 지식인의 무능과 자기 보호적 태도에도 날을 세웠습니다. 아큐는 지식층의 주변부에서 그들의 언어와 가치에 접근하려 하지만 번번이 배제당했고, 혁명을 외치는 지식인들은 결국 그를 '민중'이라 호명하지만 그의 인간적 존엄에는 무관심했습니다. 이와 같은 묘사는 지식인과 민중 간의 단절, 실천 없는 선동의 허구성을 비판하는 루쉰의 자기성찰이기도 합니다.

작품 속 아큐는 과거와 현재, 개인과 사회, 강자와 약자의 역학관계를 모두 내포하는 상징적 인물입니다. 그는 무지하지만 순수하고, 비겁하지만 인간적입니다. 이런 복합성은 그를 단순한 조롱의 대상이 아니라 연민과 반성을 이끌어내는 존재로 만듭니다. 루쉰은 독자에게 '우리 안에도 아큐가 존재하는가'란 물음을 던집니다. 정신승리로 현실을 버티고, 고통을 외면하고, 혁명 앞에서도 스스로를 주체화하지 못하는 인간이야말로 가장 위험한 존재라고 말이지요. 그 질문은 이제 우리에게도 유효합니다. 나를 둘러싼 불합리에 둔감해지고, 무력감을 익숙함으로 감싸는 순간, 우리는 천천히 '아큐'가 되어갑니다. 진실을 보지 않으려는 눈, 고통을 견디기 위해 현실을 왜곡하는 마음. 결국 그런 삶의 끝에는 조용한 퇴장만이 기다립니다. 아무도 관심 가지지 않고, 누구도 기억하지 않는 죽음 말입니다.

루쉰은 이 작품을 통해, 중국 민중이 지닌 깊은 무의식의 구조 즉, 굴욕을 모욕으로 느끼지 못하고 현실을 왜곡해 받아들이는 병든 심성을 직시하게 하려 했습니다. 이것은 단지 과거의 문제가 아니라, 지금도 반복되는 인간 내면의 회피 본능을 직면하게 합니다. 루쉰은 문학을 통해 시대의 병을 진단하고, 인간 정신의 '개조'를 촉구하며, 개개인이 스스로 자각하고 각성할 것을 호소했습니다. 《아큐정전》은 웃음 뒤에 숨겨진 깊은 울림의 경고장이며, 지성의 각성을 요구하는 문학적 선언문입니다.

받는 것보다 주는 기쁨

누군가를 위해 음식을 만든 적이 있나요? 기꺼이 시간을 들여 정성껏 요리한 한 끼는 말보다 더 깊게 마음을 전합니다. 덴마크 출신의 여성 작가 카렌 블릭센(Karen von Blixen Finecke, 1885~1962)의 《바베트의 만찬(Babette's Feast)》은 바로 그런 이야기입니다. 복권에 당첨된 프랑스 여인 바베트가 가진 재산 전부를 털어 가난하고 절제된 삶을 살아가는 마을 사람들에게 만찬을 차려주는 이야기. 단순한 식사가 아닌, 그것은 은혜요, 용서요, 사랑이었습니다. 오늘날을 살아가는 우리에게 이 이야기는 계산 없이 무언가를 주는 삶이 얼마나 자유롭고 강한지에 대해 증언합니다.

카렌 블릭센은 덴마크 출신의 여성 작가로, '이삭 디네센(Isak Dinesen)'이라는 필명으로도 알려져 있습니다. 유럽 귀족 출신이던 그녀는 1914년부터 1931년까지 아프리카 케냐에서 커피 농장을 경영하며 삶의 중요한 시기를 보냈습니다. 이 경험은 그의 대표작인 《아웃 오브 아프리카》의 바탕이 되었고, 후에 이 장편소설은 영화화되어 세계적인 주목을 받았습니다. 《바베트의 만찬》은 그녀가 말년에 발표한 단편으로, 절제된 문체 속에서 인간성, 예술, 신앙에 대한 깊은 통찰을 담아낸 작품입니다. 그녀는 평생 동안 여성, 이방인, 예술가로서의 정체성을 고민하며, 보편적 진실과 감동을 전하는 이야기꾼으로서의 문학 세계를 구축했습니다.

《바베트의 만찬》은 19세기 덴마크의 해안가 시골 마을에서 펼쳐지는 작고 아름다운 기적을 그린 이야기입니다. 이야기의 중심에는 마르티네와 필리파라는 두 자매가 있습니다. 이들은 루터교 목사의 딸로 믿음이 신실했습니다. 청년 시절 사랑할 기회가 있었지만, 아버지의 뜻과 공동체의 엄격한 분위기 속에서 사랑을 포기하고 평생을 독신으로 살아갑니다. 자매는 아버지가 세운 금욕적 공동체를 지키며, 기도와 선행으로 충실한 삶을 살아가지만, 그 내면엔 말하지 못한 아쉬움과 고독이 서려 있습니다.

그러던 어느 날, 프랑스 파리에서 온 바베트라는 여인이 자매에게 하녀로 받아줄 것을 간청합니다. 자매는 그녀의 배경을 알지 못한 채, 자비와 신앙 정신으로 바베트를 받아들입니다. 이후 14년 동안 바베트는 자매에게 성실히 봉사하며 마을의 일원이 되었습니다. 그녀는 조용하지만 단호했고, 탁월한 요리 솜씨로 자매의 식탁을 풍요롭게 만들어주었습니다. 마을 사람들은 알지 못했지만, 그녀는 사실 프랑스의 유명 레스토랑인 '카페 앙글레'에서 천재적인 요리사로 활약했던 인물이었습니다.

어느 날 바베트는 복권에 당첨되어 1만 프랑이라는 거금을 얻게 됩니다. 자매는 그녀가 고향으로 돌아가리라 생각하지만, 바베트는 그 돈으로 만찬을 준비하고 싶다고 말합니다. 그 만찬은 자매의 아버지를 추모하는 날에 벌이기로 정해지고, 마을 사람들은 경건하게 참여하기로 합니다. 금욕적인 신앙인들은 만찬이 유혹의 수단이 될까 걱정하며 맛이나 기쁨을 표현하지 않기로 약속하지만, 정작 식사가 시작되자 그들은 바베트가 선사하는 요리의 향기와 맛에 압도당해 자신도 모르게 마음을 열게 됩니다.

만찬은 단순한 식사가 아니라, '성찬'이며 말 없는 설교였습니다. 거위간 요리, 거북이 수프, 진귀한 와인 등은 단지 고급 음식이 아니라, 인간의 마음을 녹이고 영혼을 위로하는 '예술'이었습니다. 바베트는 자신의 모든 자산을 들여 이 만찬을 준비했지만, 이를 아깝게 여기지 않습니다. 그녀에게 요리는 신이 준 재능이며, 자신을 완전히 표현할 수 있는 유일한 언어였습니다. 그 밤, 냉랭하던 공동체 안에는 따뜻한 정이 피어나고, 오래된 갈등과 상처가 치유되며, 사람들은 서로에게 손을 내밀기 시작합니다.

이 소설은 '받는 자'가 아니라 '주는 자'의 기쁨을 그립니다. 바베트는 만찬이 끝난 뒤 다시 가난한 하녀로 돌아가지만, 그녀의 마음은 그 어느 때보다 충만합니다. "나는 내 최고의 작품을 완성했다"란 그녀의 말은, 예술이란 그 자체로 완결된 섬김의 형식이며, 예술가란 보상을 바라지 않고 세상을 아름답게 만드는 사람임을 보여줍니다. 자매는 그제야 바베트가 위대한 예술가였음을 어렴풋이 깨닫고, 그녀의 헌신에 눈물로 응답합니다.

자매는 처음엔 바베트가 왜 그렇게 많은 돈을 써가며 만찬을 준비했는지 이해하지 못했지만, 시간이 흐를수록 그녀의 행위가 단순한 요리 이상의 의미를 지녔음을 깨닫게 됩니다. 바베트는 그들에게 한 번도 요구하지 않았고, 자신의 과거를 자랑하지도 않았습니다. 그녀는 삶의 마지막 기회를, 자신이 가진 전부를 바쳐 누군가를 위해 헌신하는 데 썼습니다. 자매는 그런 바베트를 보며, 자신들이 평생 추구했던 신앙의 본질—사랑, 나눔 그리고 기쁨—이 오히려 바베트를 통해 완성되었음을 느낍니다.

바베트의 만찬이 끝난 뒤, 마을 사람들은 그저 한 끼 식사를 함께 나눈 것 이상으로 서로를 이해하고 받아들이는 법을 배웁니다. 말없이 베풀어진 사랑은 어떤 설교보다 강력했습니다. 이 작품은 말로 정의되지 않는 은혜의 감각, 예술이 건넬 수 있는 위로와 화해의 힘을 보여줍니다. 《바베트의 만찬》은 예술이 헌신의 형태로 인간의 영혼을 정화하고 공동체를 치유할 수 있다는 메시지를 조용하고도 감동적으로 그려낸 작품입니다. 최근 선종한 프란치스코 교황은 이 소설에 깊은 감명을 받고 "영혼을 정화시키는 이야기"라고 평하기도 했습니다.

나는 진짜 존재하는가?

1959년 전남 장흥에서 태어난 이승우(1959~   )는 기독교 신앙과 철학적 사유를 결합한 독특한 작품 세계를 구축해온 한국 현대문학의 대표 작가 중 한 명입니다. 그는 《에리직톤의 초상》을 비롯해 《식물들의 사생활》 등의 작품에서 '사람은 왜 사는가' '인간 마음속엔 어떤 균열이 있는가' 같은 깊이 있는 질문들을 섬세하게 다뤄왔습니다. 특히 종교, 죄, 구원, 글쓰기란 무엇인가 같은 주제를 꾸준히 탐구하며, 삶의 실존적 불안과 자아의 해체를 천착하는 문학 세계를 펼쳐왔습니다. 국내보다 해외에 더 많이 알려져 있으며, 프랑스 작가 르 클레지오가 한국 작가 중에서 노벨문학상 수상 가능성이 많은 작가로 언급하기도 했습니다.

1981년 발표한 중편 <에리직톤의 초상>에 1990년 2부를 추가해 완성한 장편소설 《에리직톤의 초상》은 교황 피격 사건과 에리직톤 신화를 주제로 해 기독교적 신념을 둘러싸고 각자 다른 거리에서 다른 방식으로 관계를 맺은 네 인물의 이야기를 풀어냅니다.

소설은 정체조차 불분명한 1인칭 화자가 '먹는 행위'와 '성욕' 그리고 '글쓰기'를 통해 자아의 경계를 탐색하다가 결국 존재 자체를 해체당하는 과정을 섬뜩하게 그려내고 있습니다. 주인공은 자신을 실명으로 소개하지 않으며, 주변 인물들조차 이름을 명확하게 알려주지 않습니다. 그는 먹는 행위를 통해 자신의 존재를 확인하려 하지만, 그것은 단순한 섭식이 아니라 생존과 욕망, 죄책감이 얽힌 절박한 행위입니다. '먹는다'란 행위는 단순한 육체의 충족이 아니라 살아 있음을 증명하고 싶은 본능의 표현이며, 동시에 파괴 충동으로 연결되기도 합니다.

주인공은 음식에 집착하며 "나는 먹는다, 고로 존재한다"라고 말하는 듯한 태도를 보입니다. 하지만 먹는 행위는 곧 자기혐오로 이어지고, 자기를 더욱 공허하게 만듭니다. 동시에 그는 성욕과 글쓰기를 통해 자기 존재를 환기하려 하지만, 이 모든 시도는 결국 실패로 끝이 납니다. 그는 여성과의 관계 속에서도 충만함보다는 '결핍'의 감정을 더 강하게 느끼며, 글쓰기는 자신이 실재하는지조차 의심하게 만드는 미로가 됩니다.

작품의 중반 이후 주인공은 아예 자신의 신체적 실체마저도 해체하기 시작합니다. 거울에 비친 자신의 형체가 낯설고, 자신의 정체성도 흐릿해집니다. 그는 점점 익명의 존재로 사라지며, 오히려 자신이 쓰는 '이야기 속 인물'이 더 생생한 실체로 느껴집니다. 여기서 '글쓰기'는 자기를 찾기 위한 수단이 아니라, 자신이 허구임을 자각하게 되는 '거울' 역할을 합니다. 이야기를 구성하면 할수록 그는 실재가 아니라 글 속에만 존재하는 인물처럼 느껴지고, 그 감각은 독자에게로 전염됩니다. 결국 그는 씀으로 스스로를 지우는 아이러니 속에서 자아 해체의 클라이맥스를 맞습니다.

이승우는 이 작품에서 《그리스 신화》 속 인물인 '에리직톤'을 끌어옵니다. 에리직톤은 신성한 나무를 베어 여신의 저주를 받고, 끝없이 허기를 느껴 결국 자기 살을 뜯어 먹으며 죽는 인물입니다. 이 이야기는 단지 식탐에 대한 비유가 아니라, 끝없는 갈망으로 자기를 소모하며 살아가는 인간의 본성을 상징합니다. 소설 속 화자는 신화 속 에리직톤처럼, 자신을 파괴함으로써만 그 욕망을 끝낼 수 있는 상황에 이릅니다. '먹는 행위'는 단순히 생존을 위한 행위가 아니라 욕망과 자기파괴가 맞물린 실존적 몸부림으로 읽힙니다. 이승우는 이 과정을 통해 현대인이 처한 허기와 공허의 본질을 탐구합니다.

흥미로운 점은, 작품의 끝에 이르면 주인공이 타인의 이야기 속 '서술 대상'으로 전락합니다. 익명의 화자는 글을 쓰며 자신의 존재를 증명하려 하지만, 결국 그는 독립된 자아가 아니라 누군가에 의해 쓰이고 지워지는 이야기 속 인물일 뿐이라는 냉혹한 결론에 도달합니다. 이것은 독자에게 '나는 누구이며, 내가 믿는 정체성은 무엇에 기반하는가'를 묻는 메타픽션적인 구조로 작용합니다.

《에리직톤의 초상》은 무겁고도 복잡한 사유를 섬세하고 조용한 문장으로 풀어낸 작품입니다. 익명성과 자아의 해체, 자기기만과 욕망 그리고 문학 자체에 대한 성찰까지 겹겹이 쌓여 있는 이 소설은 단순한 서사

구조를 넘어서는 깊이를 갖습니다. 한 사람의 내면에서 벌어지는 이 고요한 파국은, 어느 시대에나 반복될 수 있는 인간의 보편적 불안과 충돌합니다.

청년들은 이 작품을 통해 '나는 누구인가'라는 실존적 질문을 정면으로 마주하게 됩니다. 자아란 고정된 실체가 아니라 고통과 결핍 그리고 사유의 과정을 통해 형성된다는 사실을 이 작품은 잘 보여줍니다.

소설에는 크게 두 가지 부류가 있습니다. 하나는 스토리텔링 방식으로 이야기를 들려주는 전통적인 소설이고, 또 하나는 인간 내면의 의식과 사유의 흐름을 표현하는 소설입니다. 우리나라 소설가의 상당수는 전자의 방식으로 글을 쓰지만, 이승우 작가나 최근 노벨문학상을 받은 한강 작가처럼 의식의 흐름을 좇는 기법을 택하는 이들도 있습니다. 그러나 많은 독자들이 여전히 소설을 단순한 이야기로 소비하기에, 이런 작품들은 어렵고 재미없다는 평가를 받기도 합니다. 저는 오히려 이런 작품이야말로 젊은 독자가 꼭 도전해야 할 고급 독서라고 생각합니다. 젊은 시절에 쉽고 재미있는 책만 읽는다면 우리의 사고력은 발전이 없습니다. 어려운 작품을 작심하고 끝까지 읽어내는 경험은 두뇌를 단련하고 사유의 깊이를 넓히는 중요한 훈련이 됩니다.

서로를 비추는 빛

: 인간 이해와 공감 그리고 사랑

사람과 사람 사이의 관계, 사랑, 공동체 회복은

인간의 성숙에 큰 영향을 줍니다.

따뜻한 인간 이해와 연대의 감각을 회복하게 하는

책들을 소개합니다.

'사람을 이해하는 힘'을 길러주는

감성적이고 인간적인 책들입니다.

인간은 본래 선한 존재인가

《휴먼카인드(Humankind)》는 네덜란드의 젊은 역사학자인 뤼트허르 브레흐만(Rutger Bregman, 1988~　)이 쓴 책으로, 제목 그대로 '인간은 본래 선하다'란 관점에서 인류의 역사와 사회를 읽는 역사서이자 인문교양서입니다.

인류의 역사를 다루는 책들은 인간의 탐욕, 폭력성, 자기중심성을 강조하는 경우가 많지만, 이 책은 반대로 역사와 과학적 연구, 여러 사례를 통해서 인간 본성의 선함에 대해서 이야기하고 있습니다.

'21세기형 공공지성'이라 불리기도 하는 저자 뤼트허르 브레흐만은 젊은 세대를 대표하는 지식인 중 한 명입니다. 그는 《휴먼카인드》《리얼리스트를 위한 유토피아 플랜》 등의 저서를 통해 역사와 철학, 경제를 넘나들며 기존 상식에 도전하는 글을 써왔습니다. 특히 세계경제포럼(다보스) 같은 권위 있는 자리에서 불편한 진실을 직언한 발언들로 국제적인 주목을 받았으며, '역사를 통해 현재를 바꾸려는 지식인'으로 평가받습니다. 그의 특징은 근거 없는 낙관주의가 아니라 깊이 있는 역사 탐구와 사례 기반을 토대로 한 '실증적 희망'에 있습니다.

《휴먼카인드》는 2020년 출간 이후 전 세계 40여 개국에서 번역된 베스트셀러로, 현대 사회의 인간관을 근본부터 다시 묻습니다. 브레흐만은 인류가 전쟁과 폭력, 이기심의 역사를 써온 것처럼 보이지만, 실은 공감, 협력, 선의가 인류 진화의 핵심 동력이었다고 주장합니다. 그는 이를 위해 다양한 역사적 사건, 심리학 실험, 진화론적 분석을 총동원해, 인간 본성에 대한 통념을 전복하는 대담한 지적 여정을 펼칩니다.

이 책은 '인간은 본래 선한 존재인가'란 질문에서 출발합니다. 저자는 다수의 독자적 사례를 통해 이 질문에 '그렇다'란 답을 합니다. 우선 스탠리 밀그램의 전기고문 실험, 필립 짐바르도의 스탠퍼드 감옥 실험 등 '인간은 권위에 쉽게 복종하고 폭력적이 된다'란 말을 입증하는 유명한 실험들을 되짚으며, 이 실험들의 설정과 해석에 문제가 있었음을 지적합니다. 브레흐만은 실험 참가자들이 적극적으로 폭력을 즐겼다기보다는, 실험 환경의 조작이나 맥락 없는 해석이 인간 본성에 대한 왜곡된 이미지를 만들어냈다고 보았습니다.

또한 그는 1965년 남태평양의 토가섬 소년 여섯 명이 표류해 무인도에서 1년 이상 생존한 실화를 예로 들며, 인간은 고립된 상황에서도 서로 돌보고 협력할 수 있는 존재라고 했습니다. 이와 함께 역사상 전쟁 중 병사들이 서로를 향해 발포하지 못했던 사례, 재난 상황에서 시민들이 놀라운 연대를 보여주는 기록 등은 인간이 이기적이기보다는 '타인을 돕고자 하는 동물'임을 시사한다고 합니다.

브레흐만은 진화심리학의 시각을 통해, 인간이 생존할 수 있었던 가장 중요한 이유는 '공감 능력'과 '집단 협력'이라고 했습니다. 인간은 경쟁보다 협력을 통해 더 나은 문명을 건설했고, 이는 생물학적으로도 입증 가능하다는 견해를 펼칩니다. 그는 냉소주의는 지적이지 않다고 하며, 지적인 사람이라면 인간 본성의 선한 해석을 더 깊이 있게 검토해야 한다고 주장합니다.

이 책은 오늘날 청년들에게 '인간에 대한 기본 관점'이 무엇인지 묻습니다. 우리가 사회와 제도를 어떻게 설계할지는 '인간이 신뢰할 만한 존재인지 아닌지'에 대한 믿음에서 비롯됩니다. 브레흐만은 지금까지의 사회제도가 '인간은 이기적'이라는 전제 위에 설계되었다면, 앞으로의 제도는 '인간은 신뢰할 수 있다'라는 전제에서 출발해야 한다고 강조합니다. 이러한 패러다임 전환은 교육, 정치, 형벌 제도, 기업 운영에까지도 적용할 수 있으며, 새로운 사회적 상상력을 자극합니다.

그는 노르웨이의 교정 제도, 시민 참여형 자치, 무감독 시험 제도 등 실제 사례를 통해 '선한 인간관'에 기초한 대안적 사회 모델이 가능함을 보여주었으며, 이런 시스템은 감시나 통제 없이도 사람들 스스로 책임을 지고 공동선을 추구하는 방식으로 작동합니다. 브레흐만은 독자에게 인간을 어떤 존재로 볼 것인지 묻습니다. 그 상상이 우리의 미래를

뤼트허르 브레흐만, 《휴먼카인드》

결정할 것이기 때문입니다.

이 책은 독자에게 단지 긍정적인 인간관을 주입하는 내용이 아니라, 비관과 냉소가 당연시되는 사회 속에서 낙관의 윤리와 지성으로 삶을 새롭게 바라보는 눈을 제공합니다. 《휴먼카인드》는 강력한 낙관의 선언이자, 사람들이 세상을 바라보는 관점이 '경쟁적 인간관'에 갇히지 않고, '신뢰 기반 공동체'라는 상상력을 가질 수 있도록 돕는 안내서입니다.

페스트균은 결코 죽지 않는다

알베르 카뮈(Albert Camus, 1913~1960)의 《페스트(La Peste)》는 알제리의 오랑이라는 가상의 도시에 갑자기 전염병이 퍼지자 봉쇄된 도시의 사람들이 겪는 공포와 고통을 그린 소설입니다. 주인공 리외 의사와 시민들은 죽음 앞에서 각기 다른 태도를 보이며, 연대와 책임의 의미를 묻습니다. 《페스트》는 부조리한 현실 속에서도 인간이 어떻게 살아야 하는지 생각하게 하는 작품으로, 전쟁과 전체주의에 대한 은유로도 읽힙니다.

프랑스의 철학자이자 소설가인 알베르 카뮈가 1947년에 발표한 이 실존주의 소설은 제2차 세계대전의 참화와 나치의 점령 경험을 은유적으로 담고 있어 철학적 깊이와 문학적 완성도가 모두 뛰어납니다.

세상이 부조리하고 이해할 수 없는 고통으로 가득 차 있을지라도, 인간은 자신의 양심과 책임의식에 따라 연대하고 맞서 싸워야 합니다. 진실은 절대적이지 않으며, 정의는 행위 속에서 증명됩니다. 이 소설에서 '페스트'는 단지 질병이 아니라, 인간을 시험하는 근본적 조건이자 실존의 비유입니다.

의사 리외는 처음엔 이상한 쥐떼의 죽음을 관찰하지만, 곧 사람들이 고열에 시달리다 고름이 생기고 죽어가는 사태를 접하며 전염병의 도래를 직감합니다. 하지만 당국은 초기에 이를 부인하고, 주민들은 일상생활을 지속하려고 합니다. 인간의 본능적인 현실 회피가 집단적으로 작동하는 장면입니다.

하지만 사망자가 폭증하고 도시가 봉쇄되면서 시민들은 부정과 분노, 체념 그리고 절망 사이를 오가게 됩니다. 리외는 이 모든 상황을 의사의 시선으로 담담히 기록하며, '죽음'을 받아들이고 고통 속에서도 행동하는 태도를 보여줍니다. 그는 영웅도, 순교자도 아닌 평범한 인간으로서 주어진 책임을 다하려는 인물입니다.

종교적 의미를 부여하려는 판루 신부는 초기에 페스트를 신의 심판으로 해석하지만, 어린 아이가 고통받으며 죽는 장면을 목격하자 그의 신학적 관점은 무너집니다. 이 변화는 전통적인 신의 정의에 대한 의문을 던지며, '의미 없는 고통'이라는 실존의 핵심 문제를 드러냅니다. 반면 기자 랑베르는 사랑하는 이에게 돌아가려다 결국 리외와 함께 봉사 활동에 참여하게 되고, 개인적 욕망에서 타인에 대한 책임으로 바뀌는 내면의 변화를 잘 보여줍니다.

리외의 동료 타루는 죽기 전 '성자가 아니라 인간이 되고 싶다'고 고백합니다. 이는 카뮈의 실존주의 윤리를 대표하는 말로, 특별한 존재가 아니라 고통과 부조리 속에서도 이웃을 위해 싸우는 '보통 사람'의 윤리를 의미합니다. 카뮈는 이 소설을 통해 신도, 이념도 없어도 인간이 자기 삶의 도덕적 주체가 될 수 있음을 보여줍니다.

이 작품에서 페스트는 단순한 전염병이 아니라 나치 점령, 전쟁, 독재 등 인간의 자유를 억압하는 모든 '악'의 상징입니다. 질병은 언제든 다시 찾아올 수 있으며, 인간은 끊임없이 그것에 맞서 싸워야 한다는 이 이야기에서 리외는 '잊지 않기 위해서' 끝까지 기록을 남깁니다. 작품의 말미에서 리외는 "페스트균은 결코 죽지 않는다"고 말하며, 인간이 자유와 책임을 잃는 순간 다시 그것이 되살아날 수 있음을 경고합니다.
《페스트》는 몇 년 전 우리가 겪은 팬데믹과도 연결점을 가집니다. 코로나19를 겪은 오늘의 독자에게, 이 작품은 공포 속에서도 연대하고 책임지는 삶의 태도가 얼마나 중요한지를 강력히 일깨웁니다. 비록 모든 고통에 의미가 존재하지는 않지만, 그 앞에서 포기하지 않고 행동하는 것이야말로 카뮈가 말한 '반항하는 인간'의 자세이며, 인간다움의 마지막 보루입니다.

카뮈가 말하는 '부조리(absurde)'는 인간이 삶에서 의미를 찾고자 할 때, 세상이 아무런 응답을 하지 않는 상황에서 발생합니다. 《페스트》는 부조리한 상황 속에서 인간이 어떻게 살아야 하는지를 실험하는 도덕적 무대입니다. 주인공 리외는 부조리한 현실을 받아들이면서도 침묵하거나 무력해지지 않았고, 타인을 위해 헌신하는 '반항하는 인간(l'homme révolté)'으로 살아갑니다.

알베르 카뮈, 《페스트》

이 작품은 우리에게 묻습니다. "당신은 고통과 죽음 앞에서 무엇을 선택할 것인가? 회피할 것인가, 맞설 것인가."

《페스트》는 특정 시대의 이야기가 아니라, 인류 보편의 도덕적 문제를 다룬 작품이며, 오늘날에도 우리가 어떤 삶을 살아야 하는지를 진지하게 되묻는 문학적 선언문으로서 여전히 의미를 가집니다.

° 당신은 선택할 수 있다

《성공하는 사람들의 일곱 가지 습관(The 7 Habits of Highly Effective People)》
은 미국의 리더십 전문가이자 교육자, 작가인 스티븐 코비(Stephen R. Covey,
1932~2012)가 개인의 성장과 리더십의 본질을 정리한 자기계발서입니다.
효과적인 인간관계와 자기관리의 원칙을 일곱 가지 습관으로 제시하면
서, 단기적 성취보다는 원칙과 인격의 힘으로 지속가능한 성공을 이루는
법을 알려주는 책입니다.

스티븐 코비는 미국 유타주의 브리검영대학교 경영학 교수로 학생들을
가르치며, 원칙 중심의 삶과 리더십, 인간관계의 철학을 강조했습니다.
그의 저서는 전 세계에서 수천만 부가 판매되었고, 개인뿐 아니라 기업
과 정부 조직 등에서도 직원 교육용으로 채택해 활용하고 있습니다. 특
히《성공하는 사람들의 일곱 가지 습관》은 스티븐 코비의 세계적인 베
스트셀러입니다. 50개 언어로 번역되었으며, 4천만 부 이상 판매된 글로
벌 스테디셀러이기도 합니다. 왜 이 책은 30년이 넘는 시간 동안 이렇게
많은 사람들에게 사랑을 받을까요? 무엇보다 이 책은 원칙 중심의 삶

을 살아가기 위해 필요한 일곱 가지 습관을 단계별로 제시하고, 각 습관이 어떻게 자기관리, 인간관계, 인생의 목적과 연결되는지를 자세히 설명하고 있습니다.

제1습관: 자신의 삶을 주도하라

자신의 감정과 행동에 책임을 지고, 외부 조건이 아닌 내면의 가치에 따라 행동하는 자세를 말합니다. 청년기에 흔히 겪는 환경 탓, 부모 탓, 사회 탓에서 벗어나 자신의 삶을 스스로 설계할 수 있다는 인식의 전환을 강조합니다.

제2습관: 끝을 생각하며 시작하라

자신이 궁극적으로 원하는 삶이 무엇인지를 생각하고, 그 목적을 기준으로 오늘의 선택을 결정하는 습관입니다. 이 장에서는 '인생의 사명 선언문'을 작성하는 방법을 구체적으로 제시하며, 목표 없는 삶이 얼마나 흔들리기 쉬운지를 경고합니다.

제3습관: 소중한 것을 먼저 하라

중요하지만 긴급하지 않은 일(예를 들면, 공부, 운동, 자기계발 등)을 우선순위에 두고 관리하는 시간관리의 원칙을 다룹니다. 우선순위를 정하는 법, 계획을 세우는 법, 유혹을 이겨내는 실천력 기르기에 중점을 둡니다.

제4습관: 승-승을 생각하라

인간관계에서 경쟁보다는 협력, 승리보다는 상생의 태도를 갖는 법을 강조합니다. 자존감이 높은 사람이 타인의 성공도 축복할 수 있음을 설명하며, 팀워크와 리더십의 기초가 되는 사고방식을 훈련하도록 합니다.

제5습관: 먼저 이해하고, 다음에 이해시켜라

경청의 기술이 핵심입니다. 사람들은 대부분 말하기를 먼저 원하지만, 진정한 관계는 상대를 먼저 이해하려는 태도에서 시작된다는 점을 다양한 사례를 통해 설명합니다. 갈등 해결, 대화의 기술 등에도 적용됩니다.

제6습관: 시너지를 내라

서로 다른 차이점이 갈등이 아니라 창조의 자원이 될 수 있다는 시각을 제시합니다. 팀워크, 다양성의 존중, 협업을 통해 혼자보다 더 나은 결과를 만드는 법을 다룹니다.

제7습관: 끊임없이 쇄신하라

신체, 정신, 감정, 영성의 네 가지 영역에서 균형 있게 자신을 돌보고 성장시켜야 함을 강조합니다. 자기 돌봄의 중요성과 일상의 리듬을 관리하는 방법, 지속 가능한 성장을 위한 습관을 소개합니다.

책 전체를 관통하는 메시지는 "당신은 선택할 수 있다"입니다. 스티브

스티븐 코비, 《성공하는 사람들의 일곱 가지 습관》

코비는 운명론적 사고나 수동적 삶의 태도를 경계하고, 우리 스스로 자기 삶의 주도권을 되찾아 의미 있는 방향으로 나아갈 수 있도록 강력한 도구를 제안합니다.

이 책에서 강조하는 일곱 가지 습관은 단순한 행동 요령이 아니라 인생 전체를 바라보는 태도와 철학의 전환입니다. 예를 들어 제1습관은 단순히 '적극적으로 행동하라'란 말이 아닙니다. 환경 탓이나 남 탓을 멈추고 자신의 내면 동기를 성찰하고 선택하는 삶의 근본자세를 요구합니다.

각 습관의 해설과 더불어 등장하는 '사명선언문' 작성법과 시너지 사례는 실천력을 높이기 위한 핵심입니다. 특히 2습관과 7습관은 삶의 목표 설정과 자기회복이라는 큰 틀을 제공합니다.

현실 속 청년들이 자주 마주하는 고민—게으름, 우울감, 친구와의 갈등, 장래에 대한 불안—은 대부분 이 습관의 결여에서 비롯됩니다. 예컨대 시간 관리를 못해 학업에 뒤쳐지거나, 감정 조절 실패로 관계에 금이 가는 일은 제3습관과 제5습관을 실천해 극복할 수 있습니다. 또한 '시너지'를 창출하는 습관은 서로의 차이를 배척하지 않고, 오히려 창의적 해법의 원천으로 삼는 관점을 길러줍니다.

마지막 제7습관은 나머지 여섯 가지 습관의 기반이 되는 자기 돌봄과 성장입니다. 특히 청년기에 자주 무시하기 쉬운 정신적·영적 건강을 돌보는 실천이 강조되며, 이는 장기적으로 삶의 회복탄력성과 지속가능성을 키워줍니다. 전체적으로 이 책은 단편적인 성공이 아니라 '의미 있는 인생'을 설계하기 위한 장기적 전략서에 가깝습니다.

습관이 인생을 결정합니다. 오늘의 사소한 선택이 내일의 방향을 만듭니다. 코비는 독자들에게 '반응하는 존재'에서 벗어나 '주도적인 삶'을 살아가라고 요청합니다. 그래서 이 책은 삶의 주인이 되기 위한 가장 현실적이고 구체적인 것을 알려주는 기본 매뉴얼이라고 하겠습니다.

스티븐 코비, 《성공하는 사람들의 일곱 가지 습관》

변화는 감정이 아니라 행동에서 온다

《네 안에 잠든 거인을 깨워라(Awaken the Giant Within)》는 미국을 대표하는 자기계발 전문가인 토니 로빈스(Tony Robbins, 1960~   )가 인간의 내면에 숨겨진 잠재력과 힘을 깨우는 방법에 대해 쓴 책입니다. 사고방식과 감정, 행동 패턴을 변화시켜 삶을 원하는 방향으로 이끌 수 있다고 말하는 내용으로 자기통제력, 목표 설정, 긍정적 사고를 통해 인생을 주도하는 법을 알려주는 실천적 조언이 담겨 있습니다.

토니 로빈스는 불우한 어린 시절을 극복하고, 자신의 경험을 바탕으로 한 삶을 바꾸는 전략과 실천법을 전 세계 수백만 명에게 전파해왔습니다. 그는 강렬한 에너지와 실천 중심의 프로그램으로 유명하며, 《네 안에 잠든 거인을 깨워라》는 그의 대표 저서로 인간의 내면에 숨겨진 잠재력과 자기통제력을 깨워 실질적인 변화를 이끌어내는 방법을 제시합니다.

이 책의 핵심 주제는 '인간은 자신의 감정과 행동을 통제할 수 있는 잠재력을 지니고 있으며, 그 힘을 깨우는 방법을 배우는 순간 인생이 바뀐다'는 것입니다. 로빈스는 우리가 환경에 휘둘리는 존재가 아니라, 스스로 삶의 방향과 질을 선택하고 조절할 수 있는 존재임을 역설합니다. 그는 이를 위해 감정 통제, 신념 재설계, 행동 조건화 등의 실천 도구들을 체계적으로 제시하며, 누구나 자기 인생의 주인이 될 수 있음을 강조합니다.

책은 통제감을 회복하는 것이 변화의 출발점이라고 강조합니다. 사람들은 종종 감정에 휘둘리고 환경 변화에 반응하는 수동적인 삶을 삽니다. 하지만 로빈스는 감정은 외부가 아니라 우리가 그것을 어떻게 해석하느냐에 따라 달라진다고 말합니다. 그는 감정을 구성하는 세 가지 요소로 신념 체계, 사용 언어, 신체 상태를 들고, 이를 '3중 조합'이라고 부르며, 이 세 가지를 조정해 감정 자체를 변화시킬 수 있다고 말합니다. 감정은 선택이며, 선택은 반복 훈련을 통해 바뀔 수 있습니다.

로빈스는 '신념'이 사람의 행동을 지배한다고 강조합니다. 우리는 무의식적으로 '나는 안 될 거야' '나는 원래 이런 사람이야'라는 한계를 만듭니다. 그는 이런 신념을 '파괴적 믿음'이라 부르며, 이를 해체하고 새로운 신념을 주입하는 기술이 곧 변화의 핵심이라고 말합니다. 이를 위해 사용하는 노구가 바로 NAC(Neuro-Associative Conditioning, 신경 연상 조건화)입니다. 인간의 행동은 고통과 쾌락의 연상에 따라 결정되며, 이 연상을 재구성하면 습관도 바꿀 수 있다는 원리입니다.

책은 7일간의 집중 훈련으로 구성되어 있습니다. 첫날은 신념 재편, 둘째 날은 감정 통제, 셋째 날은 신체 건강, 넷째 날은 재정 자유, 다섯째 날은 인간관계, 여섯째 날은 사명의식, 일곱째 날은 종합 통합(앞선 6일 간의 개별적 변화를 하나의 인생 설계도로 종합하고 실천 시스템으로 고착화하는 과정)으로 짜여 있습니다. 각 장은 독자에게 행동 과제와 질문을 던지며 직접 실천하게 만듭니다. 독자가 단순히 책을 읽는 데 그치지 않고, 직접 변화의 장에 참여하게 합니다.

로빈스는 '질문'의 힘을 강조합니다. 우리의 사고는 질문에서 시작되며, 어떤 질문을 던지느냐에 따라 감정과 행동이 달라진다는 것입니다. '왜 나는 항상 실패할까?' 대신 '나는 이 실패에서 무엇을 배웠고, 어떻게 개선할 수 있을까?'라는 질문이 삶의 방향을 완전히 바꿀 수 있습니다.

책에서 제시하는 핵심 도구 중 하나인 NAC는 단순한 긍정 훈련이 아니라 신경 연결망 수준에서 감정 반응과 행동 패턴을 다시 조건화하는 강력한 실천 도구입니다. 예컨대 불안한 상황에서 반복적으로 긴장하거나 부정적인 말을 되뇌는 대신, 의식적으로 호흡을 조절하고, 긍정적인 언어를 사용하며, 신체를 편안한 자세로 이완하는 것만으로도 감정 상태가 바뀔 수 있다는 뜻입니다.

또한 로빈스는 변화의 시작은 '신념의 교체'에 있다고 강조합니다. 기존의 부정적 믿음(나는 안 된다, 나는 가치 없다 등)을 해체하고, 더 강력하고 현실적인 신념으로 교체하는 것이 핵심입니다. 이 신념은 단순한 반복 암기가 아니라 반복적 행동과 감정 연결을 통해 뿌리내려야 하며, 이를 통해 인간은 삶의 모든 영역에서 자신을 다시 훈련시킬 수 있습니다. 예를 들어, 어린 시절부터 "나는 수학을 못 해"란 말을 반복적으로 하고 그때마다 실패의 감정을 경험했다면, 이 생각은 단순한 의견이 아니라 '나는 수학을 못한다'란 신념으로 자리 잡게 됩니다. 그리고 이 신념은 실제로 수학 공부를 회피하게 만들고, 노력조차 하지 않게 만듭니다. 결국 현실이 신념을 증명하는 방향으로 흘러가는 것입니다. 신념은 감정과 행동이 결합된 기억이기 때문에 단순히 말을 외는 것만으로는 절대 바뀌지 않습니다. 그래서 로빈스는 사람은 스스로가 믿는 대로 살고, 그것을 반복함으로써 믿음을 강화하므로, 믿음을 바꾸고 싶다면 삶의 경험과 행동 자체를 바꿔야 한다고 말합니다.

로빈스는 또한 '기준 높이기'의 중요성을 강조합니다. 인생의 수준은 우리가 자신과 타인에게 요구하는 기대치에 따라 결정됩니다. 자신에게 더 높은 기준을 부여하면, 자연스럽게 삶의 방향과 행동도 그에 따라 조정됩니다. 청년들이 현실에 안주하거나 자존감이 낮아 삶의 질을 포기하는 경우가 많은데, 이 책은 그런 독자들에게 자신의 '기준'을 재정의하라고 요구합니다.

그는 '즉시 실행'의 원리를 반복해서 강조하기도 합니다. 변화는 거대한 결심보다 작은 행동의 반복에서 옵니다. 책을 읽은 순간, 강한 영감을 느낄 수 있지만 그것이 행동으로 연결되지 않으면 의미가 없습니다. 로빈스는 그 간극을 좁히기 위해 책 전반에 행동 지시문과 일일 실천 과제를 배치해, 독자가 변화의 흐름에 실제로 몸을 실을 수 있도록 유도합니다. 이런 접근은 특히 실행력이 약한 독자들에게 중요한 메시지를 제공합니다.

저자는 변화가 감정이 아니라 행동이라는 점을 책 전반에서 일관되게 강조하며, 궁극적으로는 자신의 삶에 대한 책임감을 회복시키는 도구로 이 책을 읽어주길 당부합니다.

끝까지 가는 사람은 따로 있다

앤절라 더크워스(Angela Duckworth, 1970~   )는 미국 펜실베이니아대학
교 심리학 교수로, 하버드대학교에서 신경생물학 연구로 수석 졸업한
뒤 마샬 장학재단의 지원을 받으며 옥스퍼드대학교에서 신경과학 석사
학위를, 이후 펜실베이니아대학교에서 심리학 박사학위를 받았으며, 맥
아더 펠로우십 수상자이기도 합니다. 그녀는 교사, 경영 컨설턴트를 거
쳐 심리학자로 전향해 인간의 성취에 관한 연구를 계속해왔으며, 성공
의 핵심이 재능이 아니라 끝까지 해내는 끈기와 열정이라고 밝힌 《그릿
(Grit)》을 통해 널리 알려졌습니다. 그녀의 연구와 강연은 교육, 군사,
스포츠, 기업 경영 등 다양한 분야에서 성취를 높이는 방법에 많은 영향
을 주었습니다.

《그릿》은 단기적 재능보다 장기 목표에 대한 열정과 끈기, 즉 '그릿'이
성공을 결정짓는 진정한 요소라고 주장하는 책입니다. '그릿'의 뜻은 흔
들리지 않는 집념, 실패를 견디는 회복력, 꾸준한 반복과 자기 동기부여

의 총체로써 어떤 환경에서도 끝까지 밀어붙이는 힘입니다.

저자는 자신의 교수 경험과 함께, 육군사관학교 생도들의 탈락률, 전국 스펠링비 결승 진출자, 실리콘밸리 창업가, 올림픽 출전 선수, 유명 예술가 등 다양한 고성과자들의 사례를 추적하여, 이들을 비교 분석했습니다. 그리고 그 결과 지능이나 외적 환경보다 중요한 것은 '끝까지 해내는 힘' 즉, '그릿'이었다는 사실을 발견합니다. 특히 '그릿 지수'라는 도구를 활용해 개인의 그릿 수준을 측정하고, 이 수치가 성과와 높은 상관관계를 갖는다는 실증적 결과를 제시합니다.

책에서 강조하는 그릿의 네 가지 구성 요소는 다음과 같습니다.

① 열정: 장기적인 목표에 몰입할 수 있는 흥미와 방향성.
② 끈기: 단기 실패에 흔들리지 않고 반복적으로 시도하며 성장해가는 자세.
③ 낙관주의: 실패를 자책이 아니라 학습의 기회로 보고, 다시 시도할 수 있는 심리적 회복력.
④ 성장형 사고방식: 노력에 따라 변화할 수 있다는 믿음.

책 후반부에서는 '그릿을 어떻게 기를 수 있는가'에 대한 전략이 제시됩니다. 특히 '목표 피라미드'라는 구조를 소개하는데, 이는 독자들에게 매우 실용적입니다. 개인의 목표를 상위 목표(궁극적 비전), 중위 목표(전략적 계획), 하위 목표(일상 실천)로 나눈 뒤, 모든 하위 행동이 상위 가치와 연결되도록 구조화합니다. 또 부모, 교사, 코치 등의 역할도 중요하게 다뤄지는데, 저자는 '높은 기대와 따뜻한 지지'를 병행하는 '도전적인 지지(challenging support)'의 환경이 그릿을 강화하는 핵심이라고 주장합니다.

'재능×노력=기술, 기술×노력=성취'라는 공식은 노력이 재능보다 두 배 더 중요한 배수 효과를 가진다고 설명합니다. 《그릿》은 성공을 단순히 결과나 업적의 크기로 보지 않고, 자신이 정한 목표를 꾸준히 실천하는 삶의 태도, 그 자체를 성공이라 정의합니다. 책 전체를 관통하는 메시지는 선명합니다. 바로 '포기하지 않는 사람만이 가능성을 끝까지 밀어붙일 수 있다'입니다.

이것이야말로 진정한 성공의 본질이라고 말합니다. 더크워스는 그릿이 재능과 대립되는 개념이 아니라 재능을 발전시키는 힘이라고 강조합니다. 그릿은 지능, 환경, 재능이라는 요소들과 상호작용하며, 개인의 성장 경로를 결정짓는 요인으로, 한 번의 실패로 모든 가능성이 사라지는 것이 아니라 실패 이후 다시 시도할 수 있는 용기를 뜻합니다.

그렇다고 목표를 맹목적으로 고집하는 것은 아닙니다. 목표를 재설정하고 경로를 조정할 수 있는 '유연한 집중력'도 포함합니다. 그녀는 자신이 연구한 수많은 고성과자들이 단일 목표만을 고집하지 않고, 새로운 정보에 따라 자신에게 가장 적합한 장기 목표를 찾아갔다는 점을 강조합니다.

또한 회복탄력성(resilience)과 자기효능감(self-efficacy)은 그릿을 실현하는 데 필수적인 기반이 됩니다. 실패 경험 이후에도 다시 시도할 수 있는 회복탄력성과, '나는 할 수 있다'란 자기효능감은 그릿을 지속시켜주는 심리적 토대이며, 이는 학습을 통해 강화할 수 있습니다.

《그릿》은 노력의 중요성을 강조하지만, 무조건적인 끈기가 해답이라는 오해는 피해야 합니다. 무모한 집착과 지혜로운 끈기는 다르며, 올바른 방향 설정이 동반되어야 진정한 그릿이 됩니다. 또한 사회적 자원과 환경의 차이를 무시하고 그릿만을 성공의 절대 조건처럼 받아들이는 것도 경계할 필요가 있습니다.

재능은 시작일 뿐, 끝까지 가는 사람은 열정과 끈기가 있습니다. 그리고 넘어져도 다시 털고 일어설 수 있는 능력도 있습니다. 열정과 끈기를 가졌다고 해도 누구든 실수할 수 있고, 실패할 수 있습니다. 그러하기에 작은 실수 앞에 좌절하기보다 좌절을 딛고 일어서는 힘. 여러분에게 그 힘을 가지길 당부합니다. 당신은 할 수 있습니다.

인간관계는 감정과 인간성의 문제

《데일 카네기 인간관계론(How to Win Friends and Influence People)》은 1936년에 처음 출간된 인간관계 분야의 고전입니다. 그런데 근 100년 전에 쓰인 이 책이 요즘도 간간이 베스트셀러 리스트에 보입니다. 이 책은 왜 이렇게 오랫동안 사랑을 받는 걸까요?

데일 카네기(Dale Breckenridge Carnegie, 1888~1955)는 《데일 카네기 인간관계론》에서 사람의 마음을 얻고 영향력을 발휘하는 구체적인 대화법과 태도를 제시합니다. 타인을 존중하고 공감하며 진심으로 대하는 것이 성공적인 인간관계와 삶의 핵심이라는 메시지를 담고 있어, 인간관계로 고민하는 현대인들에게도 많은 도움이 되는 책입니다.

데일 카네기는 미국의 작가이자 대중 강연가로, 인간 심리와 설득의 기술, 자기계발 분야의 선구자입니다. 그는 가난한 농가에서 태어났지만, 말하기와 인간관계에 대한 탁월한 통찰로 20세기 초 미국 사회에 큰 영향을 끼쳤습니다. 카네기는 1920~1930년대 미국에서 '공개 연설'을 일반인도 할 수 있는 기술로 체계화한 최초의 인물이었습니다. 이전까지 연설은 정치가나 종교 지도자만의 영역으로 여겨졌는데, 그는 누구나 훈련을 통해 자신의 생각을 명확히 표현하고 사람들 앞에서 말할 수 있다는 인식을 확산시켰습니다. 이로써 대중이 스스로를 표현하고 사회 참여를 자유롭게 할 수 있는 계기가 마련되었죠. 특히 그의 인간관계 강의는 수많은 기업과 개인에게 실용적인 커뮤니케이션 기술과 자기계발의 계기를 제공했습니다.

《데일 카네기 인간관계론》은 사람을 다루는 법, 설득하는 법, 호감을 얻는 법, 상대를 변화시키는 법 등 타인과의 관계에서 신뢰와 존중을 얻는 실용적인 기술을 소개하고 있습니다. 데일 카네기는 인간관계의 본질을 '타인의 감정을 이해하고 존중하는 능력'으로 보며, 이 책에서 총 서른일곱 가지의 원칙을 실제 사례와 함께 제시합니다.

첫 번째 원칙은 "비판하지 말고, 비난하지 말고, 불평하지 말라"입니다. 카네기는 "비판은 사람을 변화시키지 않고, 방어적 태도와 반감을 불러온다"고 하며, 그는 에이브러햄 링컨의 일화를 예로 듭니다. 젊은 시절 링컨은 신랄한 글을 써서 사람을 공개적으로 조롱했지만, 그것이 원인이 되어 결투 위기에 몰렸고, 이후부터는 타인을 비난하지 않는 철학을 갖게 되었습니다. 타인을 긍정적으로 변화시키고 싶다면, 먼저 인정하고 공감하는 태도가 필요하다는 교훈입니다.

이 책에서 반복적으로 강조하는 것은 '인정받고자 하는 인간의 욕망'입니다. 사람은 누구나 존중받고 싶어 하며, 자신의 가치를 알아주는 상대에게 마음을 엽니다. 카네기는 이를 위한 기술로 '진심 어린 칭찬'과 '상대의 이름 기억하기' '상대방의 관심사에 귀를 기울이기' '경청과 관심'을 제안합니다. 이는 단순한 예절이 아니라 인간 심리를 깊이 이해한 실천적 기술입니다.

설득의 기술에 있어서 그는 논쟁을 피하고, 상대방이 먼저 "예"라고 말하게 하라고 원칙을 제시합니다. 더불어 잘못했을 때는 솔직하게 인정하라는 말도 덧붙입니다. 그는 상대의 자존심을 존중하며, 마음을 열게 만드는 설득이야말로 진정한 변화의 시작이라고 보았습니다. 특히 상대가 저항하거나 방어할 때는 논리보다 공감과 감정이 더 효과적임을 강조합니다.

리더십에 관한 조언도 핵심적인 부분입니다. 사람을 비판으로 변화시키려 하지 말고 칭찬으로 시작하기, 실수는 직접보다 간접적으로 알려주기, 상대방이 스스로 깨닫게 하기 등입니다. 그는 록펠러의 일화를 들며, 실수를 저지른 직원에게 직접적인 질책 대신 "내가 자네 나이였을 땐 더 큰 실수를 했었지"라고 말함으로써 상대의 자존심을 살리고 관계를 유지한 사례를 소개합니다.

카네기는 인간관계가 논리가 아니라 감정과 인간성의 문제라고 보았습니다. 상대방의 입장에서 생각하고 말하고 행동하는 연습은 단지 좋은 인상을 남기는 기술이 아니라 성숙한 인격을 위한 훈련이기도 합니다.

데일 카네기, 《데일 카네기 인간관계론》

그는 인간관계의 질이 곧 내 인생의 질을 결정하며, 타인과의 관계 안에서 진정한 자아실현이 이루어진다고 보았습니다.

《데일 카네기 인간관계론》은 현대적 커뮤니케이션 이론보다 훨씬 오래전에 쓰였지만, 지금 시대에도 여전히 유효한 원칙들로 가득합니다. 그이유는 이 책이 이론이 아니라 경험에서 비롯되었기 때문입니다. 카네기는 수강생들의 실패와 성공 사례를 바탕으로 이 원칙들을 체계화했고, 그것이 이 책을 시대를 초월한 실용서로 만든 이유입니다.

오늘날의 청년들이 겪는 인간관계의 스트레스—무례한 피드백, 서툰 소통, 자존감에 입는 상처—등은 결국 자기중심적인 시야에서 비롯되는 경우가 많습니다. 이 책은 그러한 자기중심성에서 벗어나 타인을 존중하고, 먼저 다가가며, 공감하는 삶의 태도를 가르쳐줍니다. 관계의 기술을 넘어서 인간에 대한 철학을 제시하는 책, 그것이 바로 《데일 카네기 인간관계론》입니다.

오늘날 디지털 사회에서도 카네기의 인간관계론은 설득력을 가집니다. 오늘날에도 이 책의 원칙은 유효합니다. 이메일, 메신저, SNS를 통한 소통은 빠르고 효율적이지만, 감정의 전달은 종종 왜곡되거나 결핍되기 쉽습니다. 카네기의 원칙 중 '진심 어린 칭찬' '경청' '감정 공감' 등은 오히려 비대면 시대에 더 절실한 소통 기술로 떠오르고 있습니다. 특히 온라인 커뮤니티나 조직 내 협업에서도, 상대방의 입장을 먼저 고려하고 예의를 갖춰 표현하는 것이 신뢰를 구축하는 핵심 요소가 되었습니다.

좋은 관계는 좋은 기술 이전에 좋은 태도에서 비롯된다는 점에서, 카네기의 조언은 기술서이기보다 인격훈련서에 가깝습니다. 타인의 마음을 얻기 위한 노력이 곧 자아 성숙의 길이라는 통찰을 독자들이 꼭 기억했으면 좋겠습니다.

데일 카네기, 《데일 카네기 인간관계론》

지금 행동하지 않으면 내일은 없다

인류가 함께 풀어가야 할 문제 중에 환경 문제만큼 중요하고 긴박한 문제가 있을까요? 기후는 하루가 다르게 변하고 있고, 빙하는 녹고 지구 생태계는 큰 위기 상황에 직면해 있습니다. 전세계 최강대국인 미국의 전 부통령 앨 고어(Albert Arnold Gore Jr., 1948~　)는《불편한 진실(An Inconvenient Truth)》을 통해 지구 온난화와 기후 변화의 심각성을 알립니다. 그는 과학적 근거를 들어 지구 온도의 상승과 빙하 감소, 이상기후 등 인류가 직면한 위기를 경고합니다. 이 책은 개인과 사회가 함께 환경보호를 위해 행동해야 한다는 메시지를 강하게 전달합니다.

앨 고어는 미국의 정치인이자 세계적인 환경운동가입니다. 기후 변화 문제에 대한 대중 인식 제고에 크게 기여했으며, 이 책과 동명의 다큐멘터리를 제작해 2007년 노벨평화상을 수상했습니다. 그는 과학적 데이터와 정치적 경험을 바탕으로, 기후 변화의 현실을 폭로하고, 인류가 나아가야 할 길을 제시하는 데 앞장서왔습니다.

앨 고어는 인간의 활동이 초래한 기후 변화가 자연환경뿐 아니라 정치, 경제, 사회 구조 전반에 영향을 미친다고 주장하며, 이를 해결하기 위한 국제 협력과 개인의 실천을 촉구합니다.

《불편한 진실》은 지구 온난화 현상의 과학적 근거와 그 심각성을 대중적으로 알린 대표적인 환경도서로, 앨 고어는 산업혁명 이후 급격히 증가한 온실가스 배출이 지구 평균 온도를 상승시키며, 그 결과 북극의 얼음이 녹고, 해수면이 상승하며 허리케인과 가뭄 등 기상이변이 빈번해졌다고 지적합니다. 책에는 위성사진, 기후 그래프, 수치 데이터 등이 풍부하게 실려 있어 기후 변화의 증거를 명확하게 보여줍니다.

그는 남극의 빙하가 녹아 해수면이 상승하면 수억 명이 거주지를 잃을 수 있으며, 기후 난민, 농업 위기, 생태계 붕괴 등 복합적 재앙이 발생할 것이라고 경고합니다. 특히 개발도상국과 해안 국가들이 큰 피해를 입을 가능성이 가장 크다고 분석하면서 기후 정의의 문제도 제기합니다.

저자는 화석연료에 대한 의존도를 줄이고, 재생에너지로의 전환을 가속화해야 한다는 메시지를 전하며, 기후 변화 대응은 단순한 환경운동이 아니라 인간의 생존과 도덕적 책임이 걸린 과제임을 역설합니다. 또, 과학적인 분석뿐만 아니라 정치·경제 시스템의 구조적 개혁도 함께 강조하며, 에너지 소비 패턴의 변화와 지속가능한 도시 설계, 교통 인프라 개선 등 구체적인 실행 방안을 제시합니다.

책 후반부에서는 탄소 발자국을 줄이는 생활 방식, 절전형 기기 사용,

자전거 통근, 지역 식재료 소비 등 일상 속 실천 방법을 소개하며, 개인이 지구를 지키기 위해 해야 할 역할을 강조합니다. 저자는 독자들에게 기후 정책을 좌우하는 정치인에 대한 감시와 참여를 강조합니다. 그는 결국 정치의 변화가 구조의 변화를 낳으며, 개인의 선택이 모이면 거대한 변화를 만들 수 있다고 말합니다.

마지막으로 그는 기후 위기를 '불편한 진실'이라 명명하며, 이를 외면하지 않고 직시할 때 인류는 스스로를 구할 수 있다고 합니다. 책 전반에 걸쳐 저자가 강조하는 메시지는 단 하나입니다. 지금 행동하지 않으면 내일은 없다는 것입니다.

오늘날 기후 변화에 대한 문제로 사회 곳곳에서 논쟁이 벌어지고 있습니다. 기후 위기를 과학적 사실로 받아들이는 이들도 있지만, 여전히 이를 과장된 주장으로 치부하거나 부정하는 사람들도 많습니다. 그렇기에 저자는 단순한 주장이나 주관적 믿음이 아니라 방대한 과학적 증거와 전 세계의 사례를 통해 진실을 드러내고자 했습니다. 그가 강조한 '불편한 진실'이란, 바로 우리가 알고 싶진 않지만 외면할 수 없는 우리의 현실입니다.

이런 상황에서 지식인과 청년 세대의 역할은 더욱 중요해집니다. 청년들은 기후 위기의 최전선에 서 있는 세대입니다. 지구의 공기는 우리가 태어나기 훨씬 전부터 이미 탁해지기 시작했고, 바다는 오래전부터 쓰레기로 신음해왔습니다. 청년 세대만이 그런 세계를 만든 장본인이 아니지만, 애석하게도 지금으로선 그 결과를 가장 길게 온몸으로 견뎌야 하는 세대가 되었습니다. 평생을 살아갈 내일의 환경, 삶의 조건, 생존의 기반이 지금보다 더 심각하게 달라질 것이기 때문입니다.

하지만 청년들은 단지 피해자가 아닙니다. 새로운 기술을 만들고, 정치와 경제의 방향을 바꾸며, 소비와 생활의 습관을 전환할 힘이 바로 청년들의 손에 달려 있습니다. 낡은 체제를 바꿀 용기, 지속가능한 사회를 설계할 상상력 그리고 서로 연결되어 변화를 만들어낼 연대의 에너지가 청년들에게 있습니다.

그래서 청년들은 기후 위기의 한복판에 서 있는 세대이며, 동시에 그것을 넘어설 열쇠를 쥔 세대입니다. 과거의 잘못을 치유하고 새로운 미래를 여는 일, 그것은 결국 오늘을 살아가는 청년 세대의 손끝에서 시작될 것입니다.

《불편한 진실》은 막연한 불안을 주입하는 내용이 아니라, 과학적 사실에 기반한 문제 인식을 통해 변화의 필요성을 일깨웁니다. 앨 고어는 우리에게 '나 하나쯤이야'라는 무력감을 넘어, '내가 시작해야 한다'는 사명감을 심어주기 위해 노력하고 있습니다.

전환은 선택이 아니라 생존의 조건이다

《모두를 위한 지구(Earth for All)》는 세계적 환경 석학들과 정책 전문가들이 모여 지구의 미래를 위해 제시한 지속가능한 전환 로드맵입니다. 특히 로마클럽(Club of Rome)이 50년 만에 내놓은 대규모 보고서 성격을 띠고 있어,《성장의 한계(Limits to Growth)》이후 인류가 직면한 위기를 다시 점검하는 책이라고 할 수 있습니다.

이 책의 저자들은 지속가능한 발전, 에너지 전환, 순환경제 분야에서 활동하고 있으며, 복합적 위기를 맞이한 인류가 '지속가능성의 경계선' 내에서 삶의 방식을 전환해야 한다는 주장을 일관되게 펼치고 있습니다.

《모두를 위한 지구》는 기후 위기, 생태계 파괴, 경제 불평등 등 전 지구적 위기가 하나로 이어져 있다는 인식 아래, 오늘날 인류의 경제적·정치적 시스템이 지속가능하지 않음을 경고합니다. 저자들은 '지속가능한 번영'을 가능하게 하려면 물질 소비 중심의 패러다임을 근본적으로 바꾸고, 지구가 가진 한계 내에서 공정하게 살아가는 새로운 체제로 전환해야 한다고 강조합니다.

인류는 '다중 위기(polycrisis)'에 직면해 있습니다. 기후 변화, 생물 다양성의 붕괴, 사회경제적 불평등, 민주주의 후퇴, 지정학적 갈등 같은 요소들이 단편적으로 존재하는 것이 아니라 상호 이어져 복합 위기를 만들고 있습니다. 이런 위기는 환경 파괴를 넘어 현대 문명 전체의 구조적 한계를 드러냅니다. 저자들은 이런 위기의 근원이 기술이나 자원의 부족이 아니라 인간의 정치적 상상력 결핍과 성장 중심의 패러다임 때문이라고 강조합니다.

특히 저자들은 현대 사회가 물질적 번영과 소비를 최우선 가치로 삼으며 '지속가능성의 한계'를 넘어섰다고 경고합니다. 기후 위기만 보더라도 이미 여러 지역에서 지구 온난화로 인한 생존의 위협이 일상화되었으며, 북극의 해빙 속도나 사막화, 해수면 상승 등은 예전보다 훨씬 더 빠른 속도로 진행 중입니다. 문제는 이런 위기들이 저개발국가와 미래 세대에 훨씬 더 큰 피해를 안겨준다는 점입니다. 저자들은 '지속가능한 번영'을 위해선 기존 경제 시스템의 핵심 가치부터 전환해야 한다고 주장합니다.

이를 위해 이 책에서는 '지속가능성의 나침반(compass for sustainability)'이라는 분석 도구를 제시합니다. 이는 '생태 회복력, 경제적 형평성, 사회적 포용성, 제도적 실행 가능성'이라는 네 축을 기준으로 정책과 사회 구조를 평가하자는 제안입니다. 단순한 환경 규제가 아니라 삶의 질과 공동체의 회복을 포괄적으로 고려하는 접근 방식으로, 이러한 관점은

상드린 딕손-드클레브 외, 《모두를 위한 지구》

GDP 성장률 중심의 정책 수립이 아니라, 인간과 자연의 조화를 기반으로 하는 통합적 정책 설계를 요구합니다.

책에서 말하는 '다중 위기'는 단순히 환경 문제에 국한되지 않습니다. 팬데믹은 글로벌 보건 체계의 취약성을 드러냈고, 러시아-우크라이나 전쟁은 에너지 위기의 현실성을 증폭시켰으며, 기후 재난은 농업과 식량 체계, 생태적 안보를 동시에 위협하고 있습니다. 또한 기후난민, 물 부족, 생물 다양성 붕괴 등은 복합적으로 작동하며, 기존의 정책이나 경제 논리만으로는 해결이 불가능합니다.

이에 저자들은 '시민 중심의 전환'이 필요하다고 주장합니다. 이 책은 변화의 주체가 단지 정부나 대기업만이 아니라, 시민 개개인과 지역 공동체, 협동조합, 교육 현장, 특히 청년 세대에 있다는 점을 강조합니다. 에너지 소비 방식을 바꾸고, 지속가능한 식량 체계를 구축하며, 윤리적 금융과 포용적 복지 시스템을 만드는 일은 모두의 참여 없이는 불가능합니다. 따라서 책은 '시민 주도적 전환'을 하나의 축으로 삼으며, 각 개인의 역할과 참여를 통해 거대한 변화를 이루어야 함을 반복해서 강조합니다.

마지막으로, 저자들은 이런 전환이 선택 가능한 대안이 아니라, 생존을 위한 필수 조건이라는 점을 분명히 합니다. 지금의 방식으로는 모두를 위한 지구는 존재할 수 없으며, 전환은 피할 수 없는 과제입니다. 이 책은 청년들에게 '지속가능성'이라는 가치를 단지 환경의 문제가 아닌, 삶의 방식과 세계관을 바꾸는 근본적 질문으로 받아들이길 요청하고 있습니다.

'다중 위기'는 지구적 차원의 추상적 과제가 아니라 한국 청년의 삶과도 직접 연결되어 있습니다. 따라서 이 책의 메시지를 한국 청년들이 일상 속에서 실천하기 위해서 몇 가지 구체적 방안을 제안합니다.

첫째, 생활 속 에너지 전환입니다. 단순히 친환경 제품을 소비하는 것을 넘어, 지역 사회의 에너지 협동조합 참여, 재생에너지 사용 확대 캠페인, 대중교통·자전거 이용 같은 작은 행동들이 모여 큰 변화를 만듭니다.

둘째, 지속가능한 먹을거리입니다. 로컬푸드 직거래 장터, 도시농업, 채식 위주 식단 실천은 기후 위기에 대응하면서 동시에 공동체적 삶을 강화하는 방법입니다.

셋째, 시민적 연대와 학습입니다. 기후 위기는 개인의 노력만으로 해결할 수 없기에, 청년들이 스터디 모임이나 환경 동아리, 캠페인을 통해 함께 배우고 행동하는 것이 중요합니다. 특히 대학과 지역 청년단체가 연계하여 환경교육 프로그램을 확산시킨다면, 책에서 말하는 '시민 중심의 전환'이 현실로 이어질 수 있습니다.

넷째, 정치·사회적 목소리 내기입니다. 환경정책에 관심을 두고, 지방정부와 의사결정 과정에 청년들이 직접 참여해야 합니다. 투표, 청원, 지역 공청회 참여를 통해 미래 세대의 목소리를 제도권 안으로 확장할 수 있습니다.

이 책이 제시하는 '지속가능성의 나침반'은 결국 청년들이 스스로 삶의 기준을 전환하는 데서 출발합니다. 성장 지표를 따르는 대신, 나와 공동체의 건강·학습·생태를 중심으로 삶을 설계하는 작은 실천들이 모여 한국 사회 전체가 미래 세대를 위한 새로운 길을 열어갈 수 있을 것입니다.

사랑은 인간을 인간답게 만드는 힘

《왜 우리는 사랑에 빠지는가(Why We Love)》는 인간의 사랑을 뇌과학과 진화심리학 관점에서 탐구한 책입니다. 사랑이 단순한 감정이 아니라 도파민·세로토닌 등 뇌의 화학 반응과 생존 전략의 일부임을 밝히는 이 책은 우리가 사랑에 빠지는 이유를 생물학적 본능과 인간의 진화적 필요로 설명하는 사랑에 관한 심리서이자 과학책입니다.

이 책의 저자인 헬렌 피셔(Helen Fisher, 1945~)는 미국의 생물인류학자이며, 인간의 사랑과 성 본능에 대한 뇌과학 연구로 세계적인 명성을 얻었습니다. 특히 fMRI(기능적 자기공명영상)를 활용해 사랑에 빠진 인간의 뇌에서 어떤 변화가 일어나는지를 과학적으로 분석한 최초의 인물 중 하나이기도 합니다. 현재 러트거스대학교의 생물인류학 교수로 재직 중이며, TED 강연과 저서를 통해 대중과 활발히 소통하고 있습니다.

헬렌 피셔는 사랑이 단순한 감정이 아니라 뇌 속에서 일어나는 강력한 생물학적 현상임을 주장합니다. 그녀는 사랑의 세 가지 주요 시스템으로 욕망, 낭만적 사랑, 애착으로 구분했습니다. 욕망은 생식 욕구를 불러일으키며, 낭만적 사랑은 특정한 사람에게 집중하게 만들고, 애착은 장기적인 유대감을 형성하는 데 기여합니다. 이 세 가지는 진화적으로 인류의 생존과 번식에 유리하게 작동해왔습니다. 피셔는 특히 낭만적 사랑이 도파민 시스템과 깊은 관련이 있음을 강조합니다. 사랑에 빠졌을 때 뇌의 보상 중추가 활성화되며, 이는 코카인 중독과 유사한 양상을 띱니다.

사랑에 빠진 사람은 상대에 대한 집중, 강한 열망, 거절에 대한 고통 등을 겪는데, 이는 뇌의 구조적 반응입니다. 연구 결과, 연인의 사진을 보았을 때 활성화되는 뇌 부위는 돈을 보거나 도박에서 이겼을 때와 동일합니다. 이는 사랑이 중독처럼 작동한다는 것을 알려줍니다. 동시에 뇌의 전두엽 활동이 감소하면서 이성적 판단이 흐려지고, 상대의 단점을 제대로 인식하지 못하게 됩니다. 이런 뇌의 메커니즘은 단순한 감정이나 문화적 학습이 아니라 생물학적 프로그램에 가깝습니다.

또한 피셔는 사람들이 사랑을 느끼는 방식이 성격 유형이나 신경화학적 특성에 따라 다름을 주장합니다. 그녀는 도파민형, 세로토닌형, 테스토스테론형, 에스트로겐형 등으로 사람의 성향을 분류하며, 각 유형에 따라 선호하는 사랑의 방식이 다르다고 보았습니다. 예를 들어 도파민형은 모험과 자극을 좋아하는 반면, 세로토닌형은 규칙과 질서를 중시합니다. 이러한 유형은 연애 관계의 조화와 갈등 양상을 설명하는 데 활용됩니다.

사랑의 끝, 즉 실연 또한 뇌에 강력한 영향을 미칩니다. 피셔는 실연을 겪은 사람들의 뇌를 fMRI로 촬영해본 결과, 낭만적 사랑에 관여하는 뇌 영역이 계속 활성화되어 있음을 발견했습니다. 이는 왜 실연이 육체적 고통처럼 느껴지는지를 설명해줍니다. 사랑은 단순한 감정보다 훨씬 깊은, 생존과 번식에 관계된 뇌의 전략입니다.

피셔는 인류의 역사와 문화 속에 나타나는 다양한 사랑의 양상을 비교문화적으로 분석합니다. 고대 부족 사회부터 현대 도시 문명에 이르기까지, 낭만적 사랑은 문화적 형태는 달라도 놀랍도록 유사한 뇌 반응을 보여줍니다. 이는 사랑이 인류의 보편적 특성이라는 점을 입증합니다.

그녀는 나아가 사랑이 인간의 창조성, 종교성, 예술성에도 영향을 끼쳤다고 보았습니다. 수많은 예술 작품과 문학은 사랑의 감정에서 비롯되었으며, 그 감정을 조절하려는 인간의 욕망은 철학과 윤리의 발전에도 기여했습니다. 피셔는 이런 점에서 사랑을 단지 '호르몬의 장난'이라고 단정지어 말하지 않습니다. 오히려 사랑이 '인간을 인간답게 만든 힘'이라고 강조합니다.

더 나아가 피셔는 사랑이 단지 본능적인 충동에 그치는 것이 아니라 의식적 선택과 결합하면 더 깊은 의미를 갖는다고 설명합니다. 인간은 뇌의 본능적 구조에 따라 사랑을 느끼지만, 동시에 학습과 성찰을 통해 관계를 조율할 수 있습니다. 즉, 우리는 단순히 뇌에 프로그램된 사랑을 따르는 존재가 아니라 그것을 바탕으로 더 나은 관계를 '설계'할 수

헬렌 피셔, 《왜 우리는 사랑에 빠지는가》

있는 존재입니다.

그녀는 또 다른 연구를 통해 사랑의 지속성에도 주목했습니다. 초기의 도파민 중심의 사랑이 시간이 지나면 옥시토신과 바소프레신 중심의 안정된 애착으로 바뀌며, 이 호르몬들은 장기적인 파트너십을 유지하게 만듭니다. 따라서 사랑은 단기적 열정과 장기적 안정성이라는 두 개의 축을 오가며, 뇌의 화학적 변화에 따라 자연스럽게 진화하는 구조를 가집니다.

이 책은 사랑이 단순한 감정이나 감성의 결과가 아니라, 생물학적·진화론적 뇌 시스템의 결과임을 알려줍니다. 이는 청년들에게 연애와 인간관계에서 겪는 혼란과 집착, 실연의 고통을 지나치게 자책하지 말고, 인간 본성의 일부로 이해하라고 말합니다. 사랑을 통해 자기 자신을 더 깊이 이해하고, 상대와의 관계를 더 성숙하게 조율하려는 노력에 과학적인 통찰을 제공합니다.

책 후반부에 나오는 사랑의 네 가지 성격 유형에 대한 분석은 단순한 심리 테스트처럼 소비되지 않도록 주의가 필요합니다. 피셔의 분류는 뇌과학 기반에 근거를 두고 있지만, 지나친 일반화나 자기 합리화에 빠질 위험도 있습니다. 또 사랑을 지나치게 생물학적으로 환원하는 관점이 인간관계의 복잡성과 윤리성을 간과할 수 있으므로 과학적 설명과 인간적 통찰 사이의 균형을 잡는 시각이 중요합니다.

사랑은 행위다

《사랑의 기술(The Art of Loving)》은 심리, 철학 분야에서 여전히 많은 사랑을 받고 있는 고전입니다. 이 책은 사랑을 단순한 감정이 아닌 '능력'으로 보고, 배워야 하는 기술이라고 설명합니다. 저자인 에리히 프롬(Erich Fromm, 1900~1980)은 사랑을 존재, 책임감, 존중, 이해 등 여러 요소로 나누고, 진정한 사랑을 위해서는 자기 자신을 먼저 성숙시키고, 타인과의 관계를 능동적으로 가꾸어야 한다고 주장합니다. 즉, 사랑은 '운명처럼 찾아오는 것'이 아니라 연습과 노력을 통해 이루어지는 삶의 기술이라는 메시지를 독자에게 전합니다.

에리히 프롬은 독일 출신의 사회심리학자이자 정신분석가, 철학자입니다. 프랑크푸르트학파의 일원으로 마르크스주의와 정신분석학을 접목한 비판적 사유를 전개했으며, 인간 소외와 자유, 사랑, 권위 등 근본적인 인간 문제를 심리학적·철학적으로 성찰한 저술을 썼습니다. 《자유로부터의 도피》《소유냐 존재냐》 등과 함께 《사랑의 기술》은 그의 대표작으로, 많은 이들에게 깊은 인상을 남겼습니다.

에리히 프롬은 이 책에서 대다수의 사람들이 사랑을 일종의 감정이나 우연적 현상으로 오해한다고 지적합니다. 그는 사랑을 인간의 삶 전체에 걸친 태도와 능력으로 규정합니다. 사랑은 숙련을 요하는 예술이며, 그만큼 배움과 훈련, 자기 수양이 필수라는 것입니다.

책은 크게 네 부분으로 나뉩니다. 첫 번째 부분은 사랑의 본질을 설명하며, 현대인이 겪는 사랑의 실패가 단지 사랑할 대상을 찾지 못해서가 아니라, 사랑할 능력이 없기 때문이라고 진단합니다. 사람들은 종종 외적 매력에 끌리거나 즉흥적 감정에 이끌려 관계를 맺지만, 그것은 사랑의 진정한 본질이 아닙니다. 프롬은 사랑은 주는 것이며, 자신을 넘어 타인을 이해하고 존중하는 능력이라고 말합니다.

두 번째 부분에서는 사랑의 다양한 형태를 분석합니다. 모성애, 형제애, 이성 간의 사랑, 자기애, 신에 대한 사랑 등은 서로 다른 방식의 사랑이지만, 모두 이해와 책임, 존중, 배려라는 공통된 요소를 지닙니다. 특히 프롬은 성적 매력에 기초한 관계가 오히려 사람을 외롭게 만들 수 있다고 경고합니다. 성적 결합은 사랑의 표현일 뿐이지, 사랑 그 자체는 아니라는 점을 분명히 합니다.

세 번째 부분은 현대 사회에서 사랑이 어려운 구조적 이유를 밝힙니다. 자본주의 체제는 인간을 소외시키고, 사랑마저도 상품처럼 소비하게 만듭니다. 연애조차 교환 가치와 효율성의 논리로 평가하며, 사람들은 끊임없이 '사랑받을 만한 자격'을 갖추기 위해 외모, 능력, 소득 등을 치장합니다. 이런 구조 안에서는 진정한 사랑이 뿌리내리기 어렵습니다. 프롬은 이러한 병리적 조건에서 벗어나기 위해 인간 내면의 성숙과 자유가 필요하다고 보았습니다.

마지막으로, 그는 사랑을 실천하는 구체적인 방법을 제시합니다. 사랑에는 지식, 책임, 존중, 배려가 필요하며, 이는 단순한 감정이 아니라 인격의 총체적 작용입니다. 프롬은 사랑을 배우기 위해선 자기 자신을 깊이 이해하고, 타인을 있는 그대로 받아들이는 훈련이 필요하다고 강조합니다. 사랑은 자기희생이 아니라 타인의 삶과 존재를 책임지는 능동적 헌신입니다.

진정한 사랑을 원한다면, 우리는 먼저 '사랑할 줄 아는 인간'이 되어야 하며, 이는 끊임없는 성찰과 훈련을 통해 가능해집니다. 프롬은 사랑이 단순히 개인적 차원의 문제가 아님을 분명히 합니다. 그는 인간이 진정한 사랑을 경험하려면, 사회 구조와 문화적 환경 역시 근본적으로 바뀌어야 한다고 보았습니다. 사랑이 가능하려면 개인은 자율성과 책임의식을 갖춘 '자기완성형 인간'이 되어야 하고, 동시에 타인을 도구가 아닌 동등한 존재로 인식하는 능력을 길러야 한다는 것입니다.

그는 사랑이 실천의 문제이며, 반복과 집중을 통해 깊어지는 예술이라고 강조합니다. 우리가 피아노를 배우거나 목공을 익힐 때처럼, 사랑도 끈기와 훈련이 필요합니다. 이 점에서 프롬은 사랑을 낭만화하거나 감상적인 차원에 머물지 않고, 오히려 사랑을 위해 가장 엄격한 삶의 태도를 지녀야 한다고 말합니다.

책의 후반부에서 프롬은 현대인이 겪는 외로움의 본질에도 주목합니다. 그는 사랑이 외로움의 해독제가 아니며, 외로움을 감당할 수 있는 힘은 내면의 성숙에서 비롯된다는 점을 짚습니다. 성숙하지 않은 인간은 타인에게 의존하여 외로움을 덜고자 하지만, 성숙한 인간은 고독 속에서도 자신을 지탱하고, 그 위에 진정한 사랑을 꽃피웁니다. 인간의 성숙은 사랑으로 빛을 발합니다.

사랑은 언제까지 유효한가

니콜 크라우스(Nicole Krauss, 1974~   )의 소설 《사랑의 역사(The History of Love)》는 전쟁, 상실 그리고 사랑의 기억을 감성적으로 다룹니다. 노년의 유대인 남성인 레오가 젊은 시절 사랑했던 여인을 위해 쓴 책 《사랑의 역사》가 세월을 넘어 한 소녀 앨마의 삶과 맞닿게 되면서 잃어버린 사랑과 존재의 의미를 찾아가는 이야기가 펼쳐집니다. 서로 다른 인물들의 시점이 교차하며 이야기가 진행되는데, 결국 이 모든 이야기는 사랑이 남긴 흔적과 인물 간의 연결로 이어진다는 걸 보여주는 작품입니다. 잔잔하지만 깊은 여운이 남는, 문학성 짙은 사랑 이야기입니다.

작가인 니콜 크라우스는 미국의 소설가로, 뉴욕에서 태어났습니다. 유대계 가정에서 자란 그녀는 스탠퍼드대학교와 옥스퍼드대학교에서 문학을 전공했으며, 정교한 문체와 철학적 주제를 담은 작품들로 현대 미국 문단에서 중요한 작가로 평가받습니다. 2005년에 발표한 《사랑의 역사》는 그녀의 두 번째 소설로, 출간 직후 세계적인 주목을 받으며 여러 언어로 번역되었습니다.

이 책은 서로 다른 시대와 공간에서 살아가는 두 인물—레오와 앨마—의 삶이 한 권의 책을 매개로 교차하며, 문학과 사랑이 망각과 단절을 어떻게 극복할 수 있는지를 보여줍니다. 이 작품은 단순한 연애소설을 넘어, 존재의 의미와 타자와의 연결, 죽음 이후에도 이어지는 감정의 유효성을 이야기합니다.

《사랑의 역사》는 두 명의 화자를 중심으로 이야기를 전개하는 다층적 구성의 소설입니다. '레오 구르스키'라는 고령의 폴란드계 유대인 남성은 뉴욕에 홀로 살며 자신이 세상에 존재했다는 흔적을 남기려는 필사적인 노력, 잊히지 않으려는 몸부림을 치고 있습니다. 그는 젊은 시절 사랑했던 앨마를 위해 《사랑의 역사》라는 책을 썼지만, 운명은 그 사랑을 앗아갔습니다. 다른 화자는 레오가 사랑한 여성과 같은 이름인 '앨마'란 이름을 가진 소녀로, 그녀는 우연히 《사랑의 역사》라는 오래된 책을 접하면서, 그 책의 유래를 추적해갑니다.

레오의 이야기는 기억과 상실의 서사입니다. 그는 나치의 박해 속에서 연인을 떠나보내고, 이후 미국에 이민을 와 무명작가로 살아갑니다. 그는 자신이 쓴 책이 세상에 어떻게 퍼졌는지도 모른 채, 늙고 고독한 하루하루를 살아갑니다. 그의 삶은 연인을 향한 끝나지 않은 사랑과 작가로서의 자의식 그리고 죽음을 준비하는 날들로 이루어져 있습니다. 그는 매일 조금씩 존재를 증명하려 애씁니다. 예컨대, 그는 완전히 잊힌 존재가 되는 것이 두려워, 슈퍼마켓에서 일부러 물건을 떨어뜨리며 누군가의 시선을 기다리기도 합니다.

'앨마'라는 소녀의 이름은 그녀의 엄마가 《사랑의 역사》에서 따온 것입니다. 소녀 앨마는 아버지를 여의고 삶의 의미를 잃어가던 중, 우연히 어머니가 받은 번역 의뢰를 통해 책의 실존 저자와 그 배경을 추적하기 시작합니다. 그녀는 점차 그 책이 실제 인물과 사연을 바탕으로 쓰였다는 사실을 깨닫고, 그 이야기를 좇는 여정 속에서 자신과 가족의 상실을 이해하게 됩니다. 이 과정은 앨마가 소녀에서 한 인간으로 성장해가는 내적 여정을 보여줍니다. 그녀는 단지 '사랑이 무엇인가'를 묻는 데서 그치지 않고, 삶이 어떤 기억으로 이어지는지를 배우게 됩니다.

소설에서 '책'이라는 존재는 단순한 매개물이 아닙니다. 《사랑의 역사》라는 책은 과거의 레오와 현재의 앨마를 연결하며, 잊힌 사람들을 다시 호명하고, 진실을 복원하며 새로운 의미를 부여합니다. 누군가를 사랑한다는 것은 그 사람을 기억하고 다시 불러내는 일이기도 합니다. 그리하여 책은 사라진 연인을, 죽은 아버지를, 잊힌 자신을 다시 세계 속으로 불러들이는 마법의 도구가 됩니다.

이야기가 진행됨에 따라 두 인물의 이야기는 점차 맞물립니다. 레오는 자신이 쓴 책이 오랜 세월을 돌아 누군가에게 도달했다는 사실을 알게 되고, 앨마는 그 책이 단지 이야기가 아닌 실제 누군가의 삶과 사랑이었다는 것을 알게 됩니다.

니콜 크라우스는 독창적인 문체와 시적 감수성으로 이야기를 이끕니다. 단순한 연애소설이 아니라 사랑이라는 감정이 어떻게 시간과 기억 속에서 살아남는지를 보여주는 존재론적 드라마입니다. 이 소설은 독자에게 묻습니다. "우리는 무엇을 통해 사랑을 기억하는가? 그리고 사랑은 언제까지 유효한가?" 그것은 사람의 생명이 다해도 사랑은 끝나지 않으며, 다른 존재에게 이어진다는 것, 사랑이 우리 삶의 일부가 되는 과정이 아닐까요?

청년들은 이 소설을 통해 인간관계의 본질, 특히 타인을 이해하고 공감하는 힘의 중요성을 배울 수 있습니다. 삶이란 누군가와 이어지는 이야기라는 통찰은 고립과 단절의 시대에 인간의 연결을 회복할 수 있는 열쇠가 됩니다.

사랑은 시대에 따라 옷을 갈아입지만, 그 심장의 박동은 언제나 같습니다. 예전에는 편지 한 장, 손끝의 떨림으로 표현되던 것이 이제는 화면 속 이모티콘과 짧은 메시지로 바뀌었을 뿐입니다. 하지만 그 모든 외형이 달라져도 사랑이 품은 본질은 변하지 않습니다. 사랑은 여전히 나의 세계를 넘어 타인의 세계로 건너가는 일, 서로의 삶에 조용히 스며드는 경험이니까요. 진정한 사랑은 '소유'가 아니라 '동행'입니다. 누군가를 붙잡는 일이 아니라, 함께 걷는 길 위에서 서로를 조금씩 이해하고 닮아가는 일입니다. 그것은 내 안의 고립된 우주를 깨뜨리고, 너라는 세계와 손을 맞잡는 일이지요. 그렇게 우리는 사랑을 통해 자기중심의 좁은 방에서 걸어 나와 더 넓은 인간으로 성장해갑니다. 그래서 사랑은 언제나 인간을 변화시킵니다. 그것은 우리가 세상과 연결되는 가장 아름다운 방식이며, 이 복잡한 세계 속에서 서로를 알아보고 기억하는 유일한 방법입니다. 청춘의 사랑이 때로는 서툴고 아프더라도, 그 안에는 언제나 '함께 살아간다'는 삶의 본질이 숨어 있습니다. 사랑은 결국, 우리를 서로의 이야기 속에 남게 하는 가장 따뜻한 예술이기 때문입니다.

니콜 크라우스, 《사랑의 역사》

사랑은 사회가 만든 딜레마

《사랑은 왜 아픈가(Why Love Hurts)》는 현대 사회에서 사랑이 개인에게 고통이 되는 이유를 사회학적으로 분석한 책입니다. 이스라엘 예루살렘 히브리대학교 교수이자 사회학자인 에바 일루즈(Eva Illouz, 1961~)는 이 책에서 사랑의 아픔은 개인의 실패가 아니라 근대 자본주의가 만든 구조적인 결과라고 말합니다.

저자는 감정, 소비문화, 사랑 같은 주제를 사회학적으로 새롭게 풀어내어 학계의 주목을 받았습니다. 특히 감정과 자본주의, 로맨틱한 사랑이 어떻게 시대와 사회 구조 속에서 만들어졌는지를 탐구해왔습니다.《사랑은 왜 아픈가》는 그녀의 대표작 중 하나로, 사랑이라는 개인적 감정이 어떻게 현대 사회에서 고통과 불안의 근원이 되었는지를 분석합니다. 이 책은 개인의 내면에서 발생하는 감정 문제를 사회적 구조와 문화적 맥락에서 읽어내는 일루즈의 뛰어난 분석력이 돋보이는 저작입니다.

에바 일루즈는 '감정의 사회학'을 통해 사랑이 사회적·문화적 맥락 속에서 형성된다는 점을 강조합니다. 특히 근대 이후 자율성과 평등, 자유를 강조하는 가치들이 사랑의 양상에 어떤 영향을 미쳤는지를 분석하며, 왜 현대인이 연애에서 점점 더 많은 고통을 느끼는지를 진단합니다.

일루즈는 사랑이 더 이상 결혼이나 사회적 의무의 틀 안에 갇혀 있지 않고, 개인의 정체성과 감정, 성적 만족, 자율성의 실현이라는 측면에서 구성된다고 말합니다. 이러한 변화는 여성의 지위 향상, 성적 자유의 확산, 개인주의 대두, 심리학의 영향력 확대 등 여러 사회적 요소에서도 기인합니다. 그 결과 사랑은 '개인의 해방'이라는 이상과 동시에 '감정적 고통'이라는 딜레마에도 놓이게 되었습니다.

일루즈는 남성과 여성이 감정을 다루는 방식이 사회적으로 다르게 규정되어 있다고 지적하며, 여성은 감정에 더 많이 몰입하고 헌신하지만, 남성은 감정에 거리를 두고 회피하는 경향을 보이므로 이러한 성차는 연애에서 권력 불균형과 감정적 착취가 생기게 하고, 여성이 연애의 고통을 더 많이 느끼도록 만든다고 보았습니다.

또 자본주의 사회에서의 소비문화, 성 역할의 변화, 신자유주의적 개인주의가 어떻게 사랑을 고통스럽게 만드는지를 구조적으로 분석합니다. 예컨대, 사랑의 실패는 단순히 개인의 잘못이나 심리적 결핍에서 비롯된 것이 아니라 데이트 시장에서 불균형과 경쟁, 감정노동의 비가시화, 미디어가 만들어낸 이상적 사랑 이미지의 내면화 등 외부 요인과 깊이 연결되어 있습니다. 이와 같은 분석은 사랑을 인간 본능의 산물로만 보던

에바 일루즈, 《사랑은 왜 아픈가》

기존 관점에서 벗어나 사회과학적 접근을 통해 사랑의 본질을 새롭게 성찰하게 합니다.

책에서는 심리학의 언어가 개인의 문제를 내면화하는 과정을 비판적으로 분석합니다. 감정 문제는 구조적 맥락에서 발생했음에도, 개인은 스스로를 자책하거나 사랑을 자기계발의 대상으로 삼게 되면서 오히려 고통이 증폭된다는 것입니다.

사랑을 감정의 문제가 아닌 권력과 사회 구조의 문제로 바라보며 우리는 연애와 사랑에 대한 통념을 깨고, 감정조차도 사회적으로 형성된 것임을 자각하게 됩니다. 이 책은 청년들에게 감정의 기원을 자기 내부에서만 찾는 태도를 벗어나, 구조적인 시야를 가지고 사랑과 자기 자신을 성찰하라는 통찰을 줍니다.

일루즈는 또한 디지털 시대의 등장과 함께 사랑이 '선택'과 '비교'의 문제로 변질되었음을 지적합니다. 데이트 앱, SNS, 온라인 프로필 등은 인간관계를 즉각적인 소비의 대상으로 만들었고, 이는 사랑을 더욱 불안정하고 불확실한 경험으로 만듭니다. 이런 기술 기반의 만남은 끊임없는 대안을 열어놓으며, 관계에 대한 헌신을 어렵게 하고 이별과 만남을 손쉬운 선택으로 만들어버립니다. 그 결과 감정은 더욱 고립되고, 사람들은 더 많은 선택지 앞에서 더 큰 외로움을 느끼게 되지요. 일루즈는 이런 현대적 상황이 사랑을 고통스럽게 만드는 또 다른 구조적 원인이라고 분석하며, 사랑의 의미에 대해서 진지하게 생각해볼 것을 권합니다.

사랑은 존재론적 사건

스탕달(Stendhal, 본명: 마리 앙리 벨, 1783~1842)은 프랑스의 소설가입니다. 그는 《적과 흑》《파르마의 수도원》 등의 명작으로 현실주의 문학의 선구자로 평가받고 있습니다. 《연애론》은 스탕달이 1822년에 발표한 에세이로, 그가 한 이탈리아 귀족 여성에게 느낀 사랑에서 영감을 받아 집필한 작품입니다. 이 책은 사랑의 심리학적 분석과 사회적 통찰을 담고 있으며, 사랑을 단순한 감정이 아닌, 심리적 과정과 사회적 맥락 속에서 발생하는 복합적인 현상으로 보았습니다.

이 책은 사랑의 본질과 그로 인한 인간의 행동을 철저히 분석했으며, 문학과 심리학에 큰 영향을 미친 책으로 평가받습니다.

스탕달은 《연애론》에서 사랑을 낭만적으로 이상화하거나 감성적으로 포장하지 않습니다. 오히려 그는 사랑이라는 감정을 철저히 분석하고 해부합니다. 사랑은 단순한 감탄이나 열정이 아닙니다. 개인의 내면에서 작동하는 복합적 심리 작용과 사회적 조건의 결과물이라는 것이 그의 관점입니다. 그는 사랑의 유형을 분류하고, 특히 '결정화(crystallization)'라는 개념을 통해 사랑의 이상화 과정을 설명합니다. '결정화'란 사랑이 시작될 때, 상대방의 장점을 마치 보석처럼 빛나는 것으로 과장되게 인식하는 심리적 현상입니다. 이때 사랑하는 사람은 연인의 평범한 행동조차 특별하고 신비롭게 받아들입니다. 예를 들어, 연인이 단순히 미소를 지었을 뿐인데 그것이 신의 은총처럼 느껴지는 상태 같은 것입니다. 스탕달은 이러한 결정화가 사랑을 고양시키는 강력한 힘임을 인정하면서도, 그것이 현실 인식의 왜곡을 가져오고 맹목적인 집착으로 이어질 수 있다고 경고합니다. 즉, 사랑은 자신이 만들어낸 환상속에서 상대를 이상화하는 일종의 '자기기만'의 과정일 수 있다는 경고입니다. 스탕달은 사랑의 발전을 일곱 단계로 설명합니다.

① 감탄 → ② 희망 → ③ 사랑의 탄생 → ④ 첫 번째 결정화 → ⑤ 의심 → ⑥ 두 번째 결정화 → ⑦ 사랑의 완성

이 일곱 단계는 단순한 감정의 흐름이 아니라 사랑이 인간의 내면에서 어떻게 발생하고 심화되는지를 분석한 인식론적 구조입니다. 특히 '의심' 이후 나타나는 두 번째 결정화는 감정이 단순히 상승하는 것이 아니라, 역설적으로 갈등과 고통을 거치며 더 강렬해진다는 점에서 사랑의 모순된 본질을 드러냅니다. 스탕달에게 사랑은 늘 변화하고, 불완전하며, 의심과 망상의 경계를 넘나드는 과정입니다. 그는 또 사랑을 네 가

지 유형으로 분류합니다.

① 육체적 사랑: 본능적인 성적 욕망에 기반한 사랑.
② 취향에 의한 사랑: 공통의 관심사나 미적 감각에서 비롯된 교감.
③ 허영심에 의한 사랑: 자신의 사회적 지위나 자존감을 강화하려는 욕
　　망에서 생겨난 사랑.
④ 열정적 사랑: 헌신과 자기희생이 따르는 가장 순수하고 고귀한 사랑.

스탕달은 이 네 가지 사랑의 유형은 배타적이지 않으며, 실제 인간은 이 모든 요소가 복합적으로 얽힌 형태로 사랑을 경험한다고 보았습니다. 특히 열정적 사랑을 이상적인 사랑으로 제시하면서도, 그것이 실현되기 매우 어려운 이유를 사회 구조에서 찾습니다.

그는 19세기 유럽 사회가 사랑을 제도와 규범으로 억압하고 있으며, 특히 여성은 진정으로 사랑할 자유조차 박탈당하고 있다고 비판합니다. 여성은 결혼 제도와 도덕 규범 속에서 사랑을 '선택'하는 것이 아니라 '할당'받으며 살아갑니다. 스탕달은 이런 사회적 억압이 진정한 사랑을 왜곡시키고, 인간의 감정마저 지배하는 구조로 작용한다고 보았습니다. 그는 진정한 사랑이란 단지 감정적 뜨거움에 그치는 것이 아니라, 자기 자신과 타인에 대한 깊은 이해와 사회 구조에 대한 성찰을 통해 가능하다고 보았습니다.

《연애론》은 흔한 고백체도 아니고 감성적인 수필도 아닙니다. 오히려

이성적이고 분석적인 문체로 구성한 철학서에 가깝습니다. 스탕달은 스스로 "사랑에 실패한 자"였고, 그 실패의 체험을 토대로 사랑의 본질을 누구보다 냉정하게 파헤쳤습니다. 그는 "사랑은 우리를 우리가 아닌 존재로 만든다"고 말하면서, 사랑이 인간을 변화시키는 위대한 에너지인 동시에 위험한 환상임을 강조합니다. 사랑은 인간에게 가장 큰 기쁨과 고통을 동시에 안겨주는 존재론적 사건이며, 자신이 누구인지에 대한 이해마저 뒤흔드는 심리적 변형의 기제가 됩니다.

궁극적으로 《연애론》은 독자에게 사랑을 다시 사유하게 만듭니다. 사랑은 감정의 표출이 아니라 자기 인식, 심리 구조, 사회 제도에 이르는 철학적 사건입니다. 스탕달은 청년에게 사랑의 감정에 무작정 휩쓸리지 말고, 그것이 어떻게 형성되고 왜곡되며 어떤 방식으로 사회적 억압과 결합하는지를 성찰하라고 조언합니다. 사랑은 가장 사적인 감정이면서도, 가장 정치적이고 사회적인 힘이라는 그의 통찰은 오늘날에도 큰 울림을 가집니다.

너머를 보는 힘

: 문명과 역사, 세계를 이해하는 힘

한 나라를 넘어 문명 전체를 보는 시야는

글로벌 시민의 기본입니다.

인류 문명의 흐름, 동서양 사상과 역사,

문화의 구조를 이해하는 데 도움이 되는 책을 소개합니다.

100권의 책 가운데 가장 넓은 스케일을 다룹니다.

° 세계는 왜 불평등한가

우리가 살아가는 세상은 어느 날 갑자기 이렇게 만들어진 게 아닙니다. 왜 어떤 민족은 일찍이 농업과 문명을 발전시켰고, 또 다른 민족은 그렇지 못했을까요? 왜 유럽은 전 세계를 지배하는 힘을 가졌고, 아메리카 원주민은 그러지 못했을까요? 이 질문은 단순히 과거의 이야기가 아니라, 지금 우리가 살아가는 세상의 불평등과 격차를 이해하는 데 반드시 필요한 출발점입니다.

재러드 다이아몬드(Jared Diamond, 1937~)의 《총, 균, 쇠(Guns, Germs And Steel)》는 이 거대한 질문에 도전한 책입니다. 이 책은 인종이나 능력의 차이가 아니라 지리와 환경, 작물과 가축, 전염병 같은 '조건'이 인류의 역사를 갈라놓았다는 통찰을 전합니다. 마치 퍼즐을 맞추듯, 세계사의 불균형이 어떻게 형성되었는지를 보여줍니다.

《총, 균, 쇠》의 저자인 재러드 다이아몬드는 미국의 생리학자이자 UCLA 교수로, 생리학에서 시작해 생태학, 인류학, 지리학으로 연구 분야를 확장했습니다. 그는 복잡한 자연과 문명의 상호작용을 체계적으로 분석하는 데 탁월한 통찰을 보입니다. 그의 대표작인 《총, 균, 쇠》는 인류 문명의 불균형을 설명하는 거대한 시도입니다.

이 책의 제목인 '총, 균, 쇠'는 단순한 상징이 아니라 인류 문명을 결정짓는 실제 도구와 조건을 지칭합니다. 총은 군사력, 균은 전염병을 통한 생물학적 충돌, 쇠는 기술과 도구를 상징하며, 이 셋이 문명의 형성과 파괴에 결정적인 역할을 해왔다는 점을 표현했습니다. 그리고 이러한 자원들이 특정 대륙에 집중되었다는 사실은 문명이 결코 공정하게 출발하지 않았음을 시사합니다.

이 책은 전 세계적 불균형의 기원을 인종이나 유전적 능력이 아니라, 지리적 요인과 생태적 조건에서 찾고 있습니다. 즉, 인류 문명의 차이는 총과 병균, 철기 도구를 갖출 수 있었던 대륙의 환경적 유산에서 비롯되었다는 것입니다. 유럽인들이 세계사를 지배해온 이유는 그들이 유전적으로 우월해서가 아니라, 운 좋게도 농업과 기술의 발전에 적합한 환경을 가진 대륙에 살았기 때문이라고 설명합니다.

문명의 시초는 '비옥한 초승달 지대'라고 불리는 서아시아 지역에서 비롯된 농업 혁명이었습니다. 이 지역은 가축화할 수 있는 동물과 재배 가능한 곡물이 풍부해 농경의 기틀이 마련되었고, 농업은 인구 증가와 정치 구조의 형성, 기술 발전의 토대가 되었습니다. 이처럼 잉여생산물이 축적되자 사회는 점차 계층화되고, 군사력과 병력이 생기며, 복잡한 조직이 가능해졌습니다.

이후 문명 확산의 열쇠는 대륙의 축 방향에 있었습니다. 유라시아는 동서 방향으로 길게 펼쳐져 있어 유사한 기후대에서 작물과 기술이 널리 퍼질 수 있었던 반면, 아메리카나 아프리카처럼 남북 방향의 대륙에서는 이러한 확산이 쉽지 않았습니다.

또한, 유라시아 대륙은 동물의 가축화가 가능해 인간에게 유용한 동물이 많은 환경을 제공했습니다. 말, 소, 돼지, 염소, 양 등은 인간의 노동을 도왔을 뿐 아니라, 밀접한 접촉으로 인해 전염병의 숙주가 되었고, 그 결과 유럽인은 면역력을 갖게 되었습니다. 반면, 신대륙의 원주민은 전염병에 대한 면역이 전혀 없었기에, 스페인 정복자들이 아메리카 대륙에 총을 들고 들어와 병균을 퍼뜨려 고대 제국을 무너뜨리게 되었습니다.

재러드 다이아몬드는 문명의 발전을 설명하는 데 있어 우연한 요소들이 결정적인 차이를 만들었음을 강조합니다. 예컨대, 유라시아 사람들은 철기 도구와 문자 체계를 발전시켰으며, 복잡한 정치 조직과 군사 기술을 갖추어 다른 지역을 정복할 수 있었습니다. 하지만 그 바탕에는 농업, 동물, 질병, 지리, 생태계의 조건이 결정적인 요인으로 자리하고 있습니다. 결국 이 책은 인류사를 재구성하면서, 단순한 민족주의적 우월감이나 인종 중심적 사고를 해체하고자 하며, 동시에 왜 지금의 세계 질서가 형성되었는지를 깊이 있게 성찰하고 있습니다. 환경이 주도한 문명의 진화는, 인간이 만든 것만이 아니라 인간이 처한 조건이 선택을 결정짓는 구조임을 말하고 있습니다.

재러드 다이아몬드, 《총, 균, 쇠》

또한 다이아몬드는 환경 결정론이 지나치게 기계적 해석으로 흐르는 것을 경계하면서도, 자연 조건이 인간 사회에 장기적으로 미치는 영향을 무시할 수 없다고 강조합니다. 그는 이 책을 통해 인류학, 생태학, 역사학을 통합한 '거시적 설명 모델'을 시도하며, 독자들이 현재 세계의 불평등 구조를 이해하고 새로운 질문을 던지도록 유도합니다. 그런 점에서 《총, 균, 쇠》는 과거의 설명을 넘어 미래를 준비하는 인식의 틀을 제공하는 책으로, 우리가 가지고 있던 세계를 바라보는 시각을 근본적으로 바꿔줍니다. 그 첫 번째로 문명 발전의 원인을 인종적 능력으로 치환하는 단순한 사고를 경계하고, 지식은 자료와 과학적 근거 위에 세워져야 한다는 사실을 일깨워줍니다. 두 번째는 우리가 현재 누리는 기술과 정치 질서 역시 자연과 환경이라는 기반 위에 성립되었음을 자각하게 해줍니다. 세 번째는 세계 불평등의 근본 원인을 이해함으로써 사람들이 단순한 비판이나 피해의식에서 벗어나 보다 구조적이고 실천적인 관점을 가질 수 있도록 도와줍니다.

《총, 균, 쇠》는 매우 학문적이고 방대한 자료를 기반으로 한 책이므로, 이 책을 읽을 때는 단순히 하나의 결론에 도달하는 것이 아니라 다양한 맥락을 이해하려는 열린 태도가 필요합니다. 다이아몬드의 주장이 모든 문명의 차이를 설명할 수 있는 유일한 이론은 아니라는 점도 인식해야 합니다. 또, 책이 출간된 이후 일부 학자들 사이에서 유럽 중심 시각을 간접적으로 옹호한 것이 아니냐는 비판도 있었기에, 균형 감각을 유지하며 읽는 것도 중요합니다.

끝으로, 이 책의 말미인 '부록'에는 우리에게 흥미로운 인류학적 의문이 등장합니다. 저자는 일본 열도의 인구 구성이 단일 민족의 역사에서 출발한 것이 아니라, 한반도에서 이주한 쌀농사 민족이 일본 열도의 조상이 되었다는 학설을 소개합니다. 일본의 야요이 시대 초기, 조선반도에서 이주한 농경민들이 일본 열도에 들어와 기존의 수렵채집민(조몬인)을 대체하고, 결국 오늘날 일본인의 주요 조상이 되었다는 주장입니다.

《총, 균, 쇠》는 단순히 한 사회의 흥망성쇠를 설명하는 데 그치지 않습니다. 오히려 인류가 걸어온 길을 복합적이고 다층적으로 바라보게 만들지요. 방대한 자료 속에서 때로는 동의하기 어렵거나 논쟁적인 부분도 있지만, 바로 그 지점이야말로 우리 젊은 독자에게 중요한 배움이 됩니다. 세상을 이해한다는 것은 하나의 정답을 찾는 일이 아니라, 서로 다른 해석을 경청하고 균형 잡힌 시각을 길러가는 과정이기 때문입니다. 《총, 균, 쇠》는 그 여정을 시작하기에 더없이 좋은 책입니다.

러시아 제국을 읽는 또 다른 시선

유럽과 아시아의 경계에 자리 잡은 러시아는 차르의 전제 정치와 격동의 혁명을 거쳐 오늘날에도 여전히 세계 질서를 흔드는 강대국으로 존재감을 가집니다. 하지만 러시아를 단순히 강대국의 이미지로만 이해한다면, 우리는 그 속살을 놓치게 됩니다.

니콜라스 랴자놉스키(Nicholas V. Riasanovsky, 1923~2011)의 《러시아의 역사》는 이 방대한 나라의 궤적을 차분하고 깊이 있게 다루고 있습니다. 이 책은 중세 키예프 루스의 기원부터 소비에트 연방의 흥망 그리고 현대 러시아에 이르기까지, 러시아가 걸어온 길을 입체적으로 보여줍니다. 독자들은 이 책을 통해 러시아가 단순히 '멀고 낯선 나라'가 아니라, 세계사의 흐름 속에서 끊임없이 도전과 변화를 만들어온 주체였음을 새롭게 발견하게 될 것입니다.

《러시아의 역사》의 저자 중 한 명인 랴자놉스키는 중국 하얼빈에서 태어난 러시아 역사학자로, 미국 UC버클리에서 오랫동안 교수로 재직했습니다. 그는 러시아 제국과 소련, 현대 러시아까지 이어지는 역사를 깊이 있게 서술해 명성을 얻었으며, 이 책은 러시아사를 공부하는 학생들의 대표 교재로 전 세계적으로 활용되고 있습니다.

《러시아의 역사》는 러시아 제국의 형성과 확장, 민족 구성의 복잡성, 러일전쟁과 한반도 개입, 소련의 한반도 전략 그리고 현대 러시아의 재팽창 전략을 통해 러시아의 지정학적 본성과 문명적 자의식을 총체적으로 분석한 역사서입니다.

러시아는 9세기 동슬라브족이 세운 키예프 루스에서 출발합니다. 이 국가는 노르만계 바랑인과 슬라브인이 만나 만들어졌고, 비잔틴 제국과 접촉하며 동방정교를 받아들여 고유한 문명 기반을 갖추었습니다. 하지만 13세기 몽골 제국의 지배를 받으며 수세기에 걸쳐 외세의 통제에 놓였고, 이는 러시아인의 정치적 심성에 깊은 영향을 미쳤습니다. 오늘날에도 여전한 러시아의 중앙집권적 권위주의, 외세 경계의식, 영토 방어 본능은 이 시기의 역사적 경험에 뿌리를 두고 있습니다.

15세기 말 몽골 세력의 쇠퇴 이후 모스크바 공국이 중심으로 떠올랐고, 점차 주변 공국을 통합해 '러시아'라는 이름 아래 중앙집권 국가로 발전했습니다. 16세기인 이반 4세 시기부터 시베리아를 향한 동진이 시작되었고, 이후 표트르 대제와 예카테리나 2세는 흑해, 발트해, 중앙아시아, 극동까지 영토를 확장했습니다. 영토는 군사력과 철도, 행정관료제를 기반으로 통합되었으며, 러시아는 유럽과 아시아를 동시에 통치하

니콜라스 랴자놉스키·마크 스타인버그, 《러시아의 역사》

는 유라시아 제국으로 부상했습니다.

제국 내부에는 수십 개 민족이 혼재했으며, 슬라브 중심주의 아래 투르크계, 코카서스계, 유대계 등이 복속되었습니다. 겉으로는 다민족 관용을 내세웠지만, 실제로는 강력한 동화 정책과 종교적 우월주의가 작동했습니다. 이러한 구조적 긴장은 제정 러시아의 해체와 1917년 볼셰비키 혁명의 배경이 되었고, 이후 소련 시기의 민족정책에도 유사한 흔적을 남겼습니다.

20세기 초 러일전쟁은 러시아의 극동 전략이 시험대에 오른 사건입니다. 대한제국과 만주를 차지하기 위해 일본과 벌인 충돌은 포트 아서 함락, 쓰시마 해전 패배로 이어졌고, 아시아 제국으로 향하던 러시아의 야망은 큰 타격을 입었습니다. 이 책은 러시아의 한반도 개입 사례인 아관파천(1896), 관포 점령(1900) 등을 상세히 소개하며, 한국이 열강 간 각축의 무대로 전락했던 현실을 생생히 보여줍니다.

제2차 세계대전 이후 소련은 38선 이북에 진주해 김일성을 지원하며 북한 정권을 수립했고, 이는 한반도에 분단체제를 정착시켰습니다. 한국전쟁 발발과 휴전 체제 유지에는 소련의 전략적 판단이 깊숙이 개입해 있으며, 북한의 주체사상과 체제 폐쇄성에도 소련의 모델이 강하게 반영되었습니다.

냉전 해체 이후 러시아는 한때 국제적 영향력을 상실했으나, 푸틴 대통령 집권 이후 그 영향력을 확장하고 있습니다. 유라시아주의는 단순히 지정학적 의미가 아니라 문명적 사명이라는 형태로 재등장했습니다. 러시아는 우크라이나 침공, 크림반도 병합, 중앙아시아 개입 등을 통해 소련 해체 이전의 영향력을 복원하려는 움직임을 보여왔습니다. 이런 행보의 배경에는 알렉산드르 두긴 같은 사상가의 '유라시아주의'가 저변에 깔려 있으며, 러시아를 단순한 국가가 아닌 '문명의 대안'으로 보는 시각이 자리 잡고 있습니다.

한반도를 보는 러시아의 시선도 단지 경제·안보의 차원을 넘어서 있습니다. 러시아는 한반도를 태평양으로 나아가는 전략적 관문으로 인식하며, 북한과의 군사협력, 에너지 파이프라인, 철도 연결 등 다각도의 구상을 실현해왔습니다. 최근 북러 정상회담과 안보리 거부권 행사는 과거 소련 시절의 축이 사실상 부활하고 있음을 보여줍니다.

《러시아의 역사》는 이러한 거대한 흐름을 단순한 연대기나 정치사에 머물지 않고, 러시아라는 제국의 자의식과 구조적 전략을 통해 설명합니다. 한국 독자는 이 책을 읽으며 러시아가 단지 북방의 이웃이 아니라, 한반도 지정학에 실질적으로 개입해온 역사적 행위자임을 분명히 깨닫게 될 것입니다.

철학은 삶을 바라보는 태도

철학이 어렵다고 느끼나요? '복잡한 논리, 난해한 개념, 끝없이 이어지는 논쟁' 때문에 철학책을 들었다가 금세 내려놓은 경험이 있는 독자라면, 버트런드 러셀(Bertrand Russell, 1872~1970)의 《서양철학사(A History of Western Philosophy)》를 권합니다. 이 책은 단순히 철학 사상을 나열하는 교과서가 아닙니다. 오히려 러셀 특유의 명쾌한 문체와 날카로운 통찰, 유머러스한 평가를 통해 철학자들의 생각과 인간적 면모를 생생하게 볼 수 있습니다.

플라톤과 아리스토텔레스부터 데카르트, 칸트, 니체에 이르기까지, 서양 철학의 흐름을 따라가다 보면 철학은 단순히 머리로 이해하는 것이 아니라 삶을 바라보는 태도라는 사실을 자연스럽게 알게 됩니다. 철학을 어렵게만 느낀 사람에게도, 인생의 의미와 사고의 폭을 넓히고 싶은 사람에게도, 이 책은 친절한 길잡이가 되어줄 것입니다.

버트런드 러셀은 영국의 철학자이자 수학자, 논리학자, 사회 비평가로

20세기 지성사에 가장 큰 영향을 미친 인물 중 한 명입니다. 그는 분석 철학의 창시자 중 한 명으로, 수학과 철학의 경계를 넘나들며 논리적 명료성과 과학 정신을 철학의 핵심 가치로 삼았습니다. 날카로운 문체와 탁월한 설명력으로 노벨문학상을 수상한 그는 이 책으로 대중 철학서의 모범을 제시했으며, 사회 정의와 평화를 위한 활동에도 적극적으로 참여했습니다. 《서양철학사》는 그의 학문적 통찰과 문학적 감수성이 집약된 대표작으로, 철학을 삶과 연결하는 사유의 기술로 재구성하고자 한 노력의 결정체입니다.

책은 고대 그리스 철학에서 시작해 중세 기독교 철학, 르네상스 이후의 근대 철학까지 서양 사상의 흐름을 일목요연하게 정리하고 있습니다. 러셀은 철학을 단지 추상적 이론의 집합으로 보지 않고, 시대적 맥락 속에서 인간이 처한 문제들에 대한 사유의 반응으로 파악했습니다.

책은 총 세 부분으로 구성됩니다. 고대 철학에서는 탈레스와 피타고라스, 플라톤과 아리스토텔레스에 이르기까지 자연철학과 형이상학적 사유의 기초를 다룹니다. 플라톤의 이데아론과 아리스토텔레스의 논리학은 이후 서양 사상에 지대한 영향을 미쳤습니다. 플라톤은 인간 영혼의 삼분 구조를 제시하며 이상국가론을 주장했고, 아리스토텔레스는 경험과 논리를 중시하여 현실 세계에 대한 구체적 탐구를 강조했습니다.

중세 철학에서 교부철학과 스콜라 철학을 중심으로 기독교와 철학의 융합을 조망합니다. 아우구스티누스는 인간 내면의 죄의식과 신의 은 총을 강조했고, 토마스 아퀴나스는 아리스토텔레스 철학을 기독교 신학과 결합해 중세 지성사의 정점을 이룬 인물로 소개됩니다. 러셀은 중세 철학이 교리의 정당화를 중심으로 전개되었기에 사유의 자유가 제한되었다고 비판적으로 바라보았습니다. 하지만 중세 철학자들조차 내면의 갈등과 질문 속에서 인간 본성과 신의 관계를 깊이 고찰했다는 점을 들며 높이 평가하고 있습니다.

근대 철학에서는 데카르트, 스피노자, 라이프니츠, 로크, 흄, 칸트에 이르기까지 이성과 경험, 존재와 인식에 대한 다양한 철학적 흐름이 이어집니다. 데카르트는 '생각한다, 고로 존재한다'란 명제로 확실성의 기초를 찾으려 했고, 스피노자는 신과 자연을 동일시하며 일원론적 세계관을 제시했습니다. 라이프니츠는 단자론을 통해 모든 존재는 고유한 실체임을 강조했고, 로크는 인간 정신은 백지에서 시작된다고 보며 경험을 인식의 출발점으로 삼았습니다. 흄은 인과성과 자아 개념을 회의적으로 검토했고, 칸트는 선험적 종합판단의 가능성을 탐구하며 이성의 구조를 분석했습니다.

이 책은 철학의 역사를 단순한 연대기가 아니라 인간 이성과 사유의 지적 투쟁의 궤적으로 그려냈습니다. 러셀은 각 시대의 철학을 사회적 배경, 인간의 욕망, 권력의 구조와 연결해 해석하며, 철학과 삶이 무관하지 않다는 사실을 강조합니다. 예컨대 데카르트의 방법적 회의는 종교개혁과 과학혁명의 충돌 속에서 개인의 확실성을 확보하려는 시도로, 시대의 불안에 대한 철학적 응답이었습니다. 흄의 회의주의는 당시 영국 경험론이 직면한 인식론적 위기를 반영하며, 칸트의 초월론적 사유는 그런 회의주의를 극복하기 위한 비판철학의 출발점으로 작동했습니다.

러셀은 또한 철학이 과학 발전과 어떻게 교차하는지를 집요하게 추적합니다. 뉴턴 역학의 정립이 세계를 기계론적으로 이해하는 데 영향을 미쳤고, 이는 스피노자의 결정론적 세계관이나 라이프니츠의 단자론과 같은 형이상학적 구조로 이어집니다. 하지만 러셀은 이러한 체계들이 인간 존재의 복합성과 윤리적 문제를 충분히 설명하지 못한다고 보며, 논리적 명료성과 실증적 접근을 통해 철학을 보다 현대적으로 재구성해야 한다고 주장합니다.

이 책에서 러셀은 자신의 철학관도 함께 투영시켰습니다. 그는 형이상학적 과잉 일반화에 비판적이며, 철학이 일상의 문제에 대해 구체적이고 실천적인 통찰을 제공해야 한다고 믿었습니다. 그의 서술은 특정 철학자에 대한 무조건적 찬사보다는, 각 사유의 강점과 한계를 동시에 검토하는 방식으로 진행됩니다. 이 점에서 《서양철학사》는 단순한 철학 입문서가 아니라 철학을 삶의 기술로 재구성하려는 러셀의 사유 궤적이라 할 수 있습니다.

즉, 러셀의 철학사는 러셀의 관점에서 재해석된 역사입니다. 따라서 각 철학자의 사상을 러셀의 해석과 구분해 비판적으로 수용할 필요가 있습니다. 종교나 신념에 대한 러셀의 비판적 시각이 강하기 때문에, 독자는 열린 자세로 철학적 다양성을 수용하면서도, 러셀의 논조가 갖는 시대적 한계를 이해하며 읽는 것이 바람직하겠습니다.

러셀은 철학이 삶과 무관한 이론이 아니라, 인간이 어떻게 살아야 할지를 묻는 가장 근본적인 물음이라고 강조합니다. 청년들은 이 책을 통해 비판적 사고와 논리적 분석의 중요성을 배울 수 있으며, 다양한 철학 사조 속에서 자기 사유의 뿌리를 찾는 기회를 갖게 됩니다. 특히 이 책은 지적인 겸손과 열린 사고를 지닌 세계 시민으로 성장하는 데 깊은 통찰을 제공할 것입니다.

일본인을 이해하기 위한 두 가지 열쇠

우리는 일본을 얼마나 제대로 알고 있을까요? 기술 강국, 근면한 국민성, 기묘한 문화, 역사적 갈등의 대상… 일본이라는 나라는 한국인에게 늘 가까이 있으면서도, 어딘가 낯설고 복잡한 존재입니다. 그 모순된 정체성을 파고든 책이 있습니다. 바로 루스 베네딕트(Ruth Fulton Benedict, 1887~1948)의 고전 《국화와 칼(The Chrysanthemum and the Sword)》입니다. 이 책을 쓴 루스 베네딕트는 미국의 문화인류학자로, 보아스 학파의 대표적인 인물 중 한 명입니다.

이 책은 제2차 세계대전 중, 적국이던 일본을 이해하기 위해 미국 정부의 의뢰로 작성된 문화인류학 보고서였습니다. 하지만 단순한 관찰을 넘어 일본인의 사고방식, 가치관, 전통의 뿌리를 놀라울 만큼 섬세하게 파헤치며, 지금까지도 일본 이해의 필독서로 남아 있습니다.

《국화와 칼》은 전통과 근대, 순응과 공격이라는 상반된 특성을 동시에 지닌 일본인의 문화 구조를 깊이 있게 조명했습니다. 이 책은 이후 일본 문화 연구의 고전이 되었고, 전 세계적으로도 널리 읽히는 문화 비교서가 되어 오늘날까지도 일본을 이해하고 싶은 많은 사람들에게 읽힙니다.

《국화와 칼》은 일본 사회의 모순적 특성—유순함과 폭력성, 예의와 복종—을 '국화'와 '칼'이라는 상징으로 해석했습니다. 타인의 시선과 수치 중심 윤리 체계가 일본인의 행동을 규율하며, 이중성과 위계질서를 핵심 개념으로 다루고 있습니다.

책 제목에서 '국화'는 일본인이 소중히 여기는 미의식, 예절, 섬세함을 상징하고, '칼'은 무사도의 유산과 권위에 대한 절대복종, 복수와 공격성을 상징합니다. 베네딕트는 일본 사회가 이처럼 양극단의 성격을 동시에 지니고 있으며, 이 두 요소가 갈등하는 것이 아니라 오히려 정교하게 조화를 이루고 있다고 주장합니다. 그녀는 이를 '양면적 인격 구조'라고 표현하며, 이로 인해 일본인은 사회적 맥락에 따라 다른 가치를 유연하게 적용하는 문화적 유연성을 갖추게 되었다고 분석합니다.

그 주된 정서 중 하나는 '수치(shame) 문화'입니다. 일본 사회는 서구의 '죄(guilt) 문화'와 달리, 타인의 시선과 외부 평가에 의해 행동의 규율이 생깁니다. 이런 수치 문화는 개인이 공동체 내의 위상을 중시하게 만들고, 결과적으로 자기 절제, 예의범절, 의무에 대한 철저한 수행 등으로 나타납니다. 베네딕트는 일본인의 윤리가 내면의 양심보다는 타인의 인정을 기반으로 한다고 보았고, 이는 직업윤리, 가족윤리, 충성심 등 일본 사회의 다양한 가치 체계로 확장되었습니다.

또한 일본 사회의 위계질서와 권위에 대한 순응은 무사도에서 기인한 문화적 전통의 연장선으로 해석됩니다. 상명하복의 윤리와 책임의 계층적 분산은 일본인이 갈등을 피하고 조화를 유지하는 데 핵심적인 역할을 합니다. 베네딕트는 이를 통해 일본 문화가 극도의 개인주의나 무정부주의로 흐르지 않고, 조직과 국가에 대한 충성심 속에서 안정을 유지한다고 보았습니다. 동시에 이러한 문화는 개인의 자율성을 억압하고, 창의성보다는 순응을 유도한다는 비판적 시각도 덧붙였습니다.

이 책은 단지 일본 문화의 외면을 관찰한 것이 아니라 일본인의 감정 구조, 도덕 인식, 사회적 행동의 기제를 구조적으로 해석한 참신한 시도입니다. 베네딕트는 일본인의 행동을 '모순'으로 보지 않고, 문화 내부의 고유한 논리로 설명하려 했습니다. 이것이 《국화와 칼》이 단순한 문화 비교서를 넘어, 문화 이해의 전범으로 여겨지는 이유입니다.

《국화와 칼》은 단순히 한 외국인이 바라본 일본 사회에 대한 기술이 아니라, 오늘날에도 여전히 유효한 일본 이해의 기본 틀을 제공합니다. 한국 사회는 일본과 지리적으로 가장 가깝고 역사적으로도 깊은 관계를 맺고 있음에도 불구하고, 정서적 반감이나 과거사 문제로 인해 일본 사회에 대한 인문적 이해가 부족한 실정입니다. 이 책은 그러한 한계를 극복하는 데 유용한 안내서가 될 수 있습니다.

《손자병법》에 '지피지기 백전불태(知彼知己, 百戰不殆)'란 말이 있습니다. '상대를 알고 나를 알면 백 번 싸워도 위태롭지 않다'는 뜻입니다.

《국화와 칼》은 바로 그 '지피(知彼)'의 기본이 되는 책입니다. 일본의 역사, 문화, 정신구조, 가치체계를 구조적으로 파악할 수 있는 보기 드문 저작이며, 청년들이 일본이라는 국가를 감정이 아니라 분석의 대상으로 바라볼 수 있게 해주는 인문적 기반을 제공합니다.

21세기를 살아가는 우리 청년들에게 이 책을 권하는 이유는 분명합니다. 이웃 나라를 아는 일은 곧, 우리 자신을 더 깊이 이해하는 일이기 때문입니다. 글로벌 시대를 살아가는 우리는 '우리'만이 아니라 '타인'과의 관계 속에서 자신의 위치를 재정의해야 합니다. 일본이라는 거울을 통해 우리 대한민국의 모습은 어떤 것인지 스스로 정의해볼 수 있지 않을까 싶습니다.

마지막으로, 이 책의 국내 번역본 역시 문학적으로 매우 우수합니다. 서울대학교 국문학과 김윤식 명예교수가 번역한 한국어판은 번역문학사에서 손꼽히는 명문장으로 정평이 나 있습니다.

현대 중국은 어떻게 이루어졌나

우리가 살아가는 21세기를 아시아의 시대라고들 말합니다. 그 중심에
는 세계에서 가장 빠른 속도로 변화하며, 동시에 가장 오래된 문명의 기
억을 품은 나라, 중국이 있습니다. 하지만 우리가 매일 접하는 중국은
대개 뉴스의 짧은 문장, 자극적인 헤드라인, 혹은 경쟁과 경계의 시선
속에서만 다가옵니다. 과연 이것만으로 지정학적으로나 역사적으로 중
국과 깊은 관계를 맺고 있는 우리가 맞닥뜨릴 미래를 제대로 이해하고
준비할 수 있을까요?

클라우스 뮐한(Klaus Mühlhahn, 1949~   )의 《현대 중국의 탄생(Making
China Modern)》은 이런 질문에 깊이 있는 답을 건넵니다. 클라우스 뮐한
은 독일 출신의 역사학자이자 중국 현대사 연구의 세계적인 권위자입니
다. 베를린 자유대학교에서 중국사와 동아시아사를 가르치며, 중국의
근현대 정치사, 법제사, 제국주의와 탈식민주의 문제를 집중적으로 연
구해왔습니다. 클라우스 뮐한이 2019년 출간한 《현대 중국의 탄생》은
명나라 말기부터 1989년 톈안먼 사태까지 약 400년에 걸친 중국의 근

현대사를 통시적으로 서술한 대작으로, 서구 시각이 아닌 균형 잡힌 역사 서술을 통해 중국이 어떻게 현재의 모습을 이루게 되었는지를 통찰력 있게 보여줍니다. 저자는 제국에서 국민국가로의 전환을 추적하며, 중국식 근대화의 궤적을 치밀하게 그려냈습니다.

① 명말청초의 전환기: 이민족 통치와 내부 혼란

17세기 초, 명나라는 부패한 관리 체계와 재정 파탄, 농민 반란이라는 3중의 위기에 직면했습니다. 이 틈을 타 북방의 만주족이 후금을 세우고, 청이라는 새로운 제국을 열며 중원을 장악했습니다. 하지만 한족 중심의 전통 질서가 무너지고 이민족 통치가 시작되자 중국 사회 전반에 정체성 혼란이 만연했고, 청은 강희제와 건륭제 시기 유교적 질서의 복원을 통해 통합을 꾀하고 문화적 르네상스를 이루었지만, 한족 지식인들의 내면에는 언제나 반감이 남아 있었습니다. 봉건체제를 유지하면서도 겉으로는 안정을 유지한 청은 외세 충돌을 대비할 준비가 되어 있지 않았습니다.

② 서세동점과 자주권 상실: 아편전쟁과 그 여파

19세기 중엽 벌어진 아편전쟁은 중국이 국제 질서 속에서 어떤 위치를 차지하는지 보여주는 충격적인 사건이었습니다. 영국은 무역 적자를 해소하기 위해 중국에 아편을 대량으로 유입했고, 이에 맞선 청나라는 엄격한 금지 조치를 시행했습니다. 하지만 영국은 군사력으로 이를 강제로 눌렀고, 청은 영국과 다섯 군데 항구의 개항을 요구하는 불평등 조약을 맺게 됩니다. 이를 '난징조약'이라고 합니다. 난징조약 체결 이후 외세는 중국 전역을 반식민지화했고, 광저우, 상하이 등 도시의 주권은 사실상 그들의 손에 넘어갔습니다. 홍수전이 일으킨 태평천국운동은 기독교적 이상주의와 농민의 분노가 결합된 폭발이었지만, 결국 이 운동은 실패로 끝났고 청의 권위는 더욱 추락했습니다. '서양의 기술과 무기를 받아들여야 한다'라고 주장한 양무운동과 입헌군주제와 근대화를 구호로 한 변법자강운동은 근본적인 개조 없이 외형만 모방했기에 도움이 되지 않았습니다.

③ 신해혁명과 중화민국의 실패: 혼돈의 이행기

1911년 신해혁명으로 청나라는 공식적으로 무너지고, 아시아 최초의 공화국인 중화민국이 수립되었습니다. 하지만 기쁨은 오래가지 않았습니다. 쑨원은 삼민주의를 기초로 한 이상적인 민주공화정을 설계했지만, 실제 정치력과 무장력은 군벌들에게 분산되었고, 장제스가 이끄는 국민당도 내부 분열과 권위주의로 민심을 잃었습니다. 특히 농촌 문제와 불평등한 구조를 방치한 채 도시 중심의 근대화만을 추진하면서 대중의 신뢰를 얻지 못했습니다. 이 시기 중국은 서구식 근대국가로 이행하는 데 실패했으며, 사회적 불만과 이상주의가 엇갈리며 혼돈이 가중되었습니다. 이런 혼란은 중국 공산당의 성장 배경이 되었고, 이후 농민혁명이라는 새로운 길이 떠오르게 됩니다.

클라우스 뮐한, 《현대 중국의 탄생》

④ 항미원조전쟁(한국전쟁): 공산 중국의 첫 대외전쟁

1950년에 발발한 한국전쟁은 냉전의 불꽃이 한반도에서 폭발한 사건이었습니다. 당시 중화인민공화국은 국가 수립 1년도 채 되지 않은 불안정한 시기였지만, 유엔군이 압록강까지 북상하자 모택동은 '항미원조, 보가위국(抗美援朝 保家衛國)'을 외치며 참전을 결심하게 됩니다. 중국은 30만 명 이상의 병력을 투입해 전쟁의 흐름을 바꾸었고, 3년의 대치 끝에 휴전을 맺게 됩니다. 이 참전은 단순한 군사행동이 아니라, 신생 공산국가가 국제무대에 '군사적 주권자'로 등장한 상징적 사건이었습니다. 동시에 이 경험은 중국의 안보 전략에 전환점을 제공했고, 미국과의 적대 구도 속에서 소련과의 전략적 밀월도 강화되었습니다. 한국전쟁은 남북한 분단을 고착화시켰으며, 중국이 이후 한반도 문제의 핵심 행위자로 자리 잡는 계기가 되었습니다.

⑤ 마오쩌둥 체제의 수립과 참극: 대약진운동과 문화대혁명

1949년 공산당은 중화인민공화국을 수립하며 새로운 중국의 시작을 알립니다. 초기에는 토지개혁과 국가 주도의 계획경제가 시행되었고, 농민 중심의 정권 기반을 다졌습니다. 하지만 1958년 대약진운동은 무리한 철강 증산과 집단농장 운영으로 이어져 수천만 명의 아사자를 낳았습니다. 하지만 실패에도 불구하고 마오쩌둥은 권력을 놓지 않았고, 1966년 시작한 문화대혁명은 이데올로기 순수성을 이유로 당과 사회, 교육계, 문화계 전체를 뒤흔들었습니다. 홍위병에 의한 폭력과 숙청,

지식인의 추방은 중국 사회를 무력화시켰고, 결국 이는 마오쩌둥 개인 숭배의 절정이자 전체주의적 실험의 비극으로 귀결되었습니다. 특히 지식인 계층의 말살은 향후 수십 년간 학문, 예술, 과학 발전에 심대한 공백을 남겼습니다.

⑥ 등소평 시대: 개혁개방과 중국 특색 사회주의

1976년 마오쩌둥이 사망하자 등소평은 '흑묘백묘(黑猫白猫)' 노선으로 상징되는 실용주의 개혁을 추진합니다. 계획경제의 틀은 유지하면서도 일부 시장경제 요소를 도입했고, 경제특구 설치, 외자 유치, 농촌 생산 책임제 시행 등으로 중국은 급격한 성장세에 접어들었습니다. 하지만 정치 영역에서는 일당체제를 고수했고, 표현의 자유나 인권 보장은 철저히 억제했습니다. 뮐한은 이 시기를 '경제적 유연성과 정치적 경직성이 공존하는 중국 특유의 사회주의'라고 평가하며, 중국이 선택한 근대화 모델의 복합성과 그 한계를 지적합니다.

⑦ 톈안먼 사건과 결론: 근대화의 이중성

1989년 톈안먼 광장에서 벌어진 대규모 민주화 시위는 청년 학생과 시민들이 정치 개방을 요구하며 시작되었습니다. 하지만 중국 정부는 이를 '반혁명 폭동'으로 규정하고 무력으로 진압했습니다. 공식 사망자는 수백 명으로 발표되었지만, 실제 피해는 훨씬 컸다는 것이 중론입니다. 이 사건은 중국 현대사의 전환점이자 경제 발전을 이룬 국가가 정치 자유를 보장하지 않는 체제의 모순을 극적으로 드러냈습니다. 이후 중국 사회는 침묵을 강요당했지만, 내부에는 언제든 분출할 수 있는 긴장과 갈등이 축적되었습니다.

밀한은 중국 현대사를 단순한 서구화나 자본주의 이식의 결과가 아니라 전통과 근대, 권위와 저항, 폐쇄와 개방이 끊임없이 충돌하며 형성된 고유한 궤적이라 강조합니다. 중국의 역사를 아는 것은 중국과 중국 사람을 이해하는 힘의 첫걸음이 될 것입니다.

동아시아를 이해하는 열쇠, 중국

《옥스퍼드 중국사 수업(China in World History)》은 폴 로프(Paul S. Ropp, 1942~2023)가 쓴 책으로, 중국의 역사를 세계사적 관점에서 개관하려는 시도입니다.

폴 로프는 미국 클라크대학교 역사학과 교수로 학생들을 가르쳤으며, 중국사와 동아시아 문명사를 연구해온 학자입니다. 그는 중국 문명의 흐름을 서구 학문의 틀로 해석했으나, 문화적 특수성과 사상적 전통을 존중하는 균형 잡힌 시각으로 주목받았습니다. 《옥스퍼드 중국사 수업》은 복잡한 중국 역사를 간결하고 통찰력 있게 풀어낸 그의 대표 저작입니다.

이 책은 중국 고대 문명부터 현대 사회에 이르기까지, 수천 년에 걸친 중국 역사의 흐름을 명료한 해설과 함께 전개하는 중국 입문서입니다. 저자인 폴 로프는 단순히 연대기적 사건 나열이 아니라, 중국이라는 문명이 어떻게 형성되고, 발전하고, 세계사 속에서 어떤 역할을 해왔는지를 통합적으로 조망합니다.

책은 황하 문명을 시작으로 주나라의 봉건제와 유교의 기틀 형성, 진나라의 통일과 법가주의의 대두, 한나라의 제국 체제 확립 등 초기 중국 국가 형성 과정을 일목요연하게 설명합니다. 이 과정에서 군주권의 확대, 중앙집권화, 사상의 탄압과 발전이 어떻게 맞물렸는지를 입체적으로 해석합니다.

당나라와 송나라 시대 이후에는 문화와 경제가 크게 발전했고, 귀족 중심 사회에서 관료 중심 사회로 바뀌었습니다. 또 도시와 시장이 커지면서 활기가 넘쳤습니다. 특히 송나라 때는 상업이 크게 발달하고 과거제가 확대되었으며, 유교도 성리학이라는 새로운 모습으로 정리되었습니다. 이런 변화는 오늘날의 동아시아 문화에도 깊은 흔적을 남겼습니다. 그 뒤 원나라, 명나라, 청나라 시대로 넘어가면서는 외세의 침략과 나라 내부의 혼란이 이어졌습니다. 민중이 반란을 일으키기도 했고, 새로운 통치 방식이 만들어지기도 했습니다. 저자는 서양 제국주의와 중국의 충돌—예를 들어 아편전쟁, 태평천국운동, 신해혁명—을 단순히 서양의 침략으로만 보지 않았습니다. 그는 중국 내부 제도의 문제와 외부 압력이 서로 맞물려 일어난 결과라고 해석했습니다.

현대사에서는 중화민국 혼란기와 중화인민공화국 수립, 대약진운동과 문화대혁명, 덩샤오핑 개혁 개방 정책 등 중국이 세계적 강대국으로 성장하는 복합적 과정을 폭넓게 다루고 있습니다. 이 과정에서 중국 특유의 문화적 연속성과 권위주의적 통치 그리고 급속한 경제성장의 이면을 함께 탐구합니다.

이 책의 가장 큰 장점은 서구적 역사 기술 방식과 중국적 사유 전통을 동시에 존중하며, 독자에게 균형 잡힌 시각을 제공한다는 점입니다. 독자는 이 책을 읽으며 중국이라는 이웃 국가를 단순한 강대국이 아니라 하나의 깊이 있는 문명으로 이해하게 됩니다.

폴 로프는 중국사의 통치 철학이 실제 제도 설계와 권력 운용에 어떤 방식으로 영향을 미쳤는지를 분석합니다. 예를 들어, 법가적 통치 방식이 진나라를 통해 어떻게 구현되었는지, 유교적 이상주의가 한나라에서 어떻게 국가 이념으로 자리 잡았는지 그리고 송나라 이후 이념과 실무 능력의 균형을 시도한 정책은 무엇인지 등입니다.

20세기 초 중국 근대사에서는 신문화운동, 공산당과 국민당의 갈등, 일본 제국주의의 침략, 국공 내전과 중화인민공화국 성립 같은 중요한 사건들이 있었습니다. 저자는 이런 과정을 통해 현대 중국이 과거의 정치와 이념을 어떻게 이어받고 새롭게 해석했는지 잘 보여주며, 역사는 단절이 아니라 흐름이라는 주제를 강조합니다.

이 책은 단순히 중국사를 요약하는 데 그치지 않고, 동아시아 전체의 역사적 조망을 넓히는 데 기여했습니다. 특히 한국과 일본과의 상호 관계 속에서 중국사의 흐름을 바라보는 시각을 제시하며, 제국적 패러다임에서 현대 국가로의 전환을 설명해주는 탁월한 교양서라 할 수 있습니다.

폴 로프, 《옥스퍼드 중국사 수업》

중국을 이해하는 것은 단지 외교나 경제의 문제가 아니라, 세계의 흐름을 통찰하고 문명의 다양성을 인정하는 일입니다. 이 책은 우리 청년들에게 오랜 외교 동반자인 중국을 두려움이나 경쟁의 대상으로 보지 않고, 존중하되 비판적인 자세로 이해할 수 있는 토대를 마련해줄 것입니다.

국가 발전은 선택과 책임의 문제

《현대 일본의 역사(Modern History of Japan)》는 일본 근현대사를 폭넓게 다룬 책으로, 메이지 유신 이후부터 현대까지 일본의 정치, 경제, 사회, 문화적 변화를 총체적으로 살펴보는 내용입니다. 특히 일본의 산업화, 제국주의, 전쟁, 전후 경제성장 그리고 현대 사회 변화까지 연속적으로 분석한 게 특징입니다.

이 책의 저자인 앤드루 고든(Andrew Gordon, 1952~)은 하버드대학교에서 오랫동안 일본사와 동아시아 근대사를 연구해온 역사학자입니다. 특히 일본의 산업화, 노동운동, 전후 민주주의 발전 과정 등을 연구하면서 일본 근현대사 전반을 서구 독자들에게 쉽게 소개한 학자로 평가되고 있습니다. 그의 대표 저서인 이 책은 에도시대 말기부터 21세기 초반까지의 정치·경제·사회·문화 전반을 종합적으로 다룬 대표적인 일본 입문서입니다. 그는 복잡한 일본 근대사의 흐름을 단순히 정치사 중심으로 설명하지 않고, 사회 구조, 경제 발전, 대중문화, 노동자와 여성의 삶까지 입체적으로 서술하는 학문적 균형감을 보여줍니다.

《현대 일본의 역사》는 메이지 유신, 제국주의 침략, 태평양전쟁 패배와 점령, 전후 고도성장, 버블경제 붕괴와 21세기 과제를 거쳐 일본이 세계 속에서 차지한 위치와 그 과정에서 드러난 구조적 모순을 조망하고 있습니다. 특히 일본의 성공과 실패 모두를 균형 있게 다루며, 근대화·산업화·민주주의·전쟁 책임이라는 핵심 키워드를 통해 우리에게 현대 일본을 이해하는 지도를 제공합니다.

약 250년간 이어진 에도 막부 체제는 비교적 평화와 안정을 유지했지만, 서양의 과학기술과 산업문명에 비해 점차 뒤처졌습니다. 특히 19세기 중반 미국의 페리 제독이 흑선을 이끌고 일본을 강제로 개항시킨 사건은 일본 사회 전체에 큰 충격을 주었습니다. 전통적 신분 질서와 농업 중심 경제로는 더이상 급격한 세계 변화 속에서 자립할 수 없다는 위기의식이 지배층과 지식인 사회에 퍼져나갔고, 이 위기의식은 결국 1868년 메이지 유신으로 폭발했습니다.

메이지 정부는 '부국강병'과 '식산흥업(殖産興業, 산업을 키워 나라를 부강하게 하자는 뜻)'을 기치로 삼고, 서구 열강에 뒤처지지 않는 근대국가 건설을 추진했습니다. 중앙집권적 국가 체제를 수립하고, 신분제를 철폐했으며, 의회 제도를 도입해 입헌군주제를 표방했습니다. 군사력 강화, 철도와 공장 건설, 근대적 교육제도 도입 등을 진행했으며, 이러한 근대화는 단순한 서구 제도의 모방이 아니라 전통을 활용해 새로운 국가 권력을 강화하는 방식으로 전개되었습니다. 이 과정에서 일본은 급속한 산업화를 이루었고, 19세기 말 국제 정세 속에서 신흥 강국으로 부상합니다. 하지만 그 속에는 농민과 노동자의 희생이 있었습니다.

청일전쟁(1894~1905)에 승리하면서 서구 열강도 일본을 강대국으로 인정하게 되었습니다. 하지만 이러한 군사적 성공은 일본 사회 내부에 제국주의적 팽창 논리를 강화했습니다. 일본은 조선을 보호국으로 만들었다가 결국 1910년 식민지로 병합했으며, 이후 만주와 중국 대륙, 태평양 지역으로 침략을 확대했습니다. 고든은 이 시기를 일본 근대화의 양면성으로 설명합니다. 한편으로는 급속한 산업 발전과 국제적 위상 제고라는 성과가 있었지만, 다른 한편으로는 군국주의와 제국주의적 오만이 사회 전반을 지배하며 민주적 발전을 억눌렀다고 보았습니다.

태평양 전쟁(1941~1945)은 이러한 흐름의 정점입니다. 일본은 아시아 해방을 명분으로 내세웠으나 실제로는 제국 확장을 노렸고, 결국 미국과 전쟁을 벌여 패망하고 맙니다. 1945년 8월 히로시마와 나가사키에 투하된 원자폭탄은 일본의 항복을 불러왔고, 전쟁은 비극으로 끝났습니다. 이 패전은 일본 역사에 대전환점을 가져왔습니다.

패전 이후 일본은 미국의 점령하에서 대대적인 개혁을 했습니다. 1947년 제정된 일본국 헌법, 특히 전쟁을 포기한 '평화헌법 9조'는 일본 현대사의 상징이 되었고, 토지개혁으로 지주제가 해체되었으며, 여성에게 참정권이 부여되었고, 노동조합 활동이 활성화되었습니다. 이러한 개혁은 일본 사회의 민주화를 촉진했지만, 동시에 냉전 체제 속에서 미국에 의

존적인 구조를 낳기도 했습니다. 미국은 일본을 동아시아 반공 체제의 중심으로 활용했으며, 일본은 안보는 미국에 의존하고, 경제성장은 스스로 추진하는 방식으로 나아갔습니다.

1950년대 이후 일본은 고도 경제성장 시기를 맞습니다. 전쟁 폐허 속에서 출발했지만, 국가와 기업, 노동자가 삼각형처럼 얽힌 '일본식 모델'을 통해 세계 2위 경제 대국으로 성장했습니다. '평생고용'과 '연공서열'로 대표되는 기업 문화, 정부의 산업 정책, 교육열은 일본의 성공 신화로 자리 잡았으며, 1964년 도쿄 올림픽은 일본이 국제사회에 부활했음을 과시한 사건이었습니다. 하지만 이 성장 모델은 기업 중심 사회를 만들었고, 과로사(過勞死) 같은 부작용도 낳았습니다.

1990년대 초반, 일본은 버블경제 붕괴라는 큰 위기를 맞게 됩니다. 부동산과 주식 가격이 폭락하면서 경제는 장기 불황에 빠졌고, 이는 흔히 '잃어버린 10년'이라 불립니다. 기업 구조조정과 고용 불안, 청년층의 취업난이 심각해졌으며, 고령화와 저출산이 사회 전반의 활력을 갉아먹기 시작했습니다. 정치적 리더십의 부재, 파벌 정치의 한계도 더해져 일본은 세계 속에서 상대적 위상이 약화되었습니다.

21세기 일본은 여전히 세계적인 경제력과 기술력을 보유한 선진국이지만, 과거와 같은 자신감이나 존재감은 줄어들었습니다. 국제사회에서의 영향력은 미국·중국 사이에서 점차 축소되는 양상을 보이고 있습니다.

앤드루 고든은 이런 일본의 역사를 단순히 '성공'이나 '몰락'으로 보지 않았습니다. 오히려 성취와 실패가 교차하며 만들어낸 복합적 이야기로 설명합니다. 일본은 근대화를 통해 눈부신 발전을 이루었으나, 동시에 전쟁과 침략, 민주주의 억압이라는 실패를 경험했습니다. 전후 민주주의와 평화주의는 일본 사회의 자산이지만, 정치·경제·사회 전반의 새로운 도전이 기다리고 있다는 것이 고든의 결론입니다.

이 책은 일본사를 통해 한국 독자, 특히 우리 청년 세대에게 중요한 교훈을 던집니다. 근대화가 곧 성공을 보장하지 않으며, 국가 발전은 언제나 선택과 책임의 문제라는 것입니다. 일본이 걸어온 길은 우리에게 거울이자 반면교사가 됩니다.

° 역사를 움직이는 씨알의 힘

《뜻으로 본 한국역사》는 한국 현대사의 대표적 사상가이자 민족 지도자인 함석헌(1901~1989)이 한국 역사를 민중의 눈으로 해석한 책입니다. 단순히 왕조의 흥망이나 위인의 업적이 아니라, 역사의 주체를 민중의 의지와 뜻으로 본 게 특징입니다.

저자는 한국 역사를 고난의 연속으로 보면서도, 그 속에 '뜻'을 따라 움직여온 민중의 힘이 있다고 강조했습니다. 그래서 역사는 단순한 과거 사건이 아니라, 오늘을 사는 우리에게 주어진 과제이자 책임이라고 말합니다. 즉, 《뜻으로 본 한국역사》는 한국사를 새로운 시각으로 바라보게 하고, 스스로 어떤 뜻을 따라 살아갈지를 묻게 하는 책이라 하겠습니다.

이 책의 저자인 함석헌은 일본 유학 시절 동양과 서양의 사상에 모두 깊이 천착했으며, 일제 강점기와 해방, 한국전쟁, 군사독재 시기를 거치며 끊임없이 민족의 길을 모색했습니다. 그는 단순한 역사학자가 아니라 신앙인·사상가·운동가로서 시대의 고통을 껴안고 진리를 외쳤으며, 그의 글은 깊은 신앙적 성찰 위에 인간의 양심과 민족적 책임을 일깨우는 힘으로 여전히 읽히고 있습니다.

이 책의 핵심 주제는 '역사는 민족이 추구하는 뜻의 기록이고, 그 뜻은 양심과 신앙, 주체적 자각으로 연결된다'란 것입니다. 함석헌은 한국 역사를 단순히 왕조나 제도의 변천으로 보지 않고, 민중이 추구해온 '하늘의 뜻'과 '민족의 뜻'을 중심으로 해석합니다. 역사는 외세와 권력의 지배를 넘어 민족이 스스로 주체가 되어야 하는 과정이며, 그 길에는 개인의 양심적 각성과 민족적 자주의식이 필수라고 역설합니다.

함석헌은 역사를 과거의 사건으로만 보지 않고, 하늘이 민족에게 부여한 뜻을 실현해가는 과정으로 보았습니다. 그는 역사의 주체를 권력자나 지배계층이 아닌 민중이라 하며, 역사는 결국 민중이 고난 속에서 뜻을 붙들고 살아온 이야기라고 강조합니다. 이는 당시 한국 사회에서 주류였던 영웅 중심, 왕조 중심의 역사관과는 전혀 다른 시각입니다.

1부인 서론에서는 과거를 단순한 기록이 아니라 '뜻을 실현해가는 과정'으로 설명합니다. 2부에서는 삼국시대부터 조선에 이르는 고대·중세사의 흐름을 민중의 삶과 그 속에 담긴 신앙적 의지로 재해석합니다. 특히 조선왕조 500년의 역사를 단순히 왕조사로 보지 않고, 백성들이 그 안에서 어떤 뜻을 이루기 위해 몸부림쳤는지 조명합니다. 그는 유교 질서 속에서도 양심적 각성을 이어간 민중의 역할을 강조하며, 역사의 진

함석헌, 《뜻으로 본 한국역사》

정한 주체가 제도나 왕조가 아닌 민중임을 일깨웁니다. 3부는 일제강점기의 고난을 다루며, 식민 지배 속에서도 꺼지지 않았던 민족정신과 양심적 저항을 강조합니다. 함석헌은 이 시기를 단순한 비극으로 보지 않고, 민족이 깊은 자각을 얻는 계기로 해석합니다. 4부에서는 해방 이후 한국 사회가 겪은 분단과 전쟁, 혼란의 문제를 짚으며, 진정한 자주국가로 서기 위해 무엇이 필요한지를 묻습니다. 그는 분단을 단순한 지정학적 상황이 아니라 민족이 스스로 서지 못한 내적 한계로 이해하며, 그 극복을 위해 개인과 민족이 함께 성숙해야 한다고 주장합니다.

함석헌은 씨알사상을 이 책 전체의 핵심으로 세웠습니다. 씨알은 작고 미약해 보이지만 새로운 생명을 틔우는 씨앗입니다. 그는 민중을 씨알로 비유하며, 한국 역사를 움직인 힘은 위대한 영웅이나 제도가 아니라 깊은 곳에서 뜻을 붙든 민중의 저력이었다고 말합니다.

그는 청년들에게 씨알로서 민족과 인류를 위해 어떤 뜻을 이루고 있는지 묻습니다. 이는 단순한 질문이 아니라, 양심과 주체성을 일깨우는 강한 메시지입니다. 특히 오늘의 청년에게 함석헌은, 외부의 압력과 유혹 속에서도 흔들리지 않고 스스로의 뜻을 지키는 양심적 주체로 서라고 촉구합니다.

이 책의 또 다른 특징은 역사 속 민족적 주체성 회복을 강조한다는 점입니다. 그는 사대주의와 외세 의존을 한국사의 가장 큰 병폐로 지적하며, 진정한 해방은 체제의 변화가 아니라 내면의 혁명, 즉 양심적 각성과 주체적 자각에서 시작한다고 역설합니다. 청년이 외부의 압력과 유혹에 흔들리지 않고, 스스로의 뜻으로 서는 민족적 주체성을 가질 때만이 역사를 새롭게 쓸 수 있습니다. 결국 《뜻으로 본 한국역사》는 청년에게 민족과 시대를 위해 어떤 뜻을 품고 살아야 하는지를 묻는 책입니다.

함석헌, 《뜻으로 본 한국역사》

역사는 현재를 비추는 거울이다

《해방전후사의 재인식》은 한국 근현대사를 새롭게 돌아보는 논문집이자 비평서입니다. 정체된 역사 인식, 특히 1980년대 한국 사회에 큰 영향을 준 《해방전후사의 인식》이 가진 관점을 비판하고 보완하려는 의도로 집필된 책입니다.

이 책을 엮은 박지향 교수(1958~　)는 서울대학교 서양사학과를 졸업하고, 미국 뉴욕주립대학교 스토니브룩 캠퍼스에서 역사학 박사학위를 받았습니다. 서울대학교 서양사학과 교수로 재직했으며, 영국사 및 제국주의사, 국제정치사 등을 주로 연구했습니다. 《해방전후사의 재인식》은 박지향 교수를 포함한 여러 학자들이 참여해, 기존의 좌파 중심 역사 해석에 비판적으로 접근하고자 집필한 공동 연구 성격의 책입니다. 대한민국 현대사의 제도 형성과 국가 정통성에 관한 균형 잡힌 해석을 시도하며, 특히 청년 세대에게 역사적 사고의 새로운 틀을 제시하고 있습니다.

《해방전후사의 인식》은 1980년대 당시 대학가와 언론, 시민단체, 운동권 조직에서 일종의 교본처럼 기능하며, 해방 이후의 현대사를 이념적 틀 속에서 재구성했습니다. 그 책은 분단의 책임을 미국과 남한 우익에 집중시키고, 북한 체제에 대해서는 일정한 이해의 여지를 부여하는 방식으로 구성되어 있습니다. 《해방전후사의 재인식》은 그 영향력을 인식하며, 감정적 비판이나 도식적 서사에서 벗어나 구조와 제도를 중심으로 역사적 사실을 재해석하고자 하였습니다. 대한민국 건국과 분단, 전쟁과 이념 갈등을 다루는 기존 좌파 사관에 문제점을 제기하며, 보다 균형 있는 역사 인식과 제도 중심의 해석을 통해 독자들의 역사적 판단력을 강화하고자 한 책입니다.

저자들은 대한민국이 단순히 분단의 부산물이 아니라, 자유민주주의와 시장경제라는 원칙 위에 세워진 합법적 국가임을 강조합니다. 유엔의 감시하에 실시된 제헌국회 선거, 제헌헌법 제정, 국제사회의 승인 등은 국가의 정통성과 정당성을 입증하는 근거가 되며, 이는 남한 단독정부 수립이 불가피했던 정치적 맥락 속에서 나온 결과였습니다.

한반도 분단의 책임에 대해서도 이 책은 기존 좌파 서술이 간과한 소련의 직접 개입과 좌익 세력의 무력 투쟁에 주목합니다. 조선공산당은 남한 내에 무장 세력을 조직하고, 1946년부터 각 지역에서 치안 교란을 일으켰으며, 소련은 북에 인민위원회를 설치해 일방적인 통치 체제를 구축했습니다. 이승만은 미소공동위원회가 실패한 상황에서 단독정부 수립을 결단했고, 이는 대미 외교와 국내 정치의 균형 속에서 이뤄졌습니다. 특히 그는 한미 군사동맹의 기초를 닦고, 자유당 내부와의 갈등 속에서도 헌정 질서를 유지하려고 노력했습니다.

제주4·3사건과 여순반란사건에 대해서도 이 책은 새로운 시각을 제시합니다. 단순히 국가 폭력이나 민중 항쟁으로 분류하는 접근을 넘어서, 국제 공산주의 전략과 남로당의 명령 체계 그리고 지역 주민들의 생존 전략이 어떻게 충돌했는지를 조명합니다. 예를 들어 4·3사건 당시 일부 주민은 무장 세력에 협조했지만, 다수는 혼란을 피해 산속으로 피신하거나 양 진영 사이에서 고통을 겪었습니다. 미군정과 정부의 대응은 과도했고, 이후 보복 역시 문제였지만, 좌익 세력의 강압적 동원 또한 무시할 수 없다는 점에서 입체적 해석이 필요합니다.

'기억의 정치성'은 특정한 역사 해석을 공고화하려는 정치적 시도로써, 오늘날에도 작동하고 있습니다. 교과서 국정화 논쟁, 선거에서의 과거사 프레임 활용, 언론의 편향된 보도 행태는 모두 과거의 해석을 둘러싼 투쟁의 연속선상에 있습니다. 저자들은 이러한 시도가 민주주의의 성숙을 가로막는다고 경고하며, 다양한 시각이 공존하는 역사 담론의 장을 지켜야 한다고 주장합니다. 역사 해석은 도덕적인 우위를 점하기 위한 수단이 아니라 공동체가 성장하기 위해 필요한 과정입니다.

이 책은 청년에게 역사를 감정적으로 소비하지 않고, 비판적으로 성찰하고, 정치적 맥락을 이해하는 능력을 기를 것을 요청합니다. 특히 '의심하는 능력' '다수의 시각을 수용하는 태도' '역사를 현재와 연결 지어 해석하는 힘'은 오늘날 시민사회에서 꼭 필요한 인식의 틀입니다. 《해방전후사의 재인식》은 과거를 되풀이하는 투쟁의 언어가 아니라 미래를 구성하는 설계의 언어로 역사를 다시 쓰자는 제안입니다.

잘못된 제도로 한 나라가 망한다

《조선은 왜 무너졌는가》는 조선 말기 사회가 근대화의 문턱에서 왜 스스로를 지켜내지 못하고 붕괴했는지를 분석한 역사 교양서입니다. 조선 몰락의 원인을 내부적 요인과 외부적 요인에서 찾고, 이를 통해 우리가 얻어야 하는 교훈에 대해서 알려주는 책입니다. 이 책의 저자인 정병석(1953~   )은 젊은 시절 행정고시를 통해 공직에 입문해 고용노동부 차관을 지냈습니다. 퇴임한 뒤에는 후학을 양성하며 사회 개혁과 제도에 관한 연구와 저술을 활발히 이어가고 있습니다. 경제학 박사인 그는, 특히 제도의 역할을 강조하는 '제도경제학파'의 시각에서 역사와 사회를 분석하며, 한국 사회의 구조적 개혁 필요성을 꾸준히 제기하는 원로 지식인 중 한 명입니다.

일반적으로 조선의 멸망 원인으로 정치권력 다툼을 일삼던 사색당파와 당쟁, 성리학의 경직성 등을 지목하지만, 이 책은 그보다 훨씬 더 근본적인 문제를 제기합니다. 저자는 조선의 몰락을 잘못된 제도의 구조적 실패로 해석하며, 개인이나 이념의 문제가 아니라 그것을 담는 시스템의 경직성과 변화의 실패가 국가를 무너뜨렸다고 강조합니다. 이는 기존 역사 인식에 깊은 질문을 던지는 중요한 전환입니다.

조선의 몰락은 외적 요인보다 잘못된 제도와 개혁 실패라는 내적 요인이 결정적이었습니다. 이 책은 제도의 경직성과 시대 변화에 둔감했던 지배층의 무능과 무책임이 어떻게 한 국가를 붕괴시켰는지를 경제학적 시각에서 조명합니다. 이는 현대 한국 사회에도 유효한 경고와 교훈을 제공합니다. 그러므로 이 책은 단순한 역사서가 아니라, 조선을 사례로 삼아 오늘날 한국 사회에 제도의 중요성을 성찰하게 하는 진단서에 가깝습니다.

책의 핵심 논지는 '나라가 망하는 이유는 잘못된 제도 때문이다'라는 데 있습니다. 조선은 성리학적 명분과 도덕을 중시한 체제였지만, 현실 변화에 맞는 제도 개혁에는 끝내 실패했습니다. 예컨대, 경제력 약화, 군사 무기 기술 낙후, 경제 사회 체제의 경직성, 인재 선발의 폐쇄성 등 모든 분야에서 제도가 사회 변화를 가로막고 있었습니다. 이에 저자는 제도가 민심을 가두고, 그 민심이 결국 외세의 칼날보다 더 무서운 붕괴를 가져왔다고 지적합니다.

저자는 조선의 문제는 사람이 아니라, 그 사람들을 움직이는 제도였다고 말합니다. 아무리 유능한 사람이어도, 제도가 잘못되었으면 물러날 수밖에 없습니다.

정병석, 《조선은 왜 무너졌는가》

조선 후기 개혁가들은 조선의 개혁이라는 '좋은 뜻'을 품었지만, 제도가 그들의 행동반경을 봉쇄했고, 결국 제도의 개혁 없이는 인물의 교체도 소용없었습니다.

또한 저자는 조선의 제도가 사람과 현실을 믿지 않고 형식만을 믿는 제도였다고 비판합니다. 대표적으로 과거제는 인재를 공정하게 선발하는 도구였지만, 현실에서는 양반 자제에게만 유리하게 작동했고, 능력보다 가문과 연줄이 더 큰 힘을 발휘했습니다.

이처럼 조선의 제도가 사회 통합의 수단이 되지 못하고, 오히려 불신과 배제의 기제로 작동했다는 점이 이 책의 중요한 메시지 중 하나입니다.

책 후반부로 갈수록, 저자는 조선의 몰락을 오늘의 한국 사회를 향한 비판으로 연결시킵니다. 제도가 공정하지 않으면 국민은 체제를 지지하지 않게 되고, 체제를 지지하지 않는 국민 위에 세워진 국가는 쉽게 무너집니다. 이때 필요한 것은 '좋은 제도'가 아니라 '포용적이고 개방적인 제도'이며, 지배층이 스스로 개혁할 수 있는 자기 성찰의 문화라는 것입니다. 제도가 무너지면 도덕도, 군대도, 국민도 나라를 지킬 수 없습니다.

조선의 위정자들은 외세의 위협 앞에서도 기득권을 포기하려 하지 않았고 '지금은 변화할 때가 아니다'란 판단을 내립니다. 하지만 그 판단은 우리 역사상 가장 큰 대가로 이어졌습니다. 저자는 변화하지 않는 것은 안정이 아니라 쇠락의 시작이며, 시대의 흐름을 인식하고 제도를 제때에 바꾸는 것이야말로 국가의 생존 조건임을 강조합니다.

정병석은 조선이 성리학적 이념을 중시하면서도, 그것을 시대에 맞게 해석하거나 유연하게 적용하지 못했다고 보았습니다. 제도는 원래 시대 변화에 맞춰 진화해야 하지만, 조선은 도리어 정체되고 경직된 제도를 유지하며 위기를 키웠습니다. 특히 지배층이 기득권을 지키려는 이기심에 집착하며 인재 등용의 공정성이 무너지고, 상속과 신분 제도가 사회적 유동성을 차단하면서 국민의 사기가 급속히 꺾였다는 점을 강조합니다.

이러한 제도의 경직성은 군사력과 외교 정책에도 영향을 미쳤습니다. 국가 방위 체제가 시대에 뒤처졌고, 외교적 유연성도 사라지면서 조선은 국제 질서의 변동 속에서 스스로를 고립시켰습니다. 저자는 변화를 두려워한 체제가 변화를 강요당하면 무너진다고 말하며, 유연하고 개방적인 제도 개혁이 부재한 사회는 언제든 외부 충격에 무너질 수밖에 없다고 했습니다.

특히 4장에서는 조선의 개혁 시도가 번번이 실패한 이유를 설명하면서, 명분만 있고 전략이 없는 개혁의 허상을 경고합니다. 6장에서는 지배층이 문제의 원인을 외부에서 찾고 내부 성찰을 피하는 태도가 어떻게 국가 전체를 파국으로 몰아갔는지를 입체적으로 보여줍니다. 이 책을 읽는 독자들은 이 부분을 통해 '개인의 도덕성'만으로는 체제를 지킬 수 없으며, 결국은 제도와 구조 자체를 바꿔야 사회 정의가 가능하다는 점을 깊이 생각해보았으면 합니다.

종교를 아는 것은 인간을 아는 길

우리는 빠르게 변하는 시대를 살아갑니다. 불확실한 미래, 치열한 경쟁 속에서 하루하루를 살다보면 문득 '나는 누구인가, 어떻게 살아야 하는가'란 질문이 들 때가 있습니다. 그런데 이 물음은 단지 개인만의 고민이 아닙니다. 수천 년 전부터 인류가 스스로에게 던져온 보편적인 질문이기도 합니다. 《교양으로 읽는 세계 7대 종교(World Religions)》는 그 질문에 대한 각기 다른 해답을 담고 있습니다. 힌두교의 윤회, 불교의 깨달음, 유대교와 기독교·이슬람교 신앙, 도교의 조화, 시크교의 실천적 삶까지, 서로 다른 길이지만 결국 인간이 더 나은 삶을 모색해온 발자취입니다.

《교양으로 읽는 세계 7대 종교》의 저자 질 캐럴(Jill Carroll, 1957~)은 미국의 종교학자이자 작가로, 종교 간 대화와 관용 그리고 시민사회에서 종교의 역할에 대해 활발하게 연구해온 연구자입니다. 종교학으로 박사학위를 받았고, 휴스턴대학교에서 종교학을 가르쳤습니다. 다양한 매체에 종교와 사회에 관한 칼럼을 연재했으며, 특히 미국의 주요 종교 전통과 사상, 실천을 일반 독자에게 쉽게 전달하는 데 탁월한 능력을 보였습니다. 《교양으로 읽는 세계 7대 종교》는 세계 주요 종교(힌두교, 불교, 유대교, 기독교, 이슬람교, 유교, 시크교)의 핵심 경전과 교리를 쉽고 체계적으로 정리한 초심자용 입문서로, 종교에 대한 편견을 줄이고 이해의 폭을 넓히기 위한 목적으로 쓰였으며, 현대 사회에서 종교가 던지는 의미를 고찰하는 책입니다.

《교양으로 읽는 세계 7대 종교》는 전통적인 종교 입문서나 신학적 해설서와 달리, 일곱 개의 세계 주요 종교를 하나의 인간학적 관점에서 조명한 교양서입니다. 이 일곱 종교는 모두 각기 다른 문화권과 시대적 조건 속에서 출현했지만, 저자는 이들을 종교적 진리의 비교 대상이 아니라, 인간이 존재의 의미를 찾아가는 일곱 개의 정신적 여정으로 제시합니다. 즉, 종교를 믿음의 문제 이전에 인간이 삶의 고통, 죽음, 정의, 사랑, 공동체 등 본질적 물음에 어떻게 대답해왔는가를 보여주는 인류의 지혜라고 보았습니다.

책은 각 종교의 기원과 배경, 경전과 핵심 개념, 인간관과 도덕관, 사회에 끼친 영향까지 포괄적으로 다루며, 학술적 깊이에 더불어 대중적인 문법을 동시에 갖추고 있습니다. 저자는 이 종교들이 비록 교리나 외양은 다르지만, 인간의 고통을 진지하게 직시하고, 그 고통을 이해하고 극복하는 윤리적 틀을 제시한다는 점에서 서로 연결되었다고 보았습니다. 저자는 종교란 절대적 진리를 강요하는 체계가 아니라, 인간이 '존재'라는 신비 앞에서 겸허히 응시하고자 만든 해석의 언어이며, 그만큼 종교 간 비교는 우열의 문제가 아니라 자기 성찰과 타자 이해의 기회가 되어야 한다고 말합니다. 이 책은 일곱 종교를 다음과 같이 정리합니다.

① 힌두교는 인도에서 기원한 종교로, 윤회(삶과 죽음의 반복)와 업(행위의 결과)을 핵심으로 하며, 인간의 삶이 우주의 순환과 연결되어 있다는 인식 속에서 해탈을 궁극의 목표로 삼습니다.

② 불교는 고타마 싯다르타가 만든 종교로, 살며 겪는 고통의 원인을 집착과 탐욕으로 보고, 이를 벗어나기 위한 팔정도와 중도를 실천해 해탈에 이르는 길을 제시합니다.

③ 유대교는 고대 히브리 민족의 종교로, 유일신 야훼와의 계약, 율법의 준수를 통해 공동체의 정체성을 유지하며, 신과 인간 사이의 윤리적 책임을 강조합니다.

④ 기독교는 예수 그리스도의 가르침을 중심으로 한 종교로, 사랑과 구원을 핵심 가치로 삼습니다. 인간의 죄를 해방시키는 신의 은총을 통해 영생에 이른다고 보았습니다.

⑤ 이슬람교는 무함마드를 최후의 예언자로 믿는 종교로, 꾸란을 신의 계시로 받아들이며, '복종'과 '공동체'를 통해 모든 삶을 신의 뜻에 일치시키려는 태도를 중시합니다.

⑥ 유교는 공자의 가르침을 바탕으로 한 동아시아의 윤리 사상 체계로, 인간관계의 조화를 중시하며 '인(仁)'과 '예(禮)'를 통해 도덕적인 인

간이 되는 것을 이상으로 삼습니다.

⑦ 시크교는 15세기 후반부터 18세기 초기에 걸쳐 인도의 펀자브 지방
에서 발전한 종교로. 모든 인류의 평등과 하나됨을 강조하는 교리
를 신봉합니다.

책에서 특히 강조하는 메시지는 타자의 종교를 안다는 것은 곧 타자를
이해하는 일이며, 타자를 이해할 수 있어야 진정한 교양인이 될 수 있다
는 것입니다. 저자는 현대 사회에서 종교 간의 충돌이나 편견, 왜곡이
얼마나 위험한 결과를 낳는지를 지적하며, 종교적 다양성과 차이에 대
한 관용과 존중의 중요성을 강조합니다.

이 책은 특정 종교를 선호하거나 믿음을 권유하지 않습니다. 오히려 종
교를 통해 인류 공통의 정신적 갈망과 도덕적 지향을 읽어내며, 우리가
서로 다르면서도 닮아 있다는 사실을 받아들이도록 합니다. 그러므로
이 책은 종교적 배경이 있는 사람에게도, 없는 사람에게도 의미 있는 독
서가 될 것입니다. 종교란 결국 인간 자신을 이해하기 위한 하나의 통로
이며, 종교를 아는 것은 곧 인간을 아는 길임을 이 책은 설득력 있게 보
여줍니다.

종교를 안다는 것은 믿음을 갖는 것과는 다른 차원의 지적 교양입니다.
이 책은 우리 청년에게, 오늘날처럼 갈등과 혐오가 넘치는 시대일수록
다양한 종교적 세계관을 이해하고, 그 안에서 인류 보편의 도덕적 기반

을 발견하는 능력이 중요하다는 점을 일깨웁니다. 타자에 대한 이해는 시민으로서의 성숙을 이끄는 핵심이며, 종교적 교양은 단순한 지식이 아니라 다른 문화와 사상의 뿌리를 이해하고 공존할 수 있는 힘이 됩니다. 이 책에는 각 종교에 대한 설명이 비교적 간결하게 나오므로, 보다 깊은 내용을 원할 경우에는 추가로 참고서를 더 읽어볼 필요가 있습니다. 또한 이 책은 종교적 진리의 옳고 그름을 판단하려는 시도를 지양하고 이해와 해석 중심의 태도를 요구하기 때문에, 종교를 절대 진리로 믿는 독자에게는 낯설게 느껴질 수도 있습니다. 열린 마음으로 읽되, 각 종교의 문화적 맥락을 존중하며 접근하는 태도가 중요합니다.

세 번째 길 ○ 너머를 보는 힘

동아시아 제왕의 필독서

《자치통감(資治通鑑)》은 북송 시대 사마광(司馬光, 1019~1086)이 쓴 역사서로, 이름 그대로 '정치를 위한 거울' 역할을 하는 책입니다. 전국시대부터 후주 세종 6년까지, 약 1,300여 년의 역사를 연대순으로 정리했으며, 편년체 방식으로 사건이 일어난 순서대로 기술하여, 정치·사회적 흐름과 그 원인과 결과를 파악하기에 좋습니다.

사마광은 이 책을 통해 통치자가 과거의 경험에서 교훈을 얻고, 잘못된 판단을 반복하지 않도록 하고 싶었습니다. 그래서 단순한 역사 기록이 아니라 정치적 판단과 인간관계, 전쟁과 외교, 법과 제도 같은 현실적 교훈까지 담았습니다.

사마광은 송나라의 대표적인 정치가이자 역사학자이며, 유교적 사관을 바탕으로 통치 철학과 도덕 정치의 회복을 추구한 인물입니다. 보수적인 유학자의 입장에서 국가 운영의 이상을 제시하고자 했으며, 그의 평생 역량이 집약된 저술인 《자치통감》은 역사 속에서 정치의 원리와 교훈을 찾아내려는 일관된 문제의식을 담고 있습니다. 그는 당대의 지식인들로부터 존경받았으며, 후세에게는 제왕학의 교과서를 남긴 성리학적 지성으로 평가받습니다.

《자치통감》의 '자치(資治)'는 '정치를 돕는다'란 뜻이고, '통감(通鑑)'은 '거울처럼 비춘다'란 의미로, 통치자는 역사를 통해 정치적 통찰과 반성의 기회를 얻을 수 있다는 의미입니다.

송나라는 전통적 군주권과 문치주의가 공존하던 나라였습니다. 당나라처럼 무력 중심으로 국가를 운영하기보다, 문신 관료가 주도적으로 나라를 운영했고, 그 중심에 유교적 이상 정치가 있었습니다. 하지만 내부에서는 당쟁이 끊이지 않았고, 외부에서는 요·금과의 갈등으로 인해 정치적 불안과 위기의식이 따라다녔습니다. 사마광은 이런 혼란 속에서 과거 왕조의 흥망을 분석하고 통치의 원리를 찾아내고자 《자치통감》을 집필하게 됩니다. 이는 단순히 역사를 기록하기 위함이 아니라, 제왕학의 교과서이자 국가 운영의 지침서를 만들기 위한 것이었습니다.

이 책의 애독자로 가장 잘 알려진 인물은 마오쩌둥입니다. 그는 생전에 《자치통감》을 항상 머리맡에 두고 반복해서 읽었다고 합니다. 마오쩌둥은 제국의 군주와 대신들 간의 관계, 통치자의 언행이 민심에 미치는 영향, 반란과 혁명의 전조 등을 《자치통감》에서 배웠다고 회고했습니다. 실제로 그는 국공내전, 대약진운동, 문화대혁명 등 국가 전환기의 판단에 있어 《자치통감》의 사례들을 떠올리며 전략을 구상했다고 전해집니다. 한 고전 역사서가 20세기 혁명가에게까지 영향을 끼쳤다는 사실은, 이 책의 통찰력이 시대를 초월함을 보여줍니다.

중국뿐만 아니라 우리나라에서도 이 책의 가치는 인정받았습니다. 조선왕조에서도 《자치통감》은 제왕학의 필독서였습니다. 세종은 이 책을 바탕으로 신하들과 통치 전략을 논의했고, 정조는 규장각에서 청년 관료들과 함께 《자치통감》을 강독하며 정치적 식견을 길렀습니다. 특히 조선 후기 실학자들은 이 책을 통해 민본주의와 개혁의 논리를 도출하려 했고, 관료들의 인재 등용 기준으로도 활용되었습니다. 동아시아 전통 정치문화 속에서 이 책은 단순한 연대기의 지위를 넘어서, 실질적 통치 모델로 기능했습니다.

책에 등장하는 일화 중 하나는 전한 무제의 실책입니다. 무제는 공신 위청과 곽거병에게 과도한 군사권을 부여해 서역 원정을 명령했는데, 이는 군의 독립성이 과도하게 커지면서, 중앙 통제력 약화를 초래했습니다. 결과적으로 변방의 장군들은 제멋대로 행동했고, 국가 재정은 바닥이 났습니다. 사마광은 이를 통해 군권 분산의 위험과 지도자의 통제력 상실이 국정에 어떤 파장을 몰고 오는지 알려주었습니다.

또 다른 일화는 당나라 현종과 양귀비에 얽힌 '안사의 난'입니다. 현종은 총애하는 여인과 그녀의 친족에게 권력을 집중시켰고, 그 결과 반란이 일어나 수도 장안이 함락되었습니다. 이는 군주의 사사로운 애정이 국정을 얼마나 위태롭게 할 수 있는지를 상징적으로 보여줍니다.

사마광은 황제와 신하의 관계, 환관과 외척의 전횡, 제도 개혁의 성공과 실패, 전쟁과 외교의 명암을 통합적으로 분석했습니다. 단순히 유교 윤리를 강조한 것이 아니라, 제도 설계와 법령 운영, 군사 전략과 민심 관리 등 실제 통치 기술을 입체적으로 제시했습니다.

오늘날에도《자치통감》은 매우 유의미한 책입니다. 기업의 경영자, 공직 사회의 관리자, 시민 교육자에게 권력의 분산과 집중, 조직 내 인재 관리, 제도와 문화의 상호작용 등 현대 사회가 직면한 문제들에 대해 깊은 통찰을 제공합니다.

우리 청년들에게 이 책을 권하는 이유는 단순히 과거를 공부하라는 것이 아니라, 인간과 권력, 제도와 공동체에 대해 철학적 성찰을 배워보길 바라는 마음 때문입니다. "역사는 거울이다. 과거를 보면 다가올 일을 알 수 있다"란 사마광의 말처럼,《자치통감》은 오늘날에도 여전히 가장 생생한 현실의 교과서입니다.

'문명국가'로서의 중국이란

《하버드대학 중국 특강(The China Questions)》은 하버드대학교 중국연구소의 대표 학자들이 집필에 참여한 교양강의서로, 중국을 단편적이 아니라 역사·정치·외교·철학·문화 전반에 걸쳐 종합적으로 이해하도록 돕습니다. 각 장은 해당 분야의 권위자가 강의한 내용을 바탕으로 구성되어 있으며, 서구적 시각과 객관적 분석, 동양문화에 대한 존중이 균형 있게 어우러져 있습니다.

《하버드대학 중국 특강》은 '중국을 알지 않고는 21세기를 이해할 수 없다'란 문제의식 아래, 중국의 정치 시스템, 유교와 법가의 사상 전통, 제국과 공산당의 연속성, 글로벌 패권 전략, 기술 굴기 그리고 미·중 관계까지 폭넓게 다룹니다. 중국이 세계에 어떤 방식으로 영향력을 미치는지에 대한 입체적인 분석입니다.

이 책은 중국을 단순한 근대 국민국가가 아니라, '문명국가(civilization state)'로 이해해야 한다는 시각에서 출발합니다. 중국은 2천 년 이상의 통일된 제국을 이끌어온 경험과 '중화'라는 개념을 만들어 자신을 서구와는 다른 독자적인 정치·문화적 체계라고 주장해왔습니다.

하버드대학교 중국연구소 교수진은 먼저 중국의 정치 체제를 살피고, 공산당 일당 체제가 단지 억압적 독재가 아니라, 국민에 대한 물질적 보상과 민족주의적 동원을 통해 일정한 정당성을 유지하고 있다는 점에 주목했습니다. 덩샤오핑 이후 시장경제를 부분 수용하면서도 권위주의를 유지해온 중국은, 시진핑 체제하에서 '중앙집권 강화, 디지털 감시 시스템, '이념의 재동원(중국 공산당이 경제 성과만으로 정당성을 유지하기보다, 사회주의와 민족주의 이념도 강하게 호소해 국민을 결집시키려는 정책적 시도)'이라는 새로운 통치 모델을 구축했습니다. 사회신용시스템, 인공지능 감시, 당-국가 체계의 일원화 등이 그 대표 사례입니다. 이런 통치 모델은 단지 내부 통제를 넘어서, 국제사회에서의 경쟁력 제고라는 전략적 계산도 담고 있습니다.

사상적으로 중국은 유교·법가·도가의 전통을 동시에 활용했습니다. 유교는 도덕과 질서를, 법가는 통제와 규율을, 도가는 자연과 유연함을 강조하는데, 중국의 통치자는 이 세 가지를 상황에 따라 전략적으로 활용하는 '복합사상 실용주의' 전통을 이어오고 있습니다. 특히 현대 중국은 유교적 권위와 법가적 통치를 결합한 구조를 바탕으로 '통일과 안정'을 최고 가치로 설정하며 정책을 추진합니다. 중국 지도자들은 종종 유교의 이상주의와 법가의 현실주의를 결합해 강력한 정치적 명분과 실질적 통치를 동시에 확보하려 합니다.

경제 전략 측면에서는 '일대일로(一帶一路)' '제조2025' '디지털 위안화' '기술자립' 같은 키워드를 중심으로 세계 질서 내 영향력 확대를 추진하고 있습니다. 일대일로는 단순한 인프라 수출이 아니라 새로운 국제 질서를 창출하려는 시도이며, 디지털 위안화는 달러 중심의 통화 질서에 도전하려는 전략적 포석입니다. 이러한 정책은 서구의 팽창주의와는 다르게 문명국가로서의 자부심과 주변 질서 재편을 이룩하고자 하는 깊은 역사의식에서 비롯된다고 책은 분석하고 있습니다. '중화민족의 위대한 부흥'이라는 국가 프로젝트는 과거의 수모(아편전쟁, 분할지배 등)에 대한 역사적 복원을 목표로 합니다.

외교적으로는 미국과의 관계가 핵심입니다. 책에서는 미·중 관계를 단순한 패권 전쟁이 아니라, 상이한 체제와 문명 모델 간의 경쟁으로 보았습니다. 미국은 개인의 자유와 보편적 권리를 중시하는 자유주의 모델인 반면, 중국은 집단의 안정과 역사적 정통성을 중시하는 문명국가 모델입니다. 하버드대학교의 교수들은 이러한 차이가 갈등의 본질임을 지적하며, 이념 대결보다 현실 인식과 장기 전략이 중요하다고 제안합니다. 최근의 반도체 패권 경쟁, 기술 블로킹, 해양 패권 분쟁 등은 이러한 구조적 긴장을 더욱 구체화하고 있습니다.

문화적 측면에서도 이 책은 중국인의 행동양식, 가치관, 교육열, 가문 중심주의, 실용주의적 사고방식 등 사회심리학적 특성을 면밀히 다루고 있습니다. 특히 '외부에는 유연하지만 내부는 강직한 이중구조' '조화를

하버드대학 중국연구소, 《하버드대학 중국 특강》

중시하지만 갈등을 피하지 않는 정치기술' 등이 중국인의 장기적 전략 사고를 반영한다고 보았습니다. 또 중국은 '면자(面子)' 문화, 체면과 위신을 중시하는 심리, 간접화법과 관계 중심적 소통 방식 등에서 서구와 매우 다른 사회문화적 정체성을 유지하고 있으며, 이는 외교, 비즈니스, 정치 전반에 반영됩니다.

마지막으로 이 책은 외부 세계가 중국을 어떻게 바라볼 것인가에 대한 시사점도 보여줍니다. 단지 경계하거나 따라가기보다는 중국의 논리와 시스템을 정확히 이해하고 자국의 입장을 선제적으로 설계해야 한다는 것이 핵심 메시지입니다. 냉정한 이해는 곧 전략의 기초입니다.

한국 청년들은 이 책을 통해 중국이 어떻게 권위주의와 시장경제를 결합해 독특한 체제를 만들어왔는지를 이해할 필요가 있습니다. 이는 단순히 중국 내부를 아는 데 그치지 않고, 동아시아 국제질서 속에서 한국이 어떤 선택을 해야 하는지 고민하게 합니다. '권위와 자유' '국가의 힘과 개인의 삶'이라는 주제를 성찰하면서 민주주의의 가치를 어떻게 지켜야 할지, 또 중국과의 관계에서 어떤 전략적 태도가 필요한지를 배우는 계기가 될 것입니다.

한반도의 역사는 중국 대륙의 상황에 크게 영향을 받아왔습니다. 과거에는 중국이 안정되면 우리도 평안했고, 혼란스러우면 우리도 고통을 겪었습니다. 하지만 1949년 중화인민공화국 수립 이후 약 70여 년 동안은 전통적인 조공관계가 아닌 불완전하나마 대등한 관계가 형성되었습니다. 우리 청년은 이 역사적 맥락을 이해하며, 한중관계가 과거에 어떠했고 현재는 어떻게 달라졌으며 앞으로 어떤 방향으로 전개될지를 주의 깊게 관찰하는 시각을 가질 필요가 있습니다.

세상은 조금씩 나아지고 있다

우리는 매일같이 뉴스를 접하며 그 속에서 불안과 위기를 마주합니다. 전쟁, 불평등, 기후 위기, 혐오와 분열의 언어가 넘쳐나는 세상 속에서, 미래는 점점 더 어두워져 보입니다. 하지만 정말 그럴까요?

스티븐 핑커(Steven Pinker, 1954~   )의 《지금 다시 계몽(Enlightenment Now)》은 이 흔들리는 시대에 던지는 강력한 대답입니다. 그는 데이터와 역사적 사실을 통해, 인류가 지난 수세기 동안 어떻게 삶을 개선해 왔는지 차분히 보여줍니다. 기대수명, 교육, 자유, 인권, 과학의 발전 등 우리가 당연하게 누리는 것들 대부분은 오랜 계몽주의 정신─이성, 과학, 휴머니즘─의 결실이라는 것이지요.

스티븐 핑커는 하버드대학교 심리학 교수이자 인지과학자이며, 언어와 이성, 인간 본성에 관한 연구로 잘 알려진 대중 지식인입니다. 《지금 다시 계몽》은 그의 대표작 중 하나로, 독자들에게 현대 사회를 바라보는 관점을 재정립할 수 있도록 도와주는 책입니다.

스티븐 핑커는 《지금 다시 계몽》에서 '이성, 과학, 휴머니즘, 진보'라는 계몽주의의 네 가지 핵심 원칙이 인류의 삶을 실제로 개선시켜왔다는 점을 방대한 데이터 자료를 통해 입증합니다. 평균 수명, 유아 사망률, 교육 수준, 소득, 인권, 민주주의, 문해력 등 거의 모든 지표에서 지난 수 세기 동안 인류는 괄목할 만한 진보를 이루었습니다.

핑커는 특히 미디어가 전하는 부정적인 사건들로 형성된 대중의 인식과 실제 세계가 얼마나 괴리되어 있는지를 집중 조명합니다. 테러, 전쟁, 전염병, 빈곤 등은 뉴스의 주제가 되지만, 그 이면에는 폭력 감소, 빈곤 퇴치, 의료 발전, 평화 확대가 꾸준히 이루어지고 있다는 것입니다. 그는 이를 통해 완벽하진 않지만, 세상은 지금껏 가장 나아졌다고 단언하며, 이러한 진보가 우연이 아니라 계몽주의 덕분이라고 보았습니다. 문제를 이성과 과학으로 접근하고, 인류 전체를 도덕공동체로 여기는 휴머니즘이 사회 제도와 정책, 기술 발전의 토대가 되었기 때문입니다. 특히 계몽주의는 권위에 의존하지 않고 비판적 사고를 중시하며, 실험과 검증을 통해 오류를 줄이는 방식으로 사회를 개선해왔다고 주장합니다.

그렇지만 핑커는 계몽주의의 성과가 영원할 수는 없다고 경고합니다. 인터넷과 SNS로 인한 정보 왜곡, 대중 감정에 영합하는 정치, 포퓰리즘, 음모론의 확산은 합리성의 기반을 무너뜨릴 수 있다고 보았고, 인간의 심리에 내재된 '부정성 편향'과 '감정 중심적 반응'이 이를 더욱 강화한다고 분석합니다. 따라서 지금 시대야말로 계몽주의적 가치가 더욱 절실하다는 것입니다.

그는 기후 위기, 인공지능, 생명윤리, 권위주의의 부활 등 우리가 당면한 여러 도전에 대해 이성과 데이터, 협력과 공감에 기반한 해결책을 강조합니다. 이를 위해 교육, 언론, 정치, 시민사회가 계몽주의 원칙을 다시 회복해야 한다고도 말합니다. 즉, 과학적 사고력, 논리적 토론, 보편적 인권에 대한 존중을 회복하지 않으면 지금까지 이룬 진보는 쉽게 후퇴할 수 있다는 것이지요.

《지금 다시 계몽》은 단순한 낙관주의나 진보주의 선언이 아닙니다. 이책은 우리가 직면한 불안과 혼란 속에서 다시 이성과 인간 존엄성의 힘을 믿고, 그것을 바탕으로 미래를 설계하자는 강력한 제안입니다.

또 저자는 진보의 과정을 도표와 그래프로 시각화해 독자들이 '숫자의언어'로 세계를 바라보도록 유도합니다. 그는 인간의 직관이 체계적 오류에 빠지기 쉽다는 점을 들어, 의사결정에서도 정서적 판단보다는 통계적 분석이 더 바람직하다고 주장합니다.

각 장에 등장하는 방대한 통계 자료는 단순히 진보를 보여주는 수단이아니라, 사람의 직관과 감정이 얼마나 왜곡될 수 있는지를 보여주는 핵심 근거입니다. 또한, '합리성의 퇴보'에 대한 경고는 오늘날의 미디어 환경과 SNS 시대 속을 살아가는 우리 모두에게 중요한 경각심을 줍니다.

책 후반에서는 기술과 진보에 대한 맹목적 낙관주의와 지나친 기술혐오 사이에서 균형을 잡으려는 시도도 보입니다. 그는 기술이 반드시 윤리와 함께 가야 한다고 강조하며, 과학자뿐 아니라 일반 시민도 과학적 소양과 비판적 사고를 가져야 한다고 말합니다. 계몽주의는 소수 엘리트의 사상이 아니라 시민사회 전체가 공유해야 할 삶의 철학이라는 것입니다.

이 책은 오늘날 청년들에게 '비판하되 냉소하지 말라'는 태도를 가르쳐 줍니다. 세상은 분명 불완전하지만, 더 나아질 수 있다는 믿음과 실천의지가 중요하지요. 특히 과학과 이성을 통해 사회를 바꿔온 사례들은 미래를 만들어갈 청년들에게 더 넓은 시야와 희망을 선물할 것입니다.

위대한 제국은 내부의 타락으로 무너진다

《로마제국쇠망사(The History of the Decline and Fall of the Roman Empire)》
는 영국의 역사가인 에드워드 기번(Edward Gibbon, 1737~1794)이 쓴 역
사서로, 로마가 어떻게 시작해서 왜 무너졌는지를 인간 사회와 정치, 도
덕적 요인까지 연결해 설명한 책입니다. 이 책은 1776년부터 1788년까
지 12년 동안 출간된 전 6권의 방대한 역사서로, 서기 98년부터 1453년
까지 로마의 전성기부터 동로마 제국의 몰락까지 다루었습니다.

에드워드 기번은 18세기 영국의 역사가이자 철학자로, 계몽주의 시대
를 대표하는 학자 중 한 사람입니다. 그는 정교하고 풍부한 문장력, 방
대한 사료 해석 그리고 종교·정치·도덕을 통합한 문명 비평으로 역사
서술의 새로운 기준을 세웠습니다. 그의 대표작인 《로마제국쇠망사》는
서양 문명의 전환기(로마에서 중세로의 이행)를 장엄하게 그려낸 세계사적
고전입니다. 이 책은 단순한 연대기나 사건 나열을 넘어, 문명의 몰락 원
인을 철학적으로 성찰하며 '왜 위대한 제국은 무너졌는가'란 질문을 후
세에 던집니다.

저자는 로마 제국의 황금기를 아우구스투스에서 마르쿠스 아우렐리우스까지로 보았습니다. 이 시기 로마는 정치와 군사, 경제, 법률, 문화 등 모든 측면에서 안정과 번영을 누렸으며, 도로망과 상수도, 법률 체계와 행정 제도는 오늘날에도 영향을 줄 정도로 정교하게 설계되었습니다. 이는 제국의 통일성과 질서를 유지하는 데 기여했습니다. 하지만 겉으로 보이는 찬란함 이면에는 권력의 세습과 부의 편중, 시민 참여의 약화 등 내부 균열이 서서히 퍼지고 있었습니다. 기번은 이 시대를 문명의 정점이자 동시에 몰락의 전조로 파악했습니다.

3세기에 들어서면서 로마는 군인 황제 시대를 맞이합니다. 각지의 군단이 자신들의 사령관을 황제로 옹립하며 반란과 암살이 이어졌고, 황제의 수명은 갈수록 짧아졌습니다. 제국은 안정된 통치보다 군사력과 공포에 의존하게 되었고, 국경 방어는 소홀해졌고 경제는 인플레이션과 과세로 피폐해졌습니다. 병사들에게 급여를 약속하며 포퓰리즘 정권을 유지한 황제들은 제국의 자산을 탕진했고, 행정 기강은 무너졌습니다. 기번은 이러한 내부 불안정이 제국의 회복력을 잠식했다고 진단합니다.

기독교의 확산은 로마의 정신적 기반에 큰 변화를 일으켰습니다. 기번은 기독교가 개인의 구원과 내면의 경건을 강조하면서 공공의 덕성과 정치적 책임을 약화시켰다고 보았습니다. 신앙은 황제 숭배를 거부하게 만들었고, 군 복무나 세금 납부의 회피로 이어지기도 했습니다. 또한 기독교 공동체는 로마의 전통적인 가치와 충돌하며 내부 긴장을 키웠습니다. 물론 이는 계몽주의 시기의 시각이며, 기독교 자체가 쇠망의 주된 원인은 아니었으나 문명의 전환점이 된 것은 분명합니다.

게르만족, 반달족, 훈족 등 이민족의 대이동은 로마에 물리적 타격을 주었습니다. 이들은 국경을 넘어 로마 영토 안에 자신들의 공동체를 형성했고, 황제는 이를 통제하지 못했습니다. 갈리아, 히스파니아, 아프리카 북부는 점차 로마의 통제에서 벗어났고, 서로마 제국은 476년 결국 서고트족 장군 오도아케르에 의해 패망합니다. 기번은 이 사건을 단순한 침입이 아닌, 로마가 스스로 정체성과 제도적 통합을 상실한 결과로 해석했습니다.

동로마 제국은 비잔틴이라는 이름으로 천년 가까이 유지했으나, 이는 고대 로마의 연장이 아니라 헬레니즘과 기독교 문화가 융합된 새로운 문명이었습니다. 내부에서는 종교 분열과 관료주의의 부패가 심화되었고, 겉으로는 십자군의 침탈과 오스만투르크의 위협이 가중되었습니다. 1453년, 메흐메트 2세가 이끄는 오스만군이 콘스탄티노플을 함락하면서 동로마 제국은 역사에서 사라졌습니다. 기번은 이 순간을 문명의 상징적 종말로 보았습니다.

에드워드 기번은 로마의 쇠망이 단순한 세력 다툼이나 외부 침입 때문이 아니라 시민의 도덕과 공공의식이 무너졌기 때문이라고 결론짓습니다. 그는 문명의 운명은 제도와 군사력보다 그것을 구성하는 개인들의 품성과 책임에 달려 있다고 강조합니다. 역사는 과거를 기리는 수단이 아니라, 오늘의 삶을 성찰하고 내일을 준비하기 위한 도구라는 그의 통찰은 오늘날에도 유효합니다.

《로마제국쇠망사》는 문명이 왜 무너지는지를 잘 보여줍니다. 시민정신, 공공의 덕, 제도의 정당성이 무너지면 어떤 강력한 국가라도 붕괴할 수 있습니다. 이 책은 로마의 역사를 통해 오늘날 우리 청년에게 물질적 성공 외에 도덕과 책임, 공동체를 생각하는 지도자적 자세가 필요하다는 교훈을 줍니다.

에드워드 기번, 《로마제국쇠망사》

동양과 서양은 왜 다르게 사고하는가

리처드 니스벳(Richard E. Nisbett, 1941~2023)의 《생각의 지도(The Geography of Thought)》는 동양과 서양 사람들의 사고방식 차이를 비교, 분석 연구한 책입니다. 니스벳은 오랫동안 문화심리학을 연구하면서, 개인 차이가 아니라 문화적 전통으로 인해 세계를 인식하는 방식의 개인 차이가 생긴다고 밝혀왔습니다.

그는 미국 미시간대학교 심리학과 교수로, 인지심리학과 문화심리학의 선구자 중 한 명입니다. 그는 사람들이 어떻게 생각하고 추론하며 판단하는지를 문화 간 비교를 통해 연구해왔으며, 특히 동서양 사람들의 사고방식이 어떻게 다른지에 대해 독창적인 실험과 이론을 제시해왔습니다. 《생각의 지도》는 그의 대표작으로 심리학과 철학, 역사, 인류학을 넘나드는 융합적 사고의 집대성으로 평가받습니다.

저자는 동양인은 '전체적이고 맥락 중심적인 사고'를, 서양인은 '분석적이고 대상 중심적인 사고'를 한다고 구분하며, 이 차이의 뿌리로 고대 문명에 대해 이야기합니다. 그는 고대 그리스와 중국 문명의 철학과 문화, 교육체계를 비교하며 그 차이를 밝힙니다. 그리스는 논리와 추상화, 범주화에 기반한 철학 전통을 형성했고, 개인의 자율성과 분석적 탐구를 중요시했습니다. 이에 비해 중국은 조화, 관계성, 현실적 실용성을 중시한 유교 및 도가 사상에 뿌리를 두고 있으며, 변화하는 세계에 유연하게 대응하는 방식을 선호했습니다.

그 결과, 서양인은 대상을 분리하여 분석하고 원인과 결과를 선형적으로 파악하는 경향이 강한 반면, 동양인은 사물 간의 관계와 상호작용을 중시하고, 상황의 맥락을 파악하는 경향을 보입니다. 예를 들어 실험에서 동양 참가자는 수족관 그림을 본 뒤 배경의 해초, 작은 물고기, 흐름 등을 상세히 기억한 반면, 서양 참가자는 눈에 띄는 큰 물고기를 중심으로 설명했습니다.

또한 법과 사회, 교육의 구조에서도 이러한 차이는 뚜렷하게 나타납니다. 미국의 법정은 사실과 증거 중심, 개인 책임에 초점을 두지만, 한국이나 중국의 문화에서는 행위의 맥락이나 집단 간 관계를 함께 고려하는 경향이 있습니다. 이러한 사고방식의 차이는 범죄 원인을 해석하거나 교육에서 문제를 해결하는 방식에도 영향을 미칩니다.

니스벳은 이러한 문화적 사고방식이 생물학적 본능이 아니라 교육과 사회화를 통해 형성된 것이라고 보았습니다. 그는 미래 사회에서는 동서양의 사고를 통합하는 인지적 융합이 필요하며, 청년들에게 두 문화권의 사고를 유연하게 넘나들 수 있는 사고력과 비판적 사고 그리고 문

리처드 니스벳, 《생각의 지도》

화 간 이해 능력을 길러야 한다고 제안합니다.

동양인의 사고방식은 다차원적이고 유연한 방식으로 복잡한 현실을 이해하는 데 강점을 가지며, 특히 공동체적 조화, 감정 조절, 맥락 이해와 같은 측면에서 높은 성과를 보입니다. 이에 반해 서양식 사고는 논리적 정합성과 과학적 분석, 체계적 문제 해결 능력에서 탁월함을 드러냅니다. 니스벳은 이 두 가지 사고방식이 각기 다른 상황에서 장단점을 가지며, 서로를 보완할 수 있다고 보았습니다.

이러한 연구는 글로벌시대에 매우 중요한 의미를 갖습니다. 다양한 문화권과 교류하는 현대 사회에서, 단일한 사고방식만으로는 복잡한 문제를 해결할 수 없습니다. 우리는 동양의 '관계 중심 사고'와 서양의 '분석 중심 사고'를 균형 있게 수용함으로써, 보다 입체적이고 통합적인 문제 해결 역량을 키울 수 있습니다.

문화적 인지 차이는 단순한 사고방식 차이에 그치지 않습니다. 이는 정치적 견해, 윤리적 판단, 심지어 감정 표현 방식에도 영향을 미칩니다. 예컨대 동양권에서는 타인의 감정을 고려하며 간접적으로 표현하는 경향이 강하지만, 서양에서는 직접적이고 명료한 의사소통이 미덕으로 여겨집니다. 이로 인해 다문화 환경에서는 종종 의사소통의 오해가 발생하고, 이는 조직 내 갈등이나 사회적 편견으로 이어지기도 합니다.

또 이 책은 동서양의 사고방식을 단순 비교하거나 어느 것이 우월하다는 등의 서열화 시도를 경계합니다. 니스벳은 어느 쪽이 더 옳거나 논리적이라고 주장하는 것이 아니라, 서로 다른 환경과 역사 속에서 각기 유용하게 진화한 방식임을 강조합니다. 그는 독자에게 이러한 차이를 이해하고, 상대의 입장에서 생각해보는 습관을 기를 것을 권합니다. 이는 곧 글로벌 시대의 시민으로서 갖추어야 할 핵심 자질이며, 갈등을 해결하고 협력을 증진하는 데 기여하는 태도이기도 합니다.

리처드 니스벳, 《생각의 지도》

바람의 방향을 읽는 사람

: 철학, 정치, 국가, 경제적 사유력

사회, 정치, 경제 구조를 이해한다는 것은

단순한 지식을 넘어

'세상을 읽어내는 사고력'을 의미합니다.

여기서는 사회철학, 정치학, 경제사상, 과학적 사고를 확장시키는

이론서를 묶었습니다.

판단력과 통찰력이라는 기초체력을 길러주는 영양소 같은 책들입니다.

내가 원하는 자유는 무엇인가

'자유주의'란 말을 들으면 어떤 느낌이 드시나요? 경제학 책 같고, 정치인들이 토론에서 툭툭 내뱉는 말처럼 들릴지도 모르겠습니다. 괜히 어렵게도 들리고요. 하지만 '자유'는 가장 강력한 단어 중 하나입니다. 우리는 매일 '자유롭고 싶다'고 말하지요. 누군가는 학업과 진로에서, 누군가는 관계와 감정에서, 또 누군가는 시간과 공간에서 자유를 꿈꿉니다. 그런데 '자유'라는 게 대체 무엇이기에 이렇게 절실할까요? 그 자유를 지키기 위해 싸워온 사람들이 수백 년 전부터 있었고, 그들이 만든 생각의 체계가 바로 '자유주의'입니다.

노명식(1923~2012) 교수의 《자유주의의 역사》는 단순히 한 정치사상의 연대기를 소개한 책이 아닙니다. 이 책은 인간이 자유를 어떻게 이해했고, 그 자유를 사회와 제도로 어떻게 연결하려 했는지를 보여주는 긴 여정의 지도입니다.

이 책을 통해 우리는 '내가 왜 자유를 원하고, 어떤 자유를 말하는가?'를 되묻게 될 겁니다. 그리고 아마 알게 될 것입니다. 우리가 오늘 자유를 누릴 수 있는 이유는 그 자유를 원하고 믿었던 이들의 오래된 선택과 사고의 역사 덕분이라는 것을요.

저자인 노명식은 서울대학교 사학과를 졸업하고, 경희대학교에서 박사학위를 받은 뒤 경북대학교, 성균관대학교, 한림대학교 등에서 서양사와 사상사를 강의했고, 1992년《자유주의의 원리와 역사》로 한국출판문화상 저작상을 수상한 대표적인 서양사학자입니다. 그는 프랑스 정치사와 자유주의 사상사에 정통했으며,《자유주의의 역사》는 자유주의의 철학적 기반과 전개 과정을 체계적으로 정리한 명저입니다.

이 책은 자유주의가 역사 속에서 어떻게 태동하고 확산되었으며, 어떤 가치를 가지고 있고, 현대에 이르러 어떤 도전과 비판 속에서 재구성되었는지를 열두 장에 걸쳐 깊이 있게 서술하고 있습니다.

자유주의는 오늘날 우리가 '자유'라고 부르는 생각의 뿌리입니다. 하지만 이 '자유'는 한순간에 생긴 게 아니라, 수백 년 동안 사람들의 생각과 싸움 속에서 다듬어져 왔습니다. 이 책은 그 서양 자유주의 역사의 긴 여정을 따라가며, 자유라는 가치가 어떻게 세상 속에서 자리를 잡았는지 차근차근 보여줍니다.

처음에 사람들은 신과 국가에서 독립하려는 시도를 시작했고, 점차 개인의 권리와 자유를 주장하는 목소리가 커졌습니다. 종교개혁, 시민혁명 그리고 산업혁명 같은 큰 사건들이 자유주의를 구체화하고 발전시키는 계기가 되었습니다.

시간이 흐르면서 자유주의는 여러 갈래로 나뉘고, 경제적 자유와 사회적 평등 사이에서 균형을 찾으려 애쓰며 다양한 논쟁을 겪었습니다. 20세기를 거쳐 오늘날에 이르러서는 양차 세계대전을 겪으며 개인의 자유뿐 아니라 공동체와 복지, 정의에 대한 고민까지 포함하며 끊임없이 변화하고 있습니다.

《자유주의의 역사》는 단순히 어려운 철학자들의 말을 늘어놓는 책이 아닙니다. 이 책은 '자유'라는 가치가 어떻게 시대마다 다른 방식으로 이해되고 실천되었는지를, 살아 있는 이야기처럼 들려줍니다.

우리가 당연하게 여기는 권리와 자유가 언제, 왜, 어떤 고민 끝에 등장했는지, 또 그것이 어떻게 사회를 바꿔왔는지를 따라가다 보면, 자유가 더는 막연한 말이 아니라 내 삶과 연결된 현실로 다가옵니다.

자유주의는 단순히 '나 하고 싶은 대로 하겠다'란 뜻이 아니며, 그 속에 자율과 책임, 이성과 관용, 개인과 공동체 사이의 균형을 꾸준히 고민해 온 사상입니다. 그래서 지금처럼 변화가 빠르고 불확실한 시대에도 자유주의가 여전히 살아 있고, 또 계속해서 물음을 던질 수 있습니다. 자유가 무엇인지 막연하게 느껴질 때, 혹은 그 의미를 다시 생각해보고 싶을 때, 이 책은 좋은 길잡이가 되어줄 것입니다. 또 우리 시대 자유의 의미를 깊이 이해하고 싶은 사람들에게 꼭 필요한 안내서가 되어줄 것입니다.

창조적 파괴는 자본주의의 본질

어느 날, 우리가 당연하다고 여긴 세계가 조용히 해체되기 시작한다면 당신은 가장 먼저 무엇을 의심할까요? 정치? 경제? 아니면 인간 그 자체?

우리는 자본주의 사회에 살고 있습니다. 하지만 자본주의가 '영원한 체제'라곤 누구도 장담하지 못합니다. 특히 요즘처럼 세계 곳곳에서 불평등과 불신, 무기력이 퍼지고 있을 때는 더 그렇습니다. 그런데 20세기 초반 한 경제학자는 이미 이런 변화를 예견했습니다. 그것도 자본주의를 찬양하거나 비판하기 위해서가 아니라, 차분하고 냉정하게 그 '진화'를 추적하기 위해서였습니다. 그가 바로 요제프 슘페터(Joseph Alois Schumpeter, 1883~1950)입니다.

요제프 슘페터는 오스트리아 출신의 경제학자이며, 하버드대학교가 자랑하는 교수 중 한 사람입니다. 그는 자본주의의 역동성과 불안정성 그리고 경제 발전에서 기업가의 역할을 강조한 대표적 사상가입니다. 마르크스를 존중하면서도 비판적으로 분석했고, 자본주의는 스스로 파괴되는 내재적 운명을 지니고 있으며, 이 과정에서 사회주의로의 이행 가능성이 있다고 하기도 했습니다. 그는 자본주의의 '창조적 파괴' 개념을 제시하며, 현대 경제학과 경영학에 지대한 영향을 끼쳤습니다.

요제프 슘페터는《자본주의 사회주의 민주주의(Capitalism, Socialism and Democracy)》에서 자본주의의 미래와 운명 그리고 그 대안으로서의 사회주의 가능성, 민주주의의 본질에 대해 고찰했습니다. 1942년에 출간된 이 책은 당시 지식계에서 마르크스주의가 영향력을 확장하는 가운데, 자본주의를 옹호하며 마르크스 이론을 정면으로 비판했습니다.
초반부에 그는 마르크스를 '위대한 사상가'로 인정하면서도 마르크스의 예측이 경제적 결정론에 치우쳐 있고, 자본주의가 단순히 프롤레타리아 혁명으로 종결된다고 본 것은 지나치게 기계론적이라고 지적합니다. 그에 따르면 자본주의는 일정한 내적 논리에 의해 지속적으로 변형되고 진화합니다.

"오래된 산업 구조를 해체하고, 새로운 구조를 만들어내는 자본주의의 본질적 과정이 창조적 파괴다." 창조적 파괴 개념은 오늘날까지도 기업 혁신, 기술 발전, 경제 순환을 설명하는 핵심 이론으로 받아들여지고 있습니다. 슘페터는 자본주의 체제의 장점이 바로 이 '끊임없는 혁신과 변화'에 있다고 보았습니다. 하지만 역설적으로 자본주의는 그 혁신의 힘으로 인해 스스로를 파괴할 가능성도 내포하고 있습니다. 관료화와 기업의 대형화, 기업가 정신의 쇠퇴, 지식 계급의 비판 등은 자본주의가 내부로부터 균열을 일으키는 요인으로 설명됩니다.

이런 논의는 자본주의 체제가 단순히 외부의 공격이나 계급투쟁에 의해서가 아니라 그 자체의 성숙 과정에서 약화될 수 있음을 보여줍니다. 슘페터는 이것이 사회주의로의 이행 가능성을 높인다고 진단하지만, 마르크스처럼 혁명을 통한 이행이 아니라 점진적 관료화나 국가 개입 확대를 통해 일어날 일이라고 보았습니다. 소득 수준이 높아지고 직업 선택의 자유가 커짐에 따라 많은 사람은 결혼 자체를 기피하거나 결혼을 하더라도 자녀를 갖지 않으려는 경향을 보일 것이며, 그 결과 중산층의 구조가 점차 약화되고 다음 세대로의 가치 전달은 느슨해진다는 것이 그의 견해입니다. 이런 견해는 자본주의적 번영이 오히려 사회의 지속성을 해치는 방향으로 작동할 수 있음을 경고하며, 오늘날의 저출산·가치 해체 현상을 정확히 예견한 대목입니다.

또한 슘페터는 노동력 구성의 불균형이라는 보다 심층적인 문제도 정확히 지적했습니다. 정상적인 노동자를 꾸준히 훈련해야 할 필요는, 정상 이하의 노동자를 다뤄야 할 필요성과 밀접히 연관되어 있다고 말합니다. 정상 이하의 노동자란 몇몇 병리적 사례를 말하는 것이 아니라 전체 인구의 25퍼센트 정도를 차지하는 상당한 수의 사람들을 의미합니다. 이는 그들의 도덕이나 의지의 결함이 아니라, 인간 본성의 다양성으로 발생하는 문제입니다. 그래서 이들은 자본주의하에서도 그리고 사회주의하에서도 사라지지 않을 것이며, 규율이나 교화로 다스려지지 않고, 그 자체로 인류의 지속적인 과제로 남는다고 합니다.

민주주의에 대한 슘페터의 '절차적 정의'는 오늘날 시민 교육의 중요성을 다시 생각하게 합니다. 그는 민주주의가 단순한 이상이 아니라, 제도와 규칙을 통한 합리적인 경쟁의 장이라고 보았습니다. 이는 오늘날 정치적 혐오와 음모론, 극단주의가 번지는 상황에서, 민주주의의 제도적 토대와 시민 역량을 동시에 강화해야 함을 시사합니다.

이 책은 자본주의의 진화, 사회주의의 가능성, 민주주의의 구조를 입체적으로 연결해 분석한 명저입니다. 슘페터는 마르크스를 뛰어넘는 이론적 통찰과 실증적 태도로, 오늘날의 경제·정치 논쟁에까지 영향을 미치는 이론적 틀을 제공했습니다.

슘페터가 예견한 대로, 오늘날의 자본주의는 창조적 파괴의 에너지가 점차 위축되고 있습니다. 스타트업과 혁신보다는 대기업 중심의 관료화와 독점이 강화되고 있으며, 이는 기술 혁신보다 기존 질서의 유지에 더 많은 자원이 집중되는 결과를 낳고 있습니다. 특히 플랫폼 자본주의, 인공지능, 자동화 등은 '파괴'의 속도는 높이지만, '창조'의 범위를 제한하며 양극화를 심화시키고 있습니다. 슘페터는 이러한 방향을 예견하고 자본주의의 자기파괴적 경향을 경고한 셈입니다.

《자본주의 사회주의 민주주의》는 제목만 보면 마치 하나를 선택해야 할 것처럼 느껴지지만, 실제로는 이 세 가지가 어떻게 서로 얽히고 충돌하고 영향을 주며 인간 세상과 시대를 움직였는지를 보여주는 지적인 드라마입니다.

요제프 슘페터, 《자본주의 사회주의 민주주의》

이 책은 단순한 경제 이론서가 아니라 인간의 욕망, 사회의 변화, 권력의 메커니즘 그리고 문명이 지속되기 위한 조건에 대한 깊은 질문을 던지는 사유의 여정입니다.

행복은 품성과 태도에 달려 있다

아리스토텔레스(Aristotélēs, BC. 384~BC. 322)는 고대 그리스 철학의 거장으로, 플라톤의 제자이자 알렉산드로스 대왕의 스승이었습니다. 철학, 윤리학, 정치학, 논리학, 자연과학 등 광범위한 분야에서 업적을 남겼으며, 서양 학문의 뿌리를 세운 인물로 평가받습니다. 그의 사상은 이후 중세 스콜라 철학과 근대 학문에도 지대한 영향을 미쳤으며, 《니코마코스 윤리학(Ethika Nikomacheia)》은 인간 삶의 목적과 덕의 본질을 다룬 대표 저술로, 인간이 어떻게 살아야 하는가에 대한 실천적 지혜를 담고 있습니다.

《니코마코스 윤리학》의 핵심 주제는 '인간 삶의 궁극적인 목적은 행복이며, 행복은 덕의 실천을 통해 이루어진다'란 것입니다. 아리스토텔레스는 행복을 단순한 쾌락이나 감정적 만족이 아닌, 이성적 활동으로 덕이 완성된 상태라고 정의했습니다.

아리스토텔레스는 인간의 모든 행위가 어떤 목적을 지향한다고 말합니다. 돈을 버는 것은 생계를 위한 것이고, 명예를 추구하는 것은 존경받기 위해서입니다. 하지만 이러한 목적들 위에는 다른 것에 의해 추구되지 않는 최종적인 목적이 존재하는데, 그것이 바로 '행복'입니다. 그는 행복을 "탁월한 덕을 갖춘 인간이 일생 동안 이성에 따라 살아가는 상태"라고 정의했습니다. 즉 행복은 순간적인 기분이 아니라, 평생에 걸친 삶의 방식입니다.

그렇다면 행복에 이르는 길은 무엇일까요? 아리스토텔레스는 그것을 덕의 실천에서 찾았습니다. 덕은 크게 두 가지로 구분됩니다.

지적인 덕: 교육과 학습으로 습득되는 지혜, 이해력, 판단력.
도덕적 덕: 습관을 통해 형성되는 성품으로 용기, 절제, 관대함, 정의 등.

특히 도덕적인 덕은 '중용(中庸, the golden mean)'의 원리에 의해 설명됩니다. 중용이란 극단을 피하고 균형을 찾는 것으로, 예컨대 용기는 무모함과 비겁함 사이의 중용이며, 절제는 쾌락에 빠짐과 지나친 금욕 사이의 중용입니다. 그는 덕이 본래부터 타고나는 것이 아니라 반복적인 행동과 습관을 통해 길러진다고 강조합니다. 즉, 행동이 쌓여 성품을 만들고, 성품이 인생을 결정하게 됩니다.

또 아리스토텔레스는 인간이 사회적 존재(정치적 동물)라는 점을 강조합니다. 행복은 혼자만의 성취가 아니라, 공동체 속에서 정의와 우정을 실천할 때 완성됩니다. 그는 '우정(philia)'을 단순한 친분 이상의 것으로 보았습니다. 진정한 우정은 선한 목적을 공유하며 함께 덕을 추구하는 관계로, 개인적인 행복뿐 아니라 사회적 정의를 세우는 기반이 됩니다. 오늘날 청년들이 경쟁과 고립 속에서 살아가고 있을 때, 아리스토텔레스의 '우정' 사상은 사회적 연대와 협력의 가치를 일깨웁니다.

또한 그는 단순한 이론이 아닌 '실천적 지혜(phronēsis)'를 중시했습니다. 실천적 지혜란 구체적 상황에서 옳은 판단을 내리는 능력으로, 지식만으로는 부족하고 실제 삶 속에서 덕을 실천할 때 길러집니다. 이는 청년들에게도 중요한 메시지입니다. 시험 성적이나 스펙보다 실제 삶에서 타인과 어떻게 관계 맺고 공동체에 어떤 기여를 하는지가 결국 자신의 행복을 결정한다는 것입니다.

이 사상은 21세기 한국 청년들에게 살아 있는 교훈을 줍니다. 치열한 경쟁 사회에서 행복을 성취와 동일시하기 쉽지만, 아리스토텔레스는 행복이란 외적 조건이 아니라 내적 성품과 삶의 태도에 달려 있음을 가르칩니다. 즉, 안정적인 일자리나 경제적 풍요가 중요하더라도 그것만으로 행복은 완성되지 않습니다. 중요한 것은 자신의 삶을 덕에 맞게 조율하고, 습관 속에서 올바른 성품을 기르는 것입니다.

오늘날 청년들은 불안정한 사회 구조 속에서 미래에 대한 불확실성을 안고 살아갑니다. 하지만 《니코마코스 윤리학》은 이렇게 말합니다. "진정한 행복은 외부 상황이 아니라 당신이 어떤 사람으로 살아가느냐에

아리스토텔레스, 《니코마코스 윤리학》

달려 있다." 이는 청년들에게 현실의 어려움을 넘어 자기 내면의 방향성을 세우라는 강력한 주문입니다. 또한 경쟁적이고 개인주의적인 환경에서 타인을 협력자로, 친구로 대하는 우정은 한국 사회의 공동체 회복을 위해서도 절실합니다.

《니코마코스 윤리학》이 청년들에게 주는 세 가지 큰 메시지를 정리해보았습니다.

① 습관이 곧 인생을 만든다. 순간의 선택과 반복이 당신의 성품을 빚고, 그것이 곧 당신의 운명이 된다.
② 중용의 지혜. 극단과 편향을 피하고 균형 잡힌 삶을 추구할 때 비로소 인간답게 살 수 있다.
③ 공동체적 행복. 혼자가 아니라 함께 살아갈 때 비로소 인간은 온전히 행복해진다.

그리고 더욱 흥미로운 점은, 아리스토텔레스가 그리스에서 중용을 강조하던 바로 그 시기, 동양에서는 공자의 손자인 자사가 《중용》을 집대성했다는 사실입니다. 서로 교통도 통하지 않고 전혀 왕래가 없던 시대에, 동서양이 동시에 '중용'이라는 동일한 지혜에 도달했다는 것은 우연을 넘어서 신기한 일입니다. 이는 인류가 보편적으로 도달하는 진리의 세계가 존재함을 보여주는 증거입니다.

진리란 이름으로 벌어진 기만

지적인 권위를 향한 맹목적인 존경은 때때로 우리를 어리석음으로 이 끕니다. 시대를 이끈 사상가들이라 불리는 철학가들, 그들은 과연 진 리를 밝혔을까요? 아니면 혼란을 조장했을까요? 로저 스크루턴(Roger Scruton, 1944~2020)은 이 책에서 우리가 위대한 철학자라 믿어온 인물 들의 사상을 정면으로 해부하며 묻습니다. 정말로 그들은 우리가 따라 야 할 정신의 등불이었는지를요.

로저 스크루턴은 영국의 보수주의 철학자이자 공공지식인으로, 정치철 학과 미학, 문화비평 분야에서 활약한 대표적인 지성입니다. 그는 좌파 철학에 대한 비판적 관점과 보수주의 철학의 방어로 논쟁적 위치에 서 있었으며,《현대 철학 강의》《인간의 본질》《하룻밤에 읽는 보수의 역 사》등 다수의 저작을 남겼습니다.

그가 쓴《우리를 속인 세기의 철학가들(Fools, Frauds and Firebrands)》은 현대 사상의 주류를 이룬 철학자들의 사유가 어떻게 서구 사회를 해체와 허무로 이끌었는지를 비판적으로 추적합니다.

또한 20세기 이후 서구 사회를 지배한 철학자들의 사유가 진리와 도덕, 공동체에 대한 믿음을 파괴했다고 진단합니다. 마르크스, 니체, 프로이트, 사르트르, 알튀세르, 푸코, 데리다 등은 인간을 주체적인 존재가 아닌 구조나 권력의 산물로 환원시켰고, 전통적 가치와 인간 존엄의 기반을 허물었다고 주장합니다. 스크루턴은 진정한 철학이란 허무의 언어가 아니라, 인간 삶의 고귀함과 공동체 질서를 세우는 작업이어야 한다고 말합니다.

저자는 현대 사상의 중심에 선 철학자들이 진리 대신 권력과 의심의 언어를 퍼뜨려 공동체와 도덕의 기반을 허물었다고도 진단합니다. 이들의 사유가 사회를 비판적으로 성찰하기보다, 모든 권위를 의심하고 해체하며 결국 인간에 대한 믿음조차 파괴하는 데 일조했다고요.

마르크스는 자본주의를 착취의 체계로 보고, 인간을 단지 계급 사이에 낀 존재로 설명했습니다. 하지만 로저 스크루턴은 인간은 단지 구조에 휘둘리는 존재일 뿐인지 묻습니다. 그가 보기에 마르크스주의는 인간의 내면, 도덕, 자유 같은 것을 무시하고 모든 걸 사회 탓으로 돌렸습니다. 그러다 보니, 결국 사람을 책임지지 않는 존재로 만들고, 전체주의에 정당성을 부여할 수 있었다는 것입니다.

니체는 "신은 죽었다"라고 선언하며 기존의 도덕을 무너뜨렸습니다. 새로운 가치를 만들자고 했지만, 정작 그 '새로운 가치'가 무엇인지에 대해

선 말을 아꼈습니다. 스크루턴은 이 틈으로 엘리트주의나 허무주의가 스며들었다고 지적합니다. '멋있게 반항했지만, 어디로 가야 할지는 말해주지 않았다'란 것이죠.

프로이트는 인간의 마음을 욕망과 무의식으로 풀어냈습니다. 혁신적인 이론이었지만, 스크루턴은 그가 인간의 행동을 거의 다 병리학적으로만 보았다고 비판합니다. 마치 우리가 하는 선택이나 도덕적 판단조차 '억압의 결과'이거나 '무의식의 소행'이라고 여겼다는 것입니다. 그는 그것이 인간의 존엄을 약화시킨다고 보았습니다.

사르트르는 '우리는 자유롭다'고 외쳤지만, 동시에 마르크스주의와 결합하려 했고, 혁명을 동경했습니다. 스크루턴은 이 점을 문제 삼았습니다. 자유와 책임을 말하면서도 결국은 급진적인 투쟁과 정치적 행동에 기울었다는 것이죠. 철학이 윤리를 지우고 선동에 가까워졌다고 경고합니다. 그리고 푸코, 알튀세르, 데리다로 이어지는 포스트모던 사상가들이 있습니다. 이들은 인간이 중심이 되는 생각 자체를 해체하려 했습니다. '진리란 없다, 모든 건 권력의 말장난일 뿐이다'라고 말하는 듯 말입니다. 스크루턴은 그들의 날카로운 분석은 인정하지만, 결국 이들이 진리도, 윤리도, 대화도 불가능한 세상을 만들었다고 보았습니다.

전체적으로 이 책은 현대 철학의 흐름이 공통적으로 '도덕 해체, 진리 해체, 공동체 해체'의 언어를 공유하고 있으며, 그 결과 지적 세계와 교육 현장에서 회의주의와 정치적 선동이 득세하게 된 현상을 비판합니다.

스크루턴은 철학이란 본디 인간 존재의 존엄을 해명하고, 사회 질서를 세우는 작업이어야 하며, 무조건적인 해체는 문명의 기반을 무너뜨릴 수 있다는 경고를 던집니다.

또 그는 이러한 철학자들의 사상이 예술, 교육, 정치, 언론에까지 퍼지면서 '문화적 회의주의'를 낳았다고 지적합니다. 가치 판단의 기준이 사라지고, 진지한 논쟁 대신 냉소와 해체의 언어만 남게 되면서, 사회는 도덕적 중심을 상실하게 되었다는 것입니다. 저자는 이런 흐름에 맞서 철학이 공동체와 인간 존엄을 위한 정신적 수호자로 다시 자리매김해야 한다고 하였습니다.

특히 철학이 고등교육기관에서 '도전'이 아닌 '주입'의 도구가 되고 있다고 비판하며, 현대 철학이 진리 탐구보다는 정체성 정치, 권력 비판, 해체 이론의 반복에 머물며, 철학의 근본 목적을 혼란스럽게 만들고 있다고 경고합니다. 진정한 철학은 질문을 던지고 삶을 성찰하게 해야지, 특정 이념을 정당화하거나 권력을 비난하는 수단이 되어서는 안 된다는 것입니다.

이런 비판은 철학자 개개인의 주장에 대한 반박이 아니라, 철학이 지향해야 할 근본 방향에 대한 제안이기도 합니다. 그는 철학이 삶의 의미와 공동체의 질서를 고민하지 않고 오직 해체와 비판의 기술에 머물 때, 그 사유는 오히려 인간의 자유와 존엄을 무너뜨릴 수 있다고 경고합니다.

오늘날 많은 청년들이 회의주의와 냉소주의, 해체적 담론에 노출되어 있으며, 진리나 도덕, 전통을 시대에 뒤처진 것으로 간주하곤 합니다. 스크루턴은 이 책을 통해 철학은 세상을 해체하는 무기가 아니라 삶을 지탱하는 토대여야 한다고 강조합니다.

청년들이 이 책을 읽으며 사유의 깊이와 철학의 책임을 돌아보고, '나는 어떤 철학으로 나와 세상을 지탱할 것인가'를 고민한다면, 그 자체로 큰 성장이 될 것입니다. 저 역시 철학을 단순한 사유가 아니라 삶을 바르게 세우는 실천적 지혜로 받아들였을 때 비로소 철학의 참 의미를 느낄 수 있었습니다. 철학은 절망을 말하기보다 인간 존엄의 회복과 희망을 향한 이정표가 되어야 합니다.

◦ 민주주의는 하루아침에 무너지지 않는다

스티븐 레비츠키(Steven Levitsky, 1968~   )와 대니얼 지블랫(Daniel Ziblatt, 1972~   )은 미국 하버드대학교 정치학과 교수들로, 민주주의 제도의 성립과 붕괴, 정당 체계의 작동 원리에 대해 오랜 기간 연구해온 학자들입니다. 특히 지블랫은 유럽 민주주의의 역사적 전개를 비교 정치의 관점에서 분석하며 보수주의의 변천에 주목했고, 레비츠키는 남미의 권위주의와 민주주의 교체 과정에 대한 연구로 알려졌습니다.《어떻게 민주주의는 무너지는가(How Democracies Die)》는 두 사람이 트럼프 시대 미국을 겪으며 공동 집필한 책으로, 미국 민주주의의 위기를 경고하며, 민주주의가 내부에서 어떻게 붕괴되는지를 분석했습니다.

이 책이 던지는 메시지는 선명합니다. 민주주의는 총과 탱크가 아니라, '합법'의 얼굴을 한 내부 권위주의에 의해 더 자주 붕괴한다는 것입니다. 두 저자는 현대 민주주의가 무너지는 방식이 과거와 달라졌으며 정당, 법률, 언론, 시민의 관용과 자제심이 약해질 때 민주주의는 서서히 붕괴한다고 강조합니다. 이 책은 민주주의가 스스로를 방어하지 못하면 어떻게 파괴되는지를 세계 각국의 사례를 들어 보여주고 있습니다.

민주주의는 합법적 선거를 통해 등장한 인물이 제도를 악용해 서서히 붕괴시키는 방식으로 무너질 수 있습니다. 이런 방식은 '선출된 독재자 (elected autocrat)'라는 개념으로 설명되고, 히틀러(독일), 우고 차베스(베네수엘라), 에르도안(터키), 푸틴(러시아) 등이 그 대표적인 사례입니다. 이들은 모두 국민의 지지를 얻어 합법적으로 집권했지만, 이후 법치와 견제를 약화시키며 체제를 장악했고, 이후 무소불위의 권력을 휘둘렀습니다.

민주주의를 지키는 핵심은 제도가 아니라 비공식적인 정치 문화, 곧 상호 존중과 절제된 권력 행사를 가능케 하는 '정치적 품위'에 달려 있습니다. 정치적 품위란, 단순히 예의를 지키는 태도 이상의 의미를 가집니다. 그것은 법과 제도가 허용하더라도 권력을 남용하지 않고 절제하며, 정치적 경쟁자와 반대파를 적이 아닌 동등한 민주주의의 구성원으로 존중하는 태도입니다. 예를 들어, 의회 다수당이 법적으로는 가능한 절차 변경이나 인사를 강행할 수 있지만, 민주적 균형을 해치는 경우 이를 자제하는 것, 또는 선거에서 승리한 뒤에도 상대 진영의 발언권과 언론의 자유를 보장하는 것이 정치적 품위의 실천입니다.

두 저자는 민주주의의 핵심 수문장 역할을 하는 두 가지 규범을 강조합니다. 첫째는 '상호 관용(mutual toleration)'입니다. 정치적 경쟁자가 비록 반대 입장을 취하더라도 국가를 함께 이끌어갈 정당한 주체로 인정하는 태도입니다. 상대를 내부의 적으로 간주할 때, 민주주의는 극단의 길

스티븐 레비츠키·대니얼 지블랫, 《어떻게 민주주의는 무너지는가》

로 흘러갑니다. 둘째, '제도적 자제(institutional forbearance)'입니다. 합법적 권한을 무제한으로 행사하지 않고, 관행과 절제를 통해 견제와 균형의 원리를 존중하는 것입니다.

저자는 미국 사례를 들며 트럼프 대통령이야말로 이러한 규범을 침해한 대표적인 인물이라고 분석합니다. 언론을 향해 씌운 '가짜 뉴스' 프레임과 판사와 수사기관에 대한 정치적 압박, 의회의 견제를 무력화시키려는 행보 등 모두 민주주의 질서를 약화시키는 행동입니다. 트럼프의 등장은 우연이 아니라, 정당의 내적 약화와 사회의 양극화, 유권자 불신이 누적된 결과였습니다.

건강한 민주주의에서는 정당이 과격하거나 비민주적인 인물을 걸러내는 문지기 역할을 해야 하지만, 미국 공화당은 트럼프의 극단적 수사와 행보를 방조하거나 오히려 활용함으로써 민주주의의 내부 붕괴를 촉진했습니다. 이와 같은 행보는 폴란드, 헝가리, 베네수엘라 등에서도 유사하게 반복되었습니다.

이 책은 포퓰리즘 확산과 사회 분열이 민주주의를 어떻게 약화시키는지를 분석합니다. 중산층 해체, 정보 왜곡, 정파적 언론 환경 속에서 유권자들은 극단으로 몰리고 타협 대신 적개심을 키워갑니다. 저자들은 민주주의가 한 명의 독재자 때문이 아니라, 그를 방관한 정당과 시민 전체 때문에 붕괴한다고 지적합니다.

결국 민주주의는 선거만이 아니라, 자유로운 언론, 독립된 사법부, 책임지는 정당과 시민의 경계와 참여가 뒷받침되어야 유지됩니다. 이 책은 민주주의의 취약성과 붕괴가 얼마나 조용하고 점진적으로 진행되는지를 날카롭게 파헤치고 있습니다.

저자들은 미국을 중심으로 논의를 전개하지만, 이 내용은 미국에만 국한된 것이 아닙니다. 오늘날 한국 정치 역시 진영 대립과 언론 불신, 권력 집중 등의 양상으로 민주주의의 건강성이 위협받고 있습니다. 이 책을 읽으며 우리 청년들은 미국의 민주주의가 무너지는 과정을 통해 한국 민주주의의 위기 징후도 감지하고, 성숙한 시민의식과 정치 감각을 기르는 훈련의 기회로 삼아야 합니다. 민주주의는 단숨에 붕괴하는 것이 아니라, 규범과 절차가 서서히 무시되는 가운데 국민이 그것에 익숙해지고, 마침내 파괴가 일상이 되는 과정을 보입니다.

제도가 작동하려면 그것을 지탱하는 '민주적 행위의 문화'가 살아 있어야 합니다. 권력 분립을 존중하는 태도, 선거 결과에 승복하는 자세, 상대 진영의 정당성을 인정하는 문화, 언론과 시민사회의 감시를 수용하는 마음가짐 등이 민주적 행위의 문화에 해당합니다. 대중이 극단을 선택하고, 정당이 이를 방조하면 민주주의는 표면적으로 유지되지만 내부부터 썩어갑니다. 따라서 유권자의 책임, 시민의 감시, 언론의 자유는 민주주의를 움직이는 근육과 같습니다. 무너지는 민주주의는 무관심한 다수와 편 가르기에 중독된 정치가 만들어낸 결과라고 이 책은 경고합니다. 오늘날 한국인들도 새겨들어야 할 내용이라고 하겠습니다.

스티브 레비츠키·대니얼 지블랫, 《어떻게 민주주의는 무너지는가》

◦ 포퓰리즘이란 무엇인가

지금 우리는 전 세계가 빠르게 연결되고 뒤섞이는 시대를 살고 있습니다. 인터넷과 SNS를 통해 국경과 거리가 무의미해진 시대, '포퓰리즘'이라는 단어가 전 세계 곳곳에서 우리 삶과 정치에 깊숙이 스며들고 있습니다.

포퓰리즘은 단순히 '대중을 위한 정치'라는 뜻을 넘어, 때로는 우리의 민주주의와 사회를 위협하는 거대한 흐름으로 작동하기도 합니다. 존 주디스가 쓴 《포퓰리즘의 세계화》는 왜 포퓰리즘이 지금 전 세계적으로 번지고 있는지, 그리고 그것이 우리 청년 세대의 미래에 어떤 영향을 미칠지 진지하게 탐구합니다.

존 주디스(John B. Judis, 1948~)는 미국의 저널리스트이자 정치 분석가로, 《뉴 리퍼블릭》과 《내셔널 저널》 등의 잡지에서 오랜 기간 활동했습니다. 그는 날카로운 정치 분석과 국제 정세 해석으로 잘 알려져 있으며, 특히 미국과 유럽에서 번지는 포퓰리즘 정치 흐름을 깊이 있게 탐구해왔습니다. 주디스는 포퓰리즘을 단순한 선거 전략이나 선동정치로 보지 않고, 시대적 불만과 사회 구조적 변화를 반영하는 정치 운동으로 이해합니다. 그는 포퓰리즘이 등장하는 배경에는 '엘리트에 대한 대중의 불신'과 '정치적 대표성의 위기'가 자리하고 있다고 지적하며, 이를 미국과 유럽, 중남미의 사례를 통해 비교 분석합니다.

흥미로운 건, 저자가 포퓰리즘을 단순히 하나의 색깔로 보지 않는다는 점입니다. 그는 이를 좌파와 우파로 나누어 설명합니다. 좌파 포퓰리즘이 사회경제적 불평등 해소와 복지 확대를 강조한 반면, 우파 포퓰리즘은 국가 정체성과 문화적 동질성 수호를 내세운다고 구분합니다. 동시에 두 흐름 모두 기성 정치 구조에 대한 대중의 불만을 정치적 동력으로 삼는다는 공통점을 갖고 있다고 분석하며, 이를 통해 앞으로 민주주의가 직면할 도전과 변화의 가능성을 조망합니다.

좌파 포퓰리즘은 대개 '민중 대 기득권 자본'이라는 구도를 띠며, 경제적 불평등과 사회 정의 문제를 중심에 둡니다. 그리스의 좌파 정당인 시리자(SYRIZA), 스페인의 좌파 포퓰리즘 정당인 포데모스(Podemos), 미국 전 대통령 후보자 버니 샌더스 등이 그 예입니다. 반면 우파 포퓰리즘은 '순수한 국민 대 부패한 정치 엘리트 + 외부인(이민자, 다국적 기구)'이라는 이분법을 강조하며, 국가 정체성과 안보, 이민 문제에 집중합니다. 미국의 도널드 트럼프 대통령, 프랑스의 우파 포퓰리즘 정치인인 마린 르펜, 영국의 브렉시트 운동이 대표적입니다.

주디스는 오늘날 포퓰리즘의 부상을 단순한 정치 유행이 아니라 2008년 금융위기와 신자유주의 세계화가 낳은 필연적 결과로 봅니다. 대기업과 금융 엘리트 중심으로 돌아가는 경제 체제는 중산층을 무너뜨리고, 젊은 세대의 기회를 빼앗았습니다. 동시에 기성 정당과 언론이 민심의 변화를 외면하면서, 사람들 사이에 기존 정치질서에 대한 환멸이 깊어졌습니다. 포퓰리즘은 이 틈을 파고들며 '우리가 진짜 국민의 뜻을 대변한다'란 메시지를 강하게 전달했습니다.

《포퓰리즘의 세계화》는 '포퓰리즘이 곧 반민주주의'라는 흔한 통념에 반기를 듭니다. 주디스는 오히려 포퓰리즘이 대의 민주주의의 결함을 드러내고, 이로 인해 기존 정당이 스스로를 돌아볼 수 있다고 말합니다. 포퓰리즘은 위로부터 강요되는 정치가 아닌, 아래로부터 분출되는 사회적 요구이기에 민주주의의 자정작용 역할도 수행할 수 있다는 것입니다. 하지만 여기에는 중요한 전제가 있습니다. 포퓰리즘이 극단화되어 배타적 민족주의와 결합할 경우, 그 힘은 민주주의를 강화하는 게 아니라 민주주의를 파괴하고 권위주의로 이어질 위험도 함께 내포하고 있습니다.

그래서 포퓰리즘을 이해하기 위해서는 '정치적 맥락'과 '사회경제적 조건'을 함께 고려해야 합니다. 동일한 포퓰리즘이라도 각국의 역사와 문화, 정당에 따라 다르게 나타나기 때문입니다. 그는 트럼프와 르펜, 샌더스, 코빈, 시리자 등의 사례를 교차 비교하면서, 포퓰리즘이 전 지구적 현상이며, 각기 다른 뿌리와 진로를 지닌 복합적 움직임임을 보여줍니다.

저자는 묻습니다. 앞으로의 세계 정치가 포퓰리즘의 거센 충격을 어떻게 흡수하고 민주주의의 활력을 회복할 수 있을지를 고민해야 한다고요. 포퓰리즘을 단순히 비난하거나 배제하는 것이 아니라, 그 안에 담긴 민중의 좌절과 요구를 제도 정치가 성실히 반영하는 길을 찾아야 한다고 말입니다.

주디스는 포퓰리즘을 제도 정치가 민심과 괴리될 때 나타나는 경고 신호로 해석하며, 특히 신자유주의 체제하에서 심화된 경제적 불평등, 정치적 무능, 문화적 소외가 포퓰리즘의 기초 토양이 된다고 분석합니다. 이 책은 포퓰리즘을 '민중이 제 목소리를 회복하려는 시도'로 읽으면서, 그것이 언제 민주주의를 보완하고 언제 위협하는지를 구체적 사례를 통해 구분합니다.

오늘날의 청년들은 경제적 불안, 정치적 환멸, 사회적 분열이라는 삼중고 속에서 살아가고 있습니다. 포퓰리즘은 이들의 분노와 좌절을 흡수하며 하나의 정치 형태로 부상했습니다. 주디스는 청년들이 정치에 등을 돌리는 대신, 구조에 대한 성찰과 제도 개혁에 관심을 가질 때, 포퓰리즘은 갱신의 동력이 된다고 말합니다. 이때 중요한 것은 단순한 감정의 표출이 아니라 변화를 제도로 연결하는 집단적 상상력입니다.

정의란 무엇인가

플라톤(Platon, BC. 427~BC. 347)은 고대 그리스 아테네 출신의 철학자입니다. 소크라테스의 제자이며 아리스토텔레스의 스승이기도 한 그는 이데아론, 철인 정치, 정의 개념 등을 중심으로 서양 철학의 기틀을 마련했습니다. 《국가론》은 플라톤의 대표작으로, 서양 정치철학의 기초를 세운 책입니다. 이 책은 정치뿐만 아니라 윤리, 교육, 예술 등 우리 삶의 여러 면을 다루고 있으며, 플라톤의 깊이 있는 생각과 현실적인 지혜가 어우러져 지금도 많은 사람이 중요하게 여기는 고전입니다.

《국가론》은 단순히 이상적인 국가를 건설하는 방법을 넘어, '정의란 무엇인가' '올바른 삶이란 어떤 모습인가'란 근본적인 질문을 던집니다. 특히 플라톤은 정의를 단순한 법이나 규칙이 아니라, 사람과 사회 속에 자리 잡은 질서로 보았습니다. 각자가 자신의 고유한 역할을 잘 해낼 때 사회 전체가 조화를 이룬다고 생각한 것이지요. 이러한 생각은 국가와 개인, 정치와 윤리 그리고 철학과 교육이 서로 연결되어 있다는 점에서 매우 깊고 입체적입니다.

플라톤은 사람의 마음을 이성과 용기, 욕망 세 부분으로 나누고, 이를 각각 통치자, 수호자, 생산자라는 사회 계층에 비유했습니다. 그리고 이 세 계층이 조화를 이루는 사회를 '이상국가'라고 제시합니다. 책에는 철학자가 나라를 다스려야 한다는 '철인 통치'의 필요성, 교육의 중요성, 예술의 역할과 제한 그리고 '동굴의 비유' 같은 중요한 개념들이 있습니다. 플라톤이 말하는 '동굴의 비유'는 이 책의 핵심이자 철학의 본질을 상징적으로 드러내는 대목입니다. 동굴 속에 갇힌 인간은 벽에 비친 그림자를 현실로 착각하고 살아간다는 것입니다. 하지만 진정한 철학자는 동굴 밖으로 나가 태양(진리)을 마주한 뒤, 다시 어둠 속으로 돌아와 사람들을 이끌고 나오는 책임을 지닌 자입니다. 이 비유는 진리 인식의 고통, 지식인의 책임, 대중과 철학자의 간극을 동시에 상징하며, 오늘날에도 비판적 지성이 가져야 할 책임을 환기시키는 은유로 읽힙니다.

이외에도 정의의 개념, 이상국가의 구조, 철학자 통치자 개념 등은 청년 독자에게 깊은 문제의식을 던지는 핵심 대목들입니다. 플라톤은 '철학자 통치자'라는 급진적 개념을 제안합니다. 참된 철학자만이 선(善)의 이데아를 인식하며, 사적 이익이 아닌 공공선을 기준으로 국가를 이끌 수 있다고 합니다. 교육을 통해 기질과 능력을 선별하고, 평생에 걸친 훈련과 사유의 과정을 거친 이들만이 통치자가 될 자격이 있다고 했습니다.

《국가론》은 국가 운영의 청사진도 제시합니다. 남성과 여성의 동등한 교육과 역할 분담, 가족 해체와 공동 육아, 예술의 검열과 교육의 통제 등은 매우 급진적인 제안으로, 고대 아테네 사회의 관습을 정면으로 비판하고 있습니다. 이러한 사상은 사회의 조화를 우선시하는 이상주의적 성격을 띠지만, 동시에 국가 운영에 철저한 윤리성과 규범의 기준을 요구한다는 점에서 현실 사회에도 깊은 울림을 던집니다.

플라톤은 국가가 점점 몰락해가는 과정도 체계적으로 분석했습니다. 그는 능력 있고 도덕적인 소수의 엘리트가 통치하는 '귀족정'에서 소수의 사람이 권력을 독점하는 정치 체제인 '과두정'으로, 다시 국민이 주권자 역할을 하면서 투표로 지도자를 뽑고, 정치 결정에 참여하는 방식인 '민주정'으로, 마지막에는 한 사람, 즉 독재자가 모든 권력을 독점해 나라를 지배하는 정치 체제인 '참주정'으로 이행하는 과정을 도덕적 해이와 욕망의 팽창으로 설명합니다. 이 정치적 퇴락은 단순히 제도의 실패가 아니라 인간 영혼이 본래의 질서를 상실한 결과로 해석합니다.

무엇보다 《국가론》은 철학이 정치의 중심이 되어야 한다는 플라톤의 신념을 담고 있습니다. 그는 철학이 추상적 사유에 머물지 않고, 현실의 혼란과 갈등을 해결하는 실제적 지혜로 작용해야 한다고 합니다. 이 책은 정치가 단순히 권력을 쟁취하는 기술이 아니라, 인간 영혼을 조율하고 사회를 선의 방향으로 이끄는 고귀한 예술이라는 사실을 강조합니다.

세상은 빠르게 변하고, 정보가 넘쳐나는데도 어쩐지 우리 주변은 갈등과 불평등으로 가득합니다. 이런 복잡한 시대에 고대 그리스 철학자 플라톤의 《국가론》을 다시 꺼내 읽는 게 무슨 의미일까 싶을 수도 있습니다. 하지만 《국가론》은 단순한 옛날 정치 이야기가 아니라, 오늘 우리에게 '정의란 무엇일까?' '좋은 사회는 어떤 모습일까?' '우리는 어떻게 살아야 할까?'라는 근본적인 질문을 던집니다. 요즘처럼 리더십이 흔들리고, 사회가 양극단으로 나뉘어 갈등하는 때에 플라톤이 말한 이상적인 지도자와 각자의 역할에 대한 이야기는 오히려 우리 현실에 꼭 필요한 이야기가 아닐까 싶습니다. 특히 젊은 세대에게 《국가론》은 자신과 사회를 다시 생각해보게 하는 거울 같습니다. 내가 어떤 사람이고, 우리 사회가 어떤 방향으로 나아가야 하는지 고민할 수 있는 좋은 시작점이 되어줄 것입니다.

진실은 선택이 아니라 조건이다

《진실 따위는 중요하지 않다(The Death of Truth)》는 현대 사회에서 진실이 어떻게 해체되고 무력화되었는지를 정치, 미디어, 지식 전반을 아우르며 분석한 비평서입니다. 퓰리처상을 수상한 서평가 미치코 가쿠타니(Michiko Kakutani, 1955~   )는 '포스트진실(post-truth)'이라는 시대 진단을 바탕으로, 감정과 편견에 싸인 믿음이 사실을 압도하는 현실이 어떻게 만들어지고, 그것이 민주주의에 어떤 위기를 불러왔는지 추적합니다. 저자는 진실이 단순한 사실의 문제가 아니라 공공의 윤리이자 문명의 기초라고 강조하며, 우리가 진실을 외면할 때 어떻게 정치와 언론, 시민사회의 기반이 붕괴하는지 날카롭게 경고하고 있습니다.

미치코 가쿠타니는 일본계 미국인으로, 문학과 정치, 언론의 교차점에서 현대 사회를 통찰하는 시선으로 널리 알려졌습니다. 이 책은 그녀가 기자를 은퇴한 뒤 처음으로 쓴 정치사회 비평서로서 포스트진실 시대를 해부한 대표작입니다.

그녀는 트럼프 정부를 주요 사례로 들면서, 트럼프가 반복된 거짓말과 선동으로 언론을 적대시하고, 비판을 '가짜 뉴스'라 부르며 진실의 힘을 무너뜨렸다고 설명합니다. 복잡한 사실 대신 감정을 자극하는 단순한 구호와 적대적 프레임을 통해 지지층의 감정적 결속을 강화했고, 이러한 전략은 고전적인 전체주의 정권들이 사용하던 수법과 유사합니다. 권력이 진실을 통제하는 체계를 만들려는 시도라고 할 수 있습니다. 가쿠타니는 이것이 단지 미국만의 문제가 아니며, 전 세계적으로 반복되고 있는 정치 전략이라고 보았습니다.

'포스트진실'의 확산에는 디지털 환경이 결정적 역할을 했습니다. 소셜 미디어 플랫폼은 사용자 개인의 선호에 맞는 정보만을 제공하며, 알고리즘은 반대 의견과 사실을 차단합니다. 이로 인해 대중은 각자의 '현실' 속에 갇히고, 공통된 사실에 기반한 사회적 합의는 사라집니다. 가짜 뉴스는 사실보다 더 빠르게 확산되며, 논리보다 감정이 중요해집니다. 이런 현상은 민주주의의 기초인 토론과 합의의 전제를 무너뜨리고, 분열과 혐오를 고착화시켰습니다.

책에서 중요한 사례로 등장하는 '폴 드만 사건'은 지식인의 진실 해체가 어떻게 윤리의 붕괴로 이어지는지를 보여줍니다. 드만은 해체주의 이론의 대가로 존경받았으나, 나치 협력 이력이 뒤늦게 밝혀졌습니다. 하지만 미국 학계는 그를 비판하기보다 오히려 진실의 상대성을 강조하며 그의 책임을 희석했습니다. 가쿠타니는 이 사태가 단지 한 지식인의 도

미치코 가쿠타니, 《진실 따위는 중요하지 않다》

덕적 결함이 아니라 진실을 해체의 대상으로 전락시킨 학문적 풍토의 결과라고 분석합니다.

결론에서 가쿠타니는 문학과 인문학의 회복을 말합니다. 문학은 인간의 내면과 도덕성을 탐구하며, 타인에 대한 공감 능력을 기릅니다. 이는 진실을 이해하고 감별하는 데 필수 능력입니다. 저자는 문학이 단순한 위로의 장르가 아니라, 진실을 지키는 감수성과 상상력을 제공한다고 말합니다. 진실이 사라진 사회에서는 민주주의가 지속될 수 없으며, 그 붕괴는 모든 시민의 삶을 위협하게 됩니다. 따라서 진실을 지키는 일은 정치인이 아닌 시민 개개인의 몫이며, 그 책임은 공동체 전체에게 있다는 점에서 이 책은 강력한 윤리적 요청입니다.

정보의 무기화가 가속화되는 시대일수록, 시민들은 더욱 날카로운 비판의식을 갖고 현실을 직시해야 하며, 편향된 언어와 감정에 휘둘리지 않아야 합니다. 저자는 이 싸움이 이상주의적 도덕 강요가 아니라 생존의 문제라고 주장합니다. 진실이 무너진 사회에서는 정책도, 정의도, 역사도 모두 권력자의 입맛에 따라 왜곡되며, 개인은 자율성을 상실한 채 조작된 현실에 갇히게 됩니다.

이 책은 미국 정치를 중심으로 전개되므로 구체적인 사례가 낯설게 느껴질 수 있습니다. 하지만 저자의 논지는 한국 사회의 현실에도 유효하므로, 각 장의 사례를 우리 사회의 언론, 정치, 인터넷 문화와 연결 지어 읽는 노력이 필요합니다. 또 철학, 역사, 문학적 인용이 많아 빠르게 읽기보다 천천히 곱씹어야 진정한 의미가 드러납니다.

진실과 거짓이 뒤섞인 오늘을 사는 청년들에게 이 책은 지식인의 책임과 시민으로서의 감각을 일깨웁니다. 가짜 뉴스와 감정적 선동 속에서도 냉철한 사실을 분별하고, 진실에 기초한 토론과 비판을 실천해야 합니다. 정보의 소비자가 아닌 '진실의 수호자'로 성장해야 할 때입니다.

선택할 자유 없이는 책임도 창의성도 없다

밀턴 프리드먼(Milton Friedman, 1912~2006)은 미국의 대표적인 경제학자이자 자유주의 경제사상의 핵심 인물입니다. 1976년 노벨경제학상을 수상한 그는 시카고대학교 경제학과 교수로 재직하며 통화주의(monetarism, 경제 성장 특히 물가와 경기 변동이 통화 공급량의 변화에 크게 좌우된다는 이론)를 발전시켰고, 정부의 개입을 최소화하고 시장의 자율성을 강조한 경제 이론을 현실 정책에 반영하는 데 큰 영향을 끼쳤습니다. 《자유를 위한 선택》《선택할 자유(Free to Choose)》 등의 저서로 대중과 소통하며, 현대 보수주의 경제 철학의 기틀을 마련한 인물로 평가받습니다.

《선택할 자유》는 밀턴 프리드먼이 아내와 함께 쓴 그의 대표작으로, 자유시장경제의 원리를 일반 대중에게 설득력 있게 전달한 저서입니다. 그는 이 책에서 '개인의 선택권'이야말로 민주주의와 경제 번영의 핵심이라고 강조하며, 정부가 시장에 과도하게 개입할 경우 개인의 자유는 침해당하고 자원의 효율성도 떨어진다고 주장합니다.

책의 중심에는 '자유'라는 가치가 놓여 있습니다. 프리드먼은 자유를 정치적 자유와 경제적 자유로 나누지 않고, 그 둘이 서로 연결되어 있다고 보았습니다. 경제적 자유가 있어야만 정치의 자유도 실현될 수 있다는 의미입니다. 그는 대공황, 뉴딜정책, 복지국가의 팽창 등을 예로 들며 정부의 과도한 개입이 오히려 시장의 자율성과 효율성을 해치고 빈곤을 심화시킨다고 비판합니다.

프리드먼은 교육, 의료, 연금, 농업 등 다양한 사회 정책에도 일관되게 시장의 자율성과 경쟁 원리를 도입할 것을 주장합니다. 예컨대 부모가 자녀의 학교를 자유롭게 선택할 수 있도록 해야 교육의 질이 높아진다고 보았습니다. 의료의 경우에도 정부 보험보다는 민간 보험 중심의 경쟁 체제가 더 효율적이라고 보았고, 이런 주장은 오늘날에도 교육개혁이나 의료개혁 논쟁에서 자주 인용되곤 합니다.

이 책은 이론적 주장에 그치지 않고 다양한 통계, 역사적 사례, 논리적 비유를 활용해 일반 독자도 쉽게 이해할 수 있도록 구성되어 있습니다. 또한 '자유의 조건'과 '자유의 미래'라는 마지막 장에서는 자유를 지키기 위한 시민의 책임과 경각심을 호소합니다.

통화주의 경제학의 중심인물인 프리드먼은 인플레이션과 실업 문제를 해결하는 데 있어서 정부의 재정 지출보다는 통화 공급 조절이 더 효과

밀턴 프리드먼 외, 《선택할 자유》

적이라는 주장을 펼쳤습니다. 그는 정부가 경기순환을 인위적으로 조정하려 할 경우 오히려 불황을 증폭시킬 수 있다고 보았고, 시장의 자연 조정 메커니즘을 신뢰해야 한다고 강조합니다. 뉴딜 정책을 비판하며, 대공황은 정부의 통화정책 실패에서 비롯된 것이라고 진단합니다. 당시 루스벨트 행정부의 대규모 개입은 회복을 지연시켰다고 말합니다.

프리드먼은 자유와 공공선 사이의 긴장을 무시하지 않았습니다. 그는 공공선을 위해 필요한 정부의 역할은 법치 유지, 계약 집행, 사기와 강제의 억제 등 최소한의 범위로 국한해야 한다고 주장합니다. 정부가 시민을 보호하려다가 시민의 선택권을 제거하는 오류를 자주 범한다는 점을 반복적으로 경고하고 있습니다.

이러한 논지는 오늘날 한국 사회의 논쟁과도 맞닿아 있습니다. 부동산 규제, 연금 개혁, 교육 정책 등에서 정부가 얼마나 개입해야 하는지의 문제는 여전히 뜨거운 쟁점입니다. 《선택할 자유》는 이런 질문에 대해 극단의 해답이 아니라, 자유를 기반으로 한 성찰적 판단을 제시하는 고전적 관점을 제공합니다.

최근 한국에서 청년층, 특히 일부 남성들이 '작은 정부'와 '시장 자율'을 선호하는 경향은 프리드먼의 사상과 맞닿은 면이 있습니다. 부동산, 일자리, 세금 문제에서 정부의 과도한 규제가 기회와 자유를 제한한다고 느끼는 것입니다. 프리드먼은 경기 부양을 위해 정부가 시장에 개입하면, 단기적으로는 도움이 될 수 있어도 장기적으로는 부작용이 누적된다고 경고했습니다. 예를 들어, 부동산 시장을 인위적으로 억누르는 정책은 단기적으로 가격을 안정시키지만, 공급 위축과 투자 위축을 불러와 장기적으로 더 큰 가격 불안을 초래할 수 있습니다. 프리드먼의 관점은 청년들에게 '정부가 해줄 것'을 기다리기보다, 시장이 창출하는 기회 속에서 스스로 경쟁력을 키우는 전략을 생각하게 만듭니다. 다만, 이를 무조건적인 시장 만능주의로 오해해서는 안 되며, 공정 경쟁 환경을 보장하는 최소한의 규칙과 제도는 반드시 필요하다는 점도 함께 기억해야 합니다.

《선택할 자유》는 1980년대의 책이지만, 지금 읽어도 놀랄 만큼 생생한 현실감을 줍니다. 그 이유는 '자유'라는 주제가 시대와 장소를 초월하기 때문입니다. 오늘날 청년들은 과거보다 훨씬 많은 선택지를 가지고 있지만, 동시에 복잡한 규제와 제도 속에서 오히려 선택의 폭이 제한되는 경험을 하기도 합니다.

프리드먼은 우리가 경제와 사회를 바라볼 때, '이 정책이 자유를 확장하는가, 아니면 축소하는가'를 가장 먼저 물어야 한다고 말합니다. 현대 독자, 특히 청년들에게 저는 이 책을 경제 교과서가 아니라, 삶의 원칙을 점검하는 '거울'로 읽기를 권합니다. 나의 선택이 나의 책임으로 이어지는 구조를 이해하면, 자유는 막연한 이상이 아니라 실질적인 생활의 힘이 됩니다. 이는 취업, 창업, 소비, 투자 등 모든 개인적 결정에 적용할 수 있는 통찰입니다.

가장 잘 적응한 종이 살아남는다

찰스 다윈(Charles Darwin, 1809~1882)은 단순한 생물학자가 아닙니다. 케임브리지대학교에서 신학을 공부하던 그는 자연사에 깊은 관심을 가지게 되었고, 인간이 알고 있던 세상의 질서에 의문을 품게 되었습니다. 이후 HMS 비글호를 타고 탐사여행을 가 수집한 자료들은 그가 《종의 기원(On the Origin of Species)》을 쓰게 되는 결정적인 계기가 됩니다. 그의 이론은 생물학뿐 아니라 철학, 윤리, 사회과학에 이르기까지 인간 사유 전반에 커다란 영향을 미쳤으며, 《종의 기원》은 자연선택에 의한 종분화의 원리를 체계화한 역사적 전환점이 되었습니다.

《종의 기원》의 핵심 주제는 단순합니다. 생물은 고정된 존재가 아니라, 환경에 적응하며 변화하는 존재란 것입니다. 다윈은 이를 '자연선택(natural selection)'이라는 핵심원리로 제시합니다. 갈라파고스 제도의 핀치새를 관찰하며 그는 깨달았습니다. 같은 조상에서 비롯된 생물이라도, 각 섬의 환경에 맞춰 부리 모양과 생활 방식이 달라진다는 것을. 생존에 유리한 특징은 다음 세대로 전달되며, 결국 새로운 종이 탄생합니다. 다윈이 이야기한 "가장 강한 종이 살아남는 것이 아니라, 가장 잘 적응하는 종이 살아남는다"란 말은 오늘날에도 깊은 울림을 줍니다.

자연선택은 인간의 의도와 무관하게, 환경이라는 객관적 조건이 장기적으로 생존에 유리한 특징을 선택하는 과정입니다. 이를 통해 다윈은 생명의 다양성을 단순한 신의 창조물이라는 당시의 고정관념 대신, 관찰과 논리로 이해할 수 있는 자연법칙으로 설명했습니다.

이 책이 출간되자 세상은 충격에 휩싸였습니다. 당시는 종(species)이 신의 창조물로서 고정된 존재라는 믿음이 일반적이었지만, 인간을 포함한 모든 생물이 공통 조상에서 진화했다는 주장은, 당시 지배적이던 창조론과 정면으로 부딪혔습니다. 다윈의 발견은 과학계뿐 아니라 철학과 사회적 사고에도 큰 파장을 일으켰습니다. 이후 인류의 정체성과 기원에 대한 관념을 재편성하게 만들었을 뿐 아니라, 사회적 다윈주의, 진화심리학, 유전학, 분자생물학 등 다양한 학문이 이 책에서 태동하는 원천이 되었습니다.

다윈의 이론은 단지 과학 내부에 그치지 않고 사회 전반에도 엄청난 반향을 일으켰습니다. 예를 들어 '사회적 다윈주의(Social Darwinism)'는 적자생존 개념을 사회 경쟁, 경제, 정치 영역으로 확장하려는 시도였습니다. 물론 이는 다윈의 본래 취지와는 거리가 있는 오용이었지만, 그만큼 이 책이 당시 사상계에 던진 충격과 파장은 엄청난 것이었습니다.

찰스 다윈, 《종의 기원》

오늘날 《종의 기원》이 청년들에게 주는 메시지는 명확합니다. 세상은 고정되어 있지 않으며, 진리는 관찰과 추론의 누적 속에서 드러난다는 것입니다. 다윈의 글은 장황하고 19세기 문체로 낯설 수도 있지만, 그 속에 담긴 사고의 혁명은 지금 읽어도 강렬합니다. 생명의 진화에 대해서 알고 싶은 사람, 인간과 생명 그리고 세상을 바라보는 시각을 근본부터 바꾸고 싶은 사람에게, 이 책은 여전히 널리 읽히는 필독서입니다.

강력한 지도자란 허상

《파시즘(Fascism)》의 저자인 매들린 올브라이트(Madeleine Albright, 1937~2022)는 체코슬로바키아 출신의 유대인으로, 소련을 등에 업은 공산당이 쿠데타로 집권하자 체코를 떠나 미국에 망명해 귀화한 뒤, 미국 최초의 여성 국무장관이 되었습니다. 클린턴 대통령 행정부 시절 국무장관으로서 냉전 이후 세계 질서와 민주주의 외교를 이끈 중심인물로, 파시즘과 권위주의에 대한 역사적 통찰과 실천적 경고로도 유명합니다. 개인적 망명 경험과 외교관으로서의 국제 정무 감각이 빛나는 그의 저술은 오늘날 자유의 가치를 고민하는 모든 이들에게 깊은 통찰을 줍니다.

《파시즘》은 20세기 파시즘의 역사와 파시즘이 21세기 자유민주주의에 어떤 위협이 되었는지 돌아보며, 권위주의와 대중 선동이 어떻게 민주주의를 붕괴시키는지를 경고합니다. 더불어 시민으로서의 경계심과 참여를 촉구하는 책입니다.
20세기 전체주의 체제는 21세기에도 그 위험이 여전히 진행 중입니다.

매들린 올브라이트는 냉전기 공산주의와 탈냉전 세계의 권위주의 체제를 모두 경험했습니다. 또 미국 국무장관으로서 세계의 독재자들과 직접 외교를 했던 유일무이한 인물이기도 합니다. 저자는 히틀러나 무솔리니뿐 아니라 현대의 파시스트 지도자들—푸틴, 에르도안, 오르반, 마두로—를 분석하며, 파시즘은 단지 과거의 이데올로기가 아니라 오늘날에도 투표함을 통해 등장하는 정치적 유전자라고 경고합니다. 다시 말해, 파시즘이 지난 시절 한때를 휩쓸고 간 일회성 광풍이 아니라 언제 어디서나 다시 살아날 수 있는 사회 현상이라는 것입니다.

올브라이트는 파시즘을 단순히 역사적 사건이나 독재 체제로 보지 않았습니다. 그녀는 파시즘을 '나만 옳고 너는 틀렸다'란 사고방식에서 출발하는 정치적인 태도로 정의합니다. 무솔리니나 히틀러, 스탈린 등의 독재자는 이 사고방식을 제도화했고, 국민은 그것을 '위기의 시대에 필요한 단호함'으로 오인하며 따랐습니다. 즉, 파시즘은 폭력적인 통치가 아니라 편협한 정신에서 시작한다는 것이 핵심입니다. 올브라이트는 파시즘의 등장을 다음과 같은 징후들로 감지할 수 있다고 경고합니다.

첫 번째는 국가주의와 배타주의의 부상입니다. 두 번째는 자유언론에 대한 공격과 불신 조장입니다. 세 번째는 법보다 지도자의 의지를 강조하는 정치풍토이며, 네 번째는 거짓말과 선동의 반복 그리고 '진실은 없다'란 냉소적 세계관입니다. 그리고 마지막으로 다섯 번째는 소수자에 대한 혐오와 탄압입니다.

저자는 민주주의가 외부의 침략보다 내부의 약화로 붕괴한다고 강조합니다. 특히 시민의 무관심, 정치 혐오, 참여 부족이 민주주의 제도를 허약하게 만듭니다. 파시즘은 갑자기 등장하지 않습니다. 먼저 불신이 조장되고, 다음에 분열이 부추겨지며, 결국 '강력한 지도자'를 원하는 분위기가 생깁니다. 이렇게 사회는 '안정을 위한 희생'을 자처하며 자유를 내어주고 맙니다.

올브라이트는 이 책에서 트럼프를 직접 '파시스트'라고 단언하지는 않지만, 그가 보여준 민주주의에 대한 경시, 언론과 지성인에 대한 조롱, 불편한 진실에 대한 공격은 명백히 파시즘적 속성을 지녔다고 보았습니다. 또 올브라이트는 민주주의를 지키는 주체는 정부가 아니라 시민이라고 말합니다. 그를 위해 시민은 진실을 분별하는 능력, 소수자와 타인의 권리를 존중하는 윤리, 언론의 자유와 사법 독립을 지키려는 감시, 극단적 언어와 정치적 과장을 경계하는 태도를 중요하게 여겨야 합니다. 그는 민주주의를 완성된 제도가 아니라 끊임없이 돌보고 수호해야 할 살아 있는 가치라고 강조합니다.

이 책에서 한국 독자가 주목해야 할 장면은 바로 저자가 북한 김정일을 직접 만났던 외교 일화입니다. 2000년, 미국무장관 자격으로 평양을 방문한 올브라이트는 김정일과 열두 시간 넘게 마주 앉아 민감한 핵 문제와 주한미군에 대해 대화를 나누었습니다. 김정일은 "우리는 미국과 싸우고 싶은 마음이 없다. 주한미군이 한국에 주둔하는 것 자체는 용인할

매들린 올브라이트, 《파시즘》

수 있다"라고 말했고, 체제 안전을 조건으로 덧붙였습니다.

올브라이트는 이 장면에서 독재자가 어떻게 현실적 계산과 동시에 권력 유지 논리에 따라 외교적 언술을 활용하는지를 날카롭게 분석합니다. 김정일은 핵무기를 단순한 군사 전략이 아니라 국내 정권 유지 수단이자 국제적 협상 카드로 인식했고, 이는 오늘날 북한의 전략과도 긴밀히 연결되어 있습니다.

《파시즘》은 우리 청년들에게 자유민주주의는 당연하지도 그냥 주어지는 것도 아니며, 끊임없는 경계와 참여 없이는 무너질 수 있다는 역사적 교훈을 전합니다. 권위주의는 외부에서 폭력적으로 등장하는 것이 아니라, 내부의 무관심과 편 가르기, 허위 정보의 확산을 통해 서서히 시민 사회를 잠식해갑니다.

정치적인 사례와 역사적 인물들을 풍부하게 인용하기 때문에, 배경지식이 부족한 독자에게는 일부 내용이 낯설거나 복잡하게 느껴질 수 있습니다. 또한 미국 정치의 특정 사례들이 다수 포함되어 있으므로, 이를 한국의 현실과 어떻게 연결 지을지를 고민하며 읽는 것이 중요합니다. 비판적 사고를 갖되, 저자가 강조하는 '파시즘의 전조'를 우리 사회 안에서도 발견하려는 태도를 당부합니다.

° 인정 욕구를 위한 투쟁

프란시스 후쿠야마(Francis Fukuyama, 1952~   )는 미국의 대표적인 정치학자로, 현대 정치학에서 중요한 사상가 중 한 명입니다. 그는 존스홉킨스대학교 국제관계대학원과 스탠퍼드대학교에서 교수로 학생들을 가르쳤으며, 대표작인 《역사의 종말》에서 자유민주주의의 보편적 승리를 주장해 세계적인 주목을 받았습니다. 이후 신자유주의와 민주주의의 한계를 성찰하며 보다 균형 있는 시각으로 이론을 발전시킨 그는 최근에는 정치질서, 정체성 그리고 인정의 문제를 중심으로 현대 민주주의의 본질과 회복 방안을 탐구하고 있습니다.

그가 쓴 《존중받지 못하는 자들을 위한 정치학(Identity)》에 따르면, 정치란 결국 '존중받고자 하는 인간의 욕망'에 뿌리내린 인정 투쟁입니다. 인간은 단순히 물질적 이익을 위해 움직이는 존재가 아니라, 자신의 정체성과 존재 가치를 타인에게 인정받고 싶어 하는 존재라는 것입니다. 이 욕망을 그는 고대 그리스어 '티모스(thymos)'라는 개념으로 설명합니다. 티모스는 인간이 자존심과 존엄을 지키기 위해 싸우는 정신적 에너지이자 정치적 행동의 근원이 됩니다.

물질적 손익을 따지는 계산적 인간(Homo Economicus)을 넘어서, 인간은 자신의 정체성을 인정받지 못할 때 깊은 분노를 품고, 이 감정이 오늘날의 정치적 분열을 부추긴다는 뜻입니다.

이 책의 1부는 철학적 배경에 집중합니다. 플라톤의 '티모스', 헤겔의 '주인과 노예의 변증법', 루소의 자기애 개념을 통해 인간이 왜 인정받고자 하는지, 그리고 그 욕망이 어떻게 역사와 정치의 원동력이 되는지 설명하며, 인정 투쟁의 철학적 기반을 정리합니다.

특히 헤겔은 인간을 단순히 생존하는 존재가 아니라 타인과의 관계 속에서 자신의 가치를 확인하는 존재라고 설명했습니다. 이 과정에서 억압과 반항, 분노와 자각이 발생하며, 이런 투쟁이 역사를 움직이는 원동력이 된다고 보았습니다.

2부는 현대 정치 현상을 분석합니다. 후쿠야마는 세계 곳곳에서 일어나는 정체성 기반의 정치 운동—예를 들어 흑인 인권 운동, 성소수자 권리 요구, 이민자 보호 운동—등이 단순한 권익 요구를 넘어서, 존엄과 존재 가치를 인정받기 위한 투쟁이라고 봅니다. 동시에 그는 백인 중하층 노동자들처럼 기득권층이 사회 변화 속에서 더 이상 존중받지 못한다고 느낄 때, 반작용으로 포퓰리즘과 극우 민족주의가 등장한다고 분석합니다.

3부에서는 해법을 제시합니다. 후쿠야마는 정체성의 다원성을 억누르기보다 포용적이고 시민 중심의 국가 정체성을 새롭게 만들어야 한다고 주장합니다. 공공교육, 시민권 교육, 공공 언어의 통일, 공정한 법 적용 등이 그 기반이 되어야 합니다. 그는 '우리가 누구인지'에 대한 공통된 이야기를 통해, 개인의 자율성과 공동체의 연대를 동시에 지켜낼 수 있다고 말합니다.

결국 정치란 갈등 조정 그 자체가 아니라, '내가 사회에서 존중받고 있는가'라는 감정의 문제입니다. 후쿠야마는 이 책을 통해 '정치'라는 단어에 새로운 감정적 차원을 부여하고, 오늘날 분열된 사회에서 어떻게 공동체를 재건할 수 있을지를 제시합니다.

또, 그는 정체성 정치가 개인과 집단 모두에게 복합적인 영향을 미친다는 점을 강조합니다. 한편으로는 억압받던 집단이 목소리를 낼 수 있는 계기가 되지만, 다른 한편으로는 사회 전체의 공통된 기반을 약화시키며 새로운 갈등을 유발하기도 한다고 보았습니다. 예컨대 성소수자나 인종적 소수자가 정치적으로 가시화되는 과정에서, 일부 기존 지배계층은 자신들의 정체성과 권위가 위협받는다고 느끼고, 이에 반발하는 현상이 두드러집니다.

이런 갈등으로 인해 정치적 담론의 양극화가 일어나며, 타협이나 공동의 가치 형성이 어려워집니다. 후쿠야마는 이를 '인정의 과잉'이라고 하며, 모든 정체성이 동등하게 인정받아야 한다는 요구가 오히려 공공성과 통합적 정체성의 약화를 초래할 수 있다고 경고합니다. 그는 자유민주주의가 살아남기 위해서는 시민들이 상호 간의 인정 욕망을 이해하고, 개인의 차이를 존중하는 동시에 보편적 시민 정체성에 대한 합의를 형성해야 한다고 주장합니다.

그는 교육의 중요성도 강조합니다. 단지 지식 전달이 아니라, 서로 다른 배경을 가진 이들이 '시민'으로서 공유하는 감각을 기르는 교육이 민주주의의 토대가 되어야 한다는 것입니다. 여기서 말하는 시민성은 법적 지위가 아니라, 타자와 공존하며 살아가는 윤리적 태도와 비판적 사고 능력을 포함합니다. 그는 정치가 '존엄'에 대한 싸움이라면, 교육은 공동체를 재구성하는 가장 중요한 장치라고 보았습니다.

후쿠야마의 논지는 복잡하지 않지만, 책의 전반부는 철학사적 개념과 이론적 전개가 많아 다소 추상적으로 느껴질 수 있습니다. 정체성 정치에 대한 후쿠야마의 분석은 균형감각이 있지만, 실제 각국의 정치 현실을 충분히 깊이 있게 다루지 못한 한계도 있습니다. 그러므로 이 책을 읽을 때는 정체성과 인정의 문제를 정치적 주제로 바라보되, 현실의 구체적 사례와 연결해 자문자답하며 읽는 태도가 필요합니다.

오늘날 우리 젊은 세대에게 주어진 가장 큰 과제 중 하나는 '존중받고 싶다'란 욕구가 정치와 사회를 어떻게 바꾸는지 이해하는 일입니다. 프랜시스 후쿠야마는 이 책에서 현대 정치의 불안정과 갈등의 뿌리를 '정체성(identity)'과 '존엄에 대한 인정(thymos)'에서 찾습니다. 경제 성장이나 제도적 발전만으로는 해소되지 않는 인간의 내적 욕구가 있으며, 바로 이 지점에서 불평등·차별·배제의 문제가 터져 나오고 있다는 뜻입니다. 한반도라는 지정학적 위치에서 살아가는 젊은이들도 이 책을 통해, 왜 세계 곳곳에서 포퓰리즘과 분열적 정치가 부상하는지, 또 한국 사회 내부의 갈등과 세대 간 불신이 왜 '존중'의 문제와 맞닿아 있는지를 통찰할 수 있습니다.

프란시스 후쿠야마, 《존중받지 못하는 자들을 위한 정치학》

이슬람이 과격하고 급진적인 이유

사이드 쿠틉(Sayyid Quṭb, 1906~1966)은 이집트 출신의 이슬람 사상가이자 작가, 교육자로, 현대 이슬람 근본주의의 이념적 기반을 세운 인물입니다. 초기에는 문학평론가로 활동했으나, 미국 유학을 하며 물질주의, 개인주의 등 서구 문명의 폐단을 직접 겪으며 회의를 느꼈고, 이슬람 가치에 대해 각성하게 되었습니다. 이후 이집트로 돌아와 무슬림형제단에 합류해 적극적으로 활동하며, 이집트의 세속 정권(나세르 정부)과 정면 충돌하게 됩니다. 1954년 나세르 암살 미수 사건으로 체포되어 장기간 투옥되었으며, 투옥 중 《진리를 향한 이정표(Milestones Along the Way)》를 집필했습니다.

그의 사상은 국가 체제를 흔드는 위험한 사상으로 간주되어 그는 1966년 교수형에 처해졌습니다. 하지만 그의 죽음은 오히려 그를 '순교자'로 만들었고, 이후 그의 사상은 이슬람주의 운동에 엄청난 영향력을 미치게 됩니다.

《진리를 향한 이정표》는 현대 이슬람 근본주의 운동에 지대한 영향을 끼친 텍스트입니다. 이 책은 쿠틉의 개인적 종교 체험과 정치적 좌절, 사회 비판이 집약된 선언서로, 이슬람 세계가 무슬림의 삶과 사회 전체를 규율하는 신의 법인 규범 체계 '샤리아'를 기반으로 해 국가를 운영해야 한다는 명확한 방향을 제시합니다. 여기 소개한 다섯 가지 핵심 주제는 《진리를 향한 이정표》를 이해하는 데 가장 중요한 포인트입니다.

① 자힐리야 개념 재정의

'자힐리야(Jahiliyya)'는 '무지'를 뜻하는 아랍어입니다. 쿠틉은 '자힐리야'를 단순히 무함마드 이전의 무지와 우상숭배만을 뜻하는 게 아니라, 현대의 이슬람 국가도 서구식 세속주의·민족주의·사회주의를 따르고 하나님의 법(샤리아)을 거부한다면 '자힐리야' 상태라고 보았습니다. 하나님의 법 대신 인간이 만든 세속법이 지배하는 모든 체제를 자힐리야로 간주하며, 이는 겉보기에는 현대화된 국가라고 해도 영적인 관점에서는 무지와 타락의 상태에 있다는 의미입니다. 쿠틉에게 '자힐리야'란 단순한 역사적 용어가 아니라 오늘날의 정치, 문화, 교육, 경제 전반을 비판하는 종합적 개념이었습니다.

② 하나님의 주권 선언

쿠틉은 '오직 하나님만이 입법권을 가진다'라고 주장했습니다. 인간이 만든 모든 법은 그 어떤 경우에도 하나님의 계시를 대체할 수 없으며,

진정한 자유와 정의는 인간이 아닌 하나님이 통치하는 사회에서만 실현된다고 주장합니다. 그는 민주주의가 국민에게 주권을 부여한다는 점에서 신의 주권을 침해하는 체제라고 보았으며, 이슬람 사회는 반드시 샤리아에 기반한 신정 정치를 회복해야 한다고 했습니다. 이러한 주장 때문에 그는 반세속주의, 반자유주의 사상의 상징으로 여겨집니다.

③ 이슬람 혁명의 당위성과 선택된 소수

쿠틉은 이슬람 사회의 재건은 사회 전체의 각성이 아니라, 소수의 '참된 신념을 가진 엘리트'가 시작해야 한다고 보았습니다. 이들은 신의 뜻에 절대적으로 순종하며, 체제의 유혹과 압력에 타협하지 않는 실천적 모범을 보입니다. 이 선택된 소수는 초기 이슬람의 선지자 공동체처럼 영적 투철성과 도덕적 순결성을 갖추어야 하며, 자기 혁신과 외부 사회에 대한 도전과 변화를 동시에 감당해야 합니다. 이는 이후 무슬림형제단, 급진 이슬람주의 운동에서 '엘리트 전위 조직' 사상의 기초가 되었습니다.

④ 이데올로기로서의 이슬람

쿠틉은 이슬람이 단순한 신앙 체계가 아니라 정치, 경제, 문화, 교육 등 삶의 모든 영역을 포괄하는 총체적이고 완전한 이데올로기라고 주장합니다. 그에 따르면 세속주의와 자유주의는 인간을 신격화하는 오류를 범하며, 이는 결국 인간의 오만과 부패를 낳습니다. 그는 서구 문명을 단지 제도적 모순이 아닌 영혼의 타락으로 간주하고, 이슬람은 인간 내면의 순수성과 외적 정의를 동시에 회복할 수 있는 유일한 체계라고 보았습니다. 따라서 진정한 이슬람 국가란 단지 종교의 자유가 보장된 국가가 아니라, 모든 제도가 샤리아에 기초해 신의 주권을 인정하는 국가를 의미합니다.

⑤ 지하드의 철학적 의미

쿠틉은 '지하드(Jihad)'를 단지 물리적 전쟁으로 보지 않고, 불신과 불의에 맞서 싸우는 모든 신앙적 노력으로 확장했습니다. 여기에는 자기 자신과의 투쟁과 영적 수련까지 지하드의 일환으로 포함됩니다. 그는 필요할 경우 폭정에 맞선 무장 투쟁도 정당화하며, 이는 후대 이슬람주의 운동에서 급진적 지하드 해석의 이론적 뿌리가 되었습니다. 그의 지하드 개념은 한편으로는 자기 수양과 공동체 혁신을 강조하는 긍정적 요소도 있지만, 실제 정치 운동에서는 폭력적으로 해석될 수 있는 양면성을 지닙니다.

또한 쿠틉은 이슬람 세계관을 설명하면서 '다르 알이슬람(Dar al-Islam)'과 '다르 알하르브(Dar al-Harb)'라는 개념을 소개합니다. 전자는 하나님의 법이 구현되어 평화와 정의가 실현되는 영역을 의미하며, 후자는 아직 이슬람의 법과 질서가 도달하지 않아 혼란과 무지가 지배하는 영역입니다. 이 이분법적 세계관은 쿠틉 사상의 이념적 선명성과 동시에 급진성의 근거가 되며, 이슬람주의자들이 세상을 바라보는 근본적인 틀을 형성합니다.

사이드 쿠틉의 《진리를 향한 이정표》는 오늘날 우리 청년에게는 단순한 종교서가 아니라 세계사의 한 단면을 이해하는 중요한 열쇠가 됩니다. 이 책은 왜 중동과 이슬람 세계에서 극단적 운동이 등장했는지, 그 배후에 어떤 좌절과 열망이 깔려 있는지를 보여줍니다. 우리 청년들이 이를 접할 때는 이 사상이 지닌 폭력적·배타적 성격을 비판적으로 읽어내는 동시에, 왜 이런 사상이 20세기 중반 이후 많은 아랍권 청년의 마음을 사로잡았는지를 성찰해야 합니다. 이는 결국 사상의 힘이 얼마나 큰 변화를 불러일으킬 수 있는지를 보여주는 생생한 역사적 사례이기도 하기 때문입니다.

현대는 자연스레 주어진 것이 아니다

우리가 살아가는 현대 사회의 모습은 자연스럽게 주어진 것이 아닙니다.《현대의 탄생(The Shape of the New)》은 그 출발점을 기술이나 제도가 아닌 인간 의식의 전환에서 찾습니다. 17~18세기 유럽, 갈릴레이와 뉴턴이 수학적 이성으로 자연을 설명하면서 세계관이 신 중심에서 인간 중심으로 바뀌던 순간, 데카르트가 "나는 생각한다, 고로 존재한다"라고 선언하던 순간, 이 모든 변화는 단순한 지식의 발전이 아니라 인간이 자기 자신과 세계를 바라보는 방식을 근본적으로 뒤바꾼 정신적 혁명이었습니다.

《현대의 탄생》을 쓴 스콧 몽고메리(Scott L. Montgomery, 1951~   )는 지구과학자로 워싱턴대학교 부설 국제연구대학원의 교수로 에너지, 지구변화, 지정학, 미국정치, 지성사, 과학사와 관련된 다양한 주제를 연구하며 강의와 저술활동을 펼치고 있습니다.

이 책의 핵심 주제는 '현대성(modernity)의 탄생'입니다. 과학혁명과 철학적 사유, 종교개혁, 계몽주의 등 17~18세기 유럽 지성사의 흐름을 따라가며 과학, 종교, 철학, 정치, 예술 등 다양한 영역에서 인간 중심의 사유 체계가 어떻게 형성되었는지를 설명하고, 우리가 현재 당연하게 여기는 자유, 이성, 주체성 등의 가치가 어떤 과정을 거쳐 자리 잡았는지를 추적합니다.

저자는 한 개인의 사고방식이 세계의 흐름을 바꾼다고 보았습니다. 루터의 종교개혁은 신앙이 교회가 아닌 개인의 내면에서 가능하다는 것을 보여주었고, 칼뱅의 예정론과 소명의식은 개인의 도덕적 선택과 책임을 강조하며, 경제활동과 종교윤리를 연결지어 근대적 직업윤리와 자본주의 형성에도 큰 영향을 미쳤습니다.

계몽주의 시대에는 인간의 이성과 비판정신이 권위와 전통을 해체하는 원동력이 되었습니다. 볼테르, 루소, 몽테스키외, 디드로 등의 사상가는 인간 권리와 자유, 평등에 대한 인식에 철학적인 근거를 제시했고, 그들의 사상은 프랑스 혁명과 미국 독립선언에 사상적 연료를 제공했습니다. 이 시기의 사유는 현대 민주주의와 법치주의, 교육제도의 기초가 되었습니다.

이 책은 또한 예술과 문학의 변화를 함께 살핍니다. 이전 시대의 예술이 신의 영광을 드러내기 위한 도구였다면, 근대 이후 예술은 인간의 감정과 고뇌, 상상력과 창조성을 표현하는 영역으로 탈바꿈했습니다. 화가, 작가, 작곡가는 개인의 내면세계를 표현하며 인간 존재의 복잡성과 주체성을 탐구하는 새로운 창조자가 되었습니다.

저자는 이 모든 흐름을 하나로 묶는 개념으로 '자기 인식의 혁명'을 제시합니다. 인간은 더 이상 우주의 하위 질서에 속한 존재가 아니라, 세계를 해석하고 구성하는 주체입니다. 정체성은 고정된 본질이 아니라 사회적 맥락 속에서 끊임없이 형성되는 과정이며, 이것이 곧 현대의 특징입니다.

《현대의 탄생》은 단지 과거를 설명하는 데 그치지 않고, 지금 우리가 어떻게 살아야 할 것인지에 대한 근본적인 성찰을 요구합니다. 산업혁명과 제국주의, 민족주의 그리고 20세기 전쟁의 역사 속에서도 인간 중심 사고가 어떻게 긍정적이면서 동시에 파괴적으로 작용했는지를 보여주며, 저자들은 특히 이러한 현대성의 구조가 서구만의 산물이 아니라, 세계화 속에서 다양한 문화가 재해석하고 흡수한 지적 유산이라는 점도 강조합니다.

더불어 이 책은 오늘날 인공지능, 디지털 문명, 생명공학 같은 첨단기술 시대를 사는 우리가 직면한 새로운 윤리적 도전도 '현대성의 연장선'에서 성찰할 수 있음을 시사합니다. 지금 우리 앞에 펼쳐진 세계는 여전히 '인간이 누구인가'라는 근본적 질문을 던지고 있으며, 그에 대한 답을 찾는 과정은 아직 끝나지 않았습니다.

끝으로 이 책을 읽을 때는 갈릴레이, 데카르트, 루터, 볼테르 등 주요 사상가들이 기존 권위를 해체하고 새로운 인간상을 제시하는 장면을 유심히 읽었으면 합니다. 《현대의 탄생》에서 저자가 갈릴레이, 데카르트,

루터, 볼테르 같은 사상가들을 강조하는 이유는, 이들이 모두 기존의 권위와 질서를 해체하고 새로운 인간상을 제시한 인물들이기 때문입니다. 갈릴레이는 자연을 과학적인 방법으로 탐구하며 교회의 절대 권위에 도전했고, 데카르트는 합리적 사유를 통해 근대적 자아의 출발을 열었습니다. 루터는 종교개혁을 통해 개인 신앙의 자유를 회복했으며, 볼테르는 비판 정신을 앞세워 근대 시민사회의 기반을 마련했습니다. 이러한 사상가들의 등장은 곧 '근대'라는 시대가 기존 권위의 붕괴와 새로운 가치의 수립 위에서 형성되었음을 잘 보여줍니다. 따라서 독자들은 이 장면을 통해 근대의 본질이 무엇인지, 그리고 그 시대가 어떤 인간상을 새롭게 열어놓았는지를 깊이 성찰할 수 있습니다.

저자들이 이 책에서 반복적으로 제시하는 '현대란 무엇인가'란 정의와 철학적 명제들은, 우리가 살아가는 시대의 뿌리를 되돌아보게 하는 중요한 사유의 장치입니다. 현대는 과학혁명, 종교개혁, 계몽주의, 시민혁명 등 역사적 투쟁과 사상의 축적 속에서 형성된 결과물입니다. 이를 따라 읽다보면 오늘날 당연시되는 개인의 자유, 합리적 사고, 비판적 정신 등이 결코 거저 주어진 것이 아니라, 오랜 역사 속에서 쟁취되고 정립된 가치임을 깨닫게 됩니다. 이런 맥락에서 이 책은 오늘의 청년들이 자신의 시대적 정체성을 돌아보고, 앞으로의 방향을 성찰하는 데 의미 있는 길잡이가 되어줄 것입니다.

자유는 질서가 만든 꽃이다

혁명은 언제나 사람의 마음을 흔듭니다. 권력의 구조가 뒤집히고, 오랜 전통이 무너지는 순간, 우리는 두려움과 흥분, 기대와 혼란 속에서 자신을 돌아보게 됩니다. 18세기 후반, 프랑스는 바로 그런 시대를 맞았습니다. 구체제의 붕괴와 자유, 평등, 박애를 외치는 혁명의 불길 속에서, 유럽은 새로운 질서의 가능성과 위태로움을 동시에 경험했습니다. 에드먼드 버크(Edmund Burke, 1729~1797)는 이 혼란의 한복판에서 《프랑스 혁명에 관한 성찰(Reflections on the Revolution in France)》을 집필하며 혁명을 냉철하게 성찰했습니다. 그는 단순히 혁명을 비판하거나 과거를 미화하지 않았습니다. 오히려 사회와 인간의 본성, 전통과 질서의 중요성을 깊이 고민하며, 변화의 속도와 방법을 신중하게 따져야 한다고 주장했습니다.

아일랜드 출신의 영국 정치가이자 사상가인 에드먼드 버크는 근대 보수주의의 창시자 중 한 명으로 꼽힙니다. 그는 영국 하원의원으로 활동하며 프랑스 혁명과 같은 급진적 변화보다는 관습과 제도, 점진적 개혁을 중시하는 정치철학을 전개했습니다. 《프랑스 혁명에 대한 성찰》은 그가 18세기 말 프랑스에서 벌어진 대혁명을 비판한 대표 저작으로, 이후 보수주의의 정신적 기초가 되었습니다.

당시 많은 지식인이 프랑스 혁명을 진보와 해방의 기점으로 여긴 것과 달리, 저자는 혁명의 위험성과 파괴성을 경고합니다. 급진적인 혁명은 자유와 정의를 실현하는 것이 아니라, 오히려 사회 질서를 파괴하고 전체주의를 부를 위험이 있습니다. 버크는 자유가 제도의 울타리 안에서만 존재할 수 있으며, 사회는 관습과 전통, 도덕적 책임 위에 세워져야 한다고 주장했습니다. 또 그는 혁명가들이 인간의 이성과 권리만을 신봉한 나머지 역사와 전통, 제도의 중요성을 무시했다고 비판했습니다.

그는 프랑스 혁명이 단순한 전제정 폐지의 과정이 아니라, 기존 질서를 폭력적으로 해체하고 새로운 사회를 '처음부터 설계하려는 시도'로 보았습니다. 이성만을 절대화한 결과는 이념 독재, 정치적 폭력, 민중 선동이라는 파국으로 이어졌으며, 결국 왕정을 무너뜨린 민중이 스스로 더 무서운 독재의 길을 자초했다고 분석합니다.

"국가는 단순한 계약이 아니라 과거와 현재, 미래 세대를 잇는 영속적 연대이다." 버크는 국가란 현재의 구성원만의 합의로 만들어지는 것이 아니라, 조상들이 세운 전통, 현재 시민의 책임 그리고 미래 세대의 권리를 함께 고려한 세대 간 계약의 공동체라고 보았습니다. 따라서 어떤 제도나 법도 무조건 파괴하고 새로 만들기보다는, 오랜 시간 속에서 진화하고 정착된 전통과 관습을 존중해야 한다고 주장합니다.

그는 프랑스 혁명이 '권리'만을 외치고 '의무'를 경시했다고 지적하며, 자유는 책임과 도덕 안에서만 가능하다고 말합니다. 인간의 감정과 공동체 의식, 도덕성과 종교적 상상력 등, 이성 이외에도 사회를 지탱하는 요소들이 있다는 것이 그의 핵심 주장입니다.

이 책은 단지 프랑스 혁명에 대한 비판을 넘어, 정치와 사회가 어떻게 유지되어야 하는지에 대한 정치철학의 원리를 세운 저작입니다. 이후 이 사상은 영미 보수주의의 뿌리가 되었고, '현실을 고려한 자유' '공동체적 책임'이라는 개념을 통해 현대 자유민주주의의 균형 있는 이해를 도왔습니다.

프랑스 혁명 초기, 혁명 지도자들은 기존 사회의 모든 기둥을 급진적으로 해체하고 새로운 질서를 강제적으로 도입했습니다. 귀족제와 세습 특권은 폐지되었고, 국왕은 처형되었으며, 국교였던 가톨릭은 축출되어 교회 재산이 몰수되고 성직자들은 국가에 복종할 것을 강요받았습니다. 군대 조직은 시민군 중심으로 재편되었고, 봉건적 농노제 폐지와 함께 토지 소유 구조도 대대적으로 변경되었습니다. 이 밖에도 교육, 사법, 세금, 행정 제도 전반에 걸쳐 '이성'에 기반한 새로운 설계가 시도되었는데, 이는 오랜 역사적 맥락과 사회적 관습을 무시한 과잉 실험이었습니다.

에드먼드 버크는 이런 과격한 전환을 극도로 우려했습니다. 그는 인간

에드먼드 버크, 《프랑스 혁명에 관한 성찰》

사회는 서서히 진화하며 축적된 지혜와 관습의 기반 위에 유지되어야 한다고 보았고, 프랑스 혁명이 보여준 급진적 단절과 재설계 시도는 결국 폭력과 혼란을 초래할 뿐이라 경고했습니다. 그는 특히 종교와 군대, 사법 제도 등 국가 질서를 유지하는 핵심 기둥들이 무너질 때, 자유도 보호받을 수 없다고 강조합니다.

오늘날의 극단주의 정치와 혁명적 급진주의(신좌파 이론, 전체주의적 포퓰리즘 등)에 대한 비판 역시 버크의 철학 안에 암시되어 있습니다. 그는 공동체가 감당할 수 없는 급격한 사회 해체는 자유를 위한 길이 아니라, 혼돈과 독재를 초래한다고 보았습니다.《프랑스 혁명에 관한 성찰》은 변화의 방향이 아니라 방식에 대한 질문을 던지는 책이며, 이성에 매몰되지 않고 인간 전체의 복합성을 반영하는 정치적인 지혜를 요구합니다. 자유주의를 단순히 옹호하거나 비판하는 책이 아니라, 자유를 지키기 위한 조건과 책임을 묻는 보수적 성찰서로 읽어야 합니다.

오늘날 우리는 빠른 변화와 극단적 정치의 소용돌이를 겪으며 살아가고 있습니다. 버크가 경고한 것처럼, 공동체가 감당할 수 없는 급진적 해체는 자유를 보장하기보다 혼돈과 독재를 불러올 수 있습니다. 청년기에는 단순히 변화를 좇거나 반항하는 데 그치지 않고, 사회와 인간을 함께 이해하는 시선 그리고 책임 있는 판단을 배워야 합니다.

《프랑스 혁명에 대한 성찰》은 바로 그 연습장과 같습니다. 18세기 문체와 논리가 때로 어렵게 느껴질 수 있지만, 그 속에서 우리는 급진적 이상과 현실적 지혜 사이의 균형을 탐구할 수 있습니다. 버크가 던지는 질문은 단순히 역사 속 프랑스에 머물지 않고, 오늘 우리가 선택하고 만들어 갈 사회에도 깊은 울림을 줍니다. 이 책을 읽으며, 변화의 속도와 방식 그리고 자유와 책임의 의미를 곱씹는 경험은 대한민국 청년으로서 더 현명하게 세상을 바라보는 작은 출발이 될 것입니다.

° 서구 사회는 어떻게 승리자가 되었는가

스마트폰으로 세상을 탐험하고, 유튜브에서 하루에도 수십 개의 문화를 만나는 요즘, 우리는 '서양 중심의 시대'라는 말이 무색할 만큼 다양한 세계 속에서 살고 있습니다. 그런데 단 한 세대 전만 해도, 서구는 인류의 정치·경제·과학을 압도하며 '세계의 주인'으로 군림했습니다. 《니얼 퍼거슨의 시빌라이제이션(Civilization)》은 왜 서양이 그렇게 앞설 수 있었는지, 그리고 지금 그 자리를 지켜낼 수 있을지에 대해 생각해보는 흥미로운 책입니다.

이 책의 저자인 니얼 퍼거슨(Niall Ferguson, 1964~　)은 영국 출신의 역사학자이자 정치경제 분석가로, 하버드대학교와 옥스퍼드대학교에서 학생을 가르친 세계적인 석학입니다. 제국주의, 금융 역사, 서구 문명의 부상과 쇠퇴에 대한 연구로 널리 알려져 있으며, 대중성과 학문성을 겸비한 저술가로 평가받고 있습니다.

퍼거슨은 《니얼 퍼거슨의 시빌라이제이션》에서 서구 문명이 세계를 지배하게 된 성공의 배경에는 '여섯 가지 킬러 애플리케이션(killer apps)'이 있다고 정리합니다. 이는 서구가 가진 경쟁적 우위의 요소들을 압축한 표현입니다. 그 여섯 가지는 경쟁적 정치와 경제 구조, 과학혁명, 법치주의와 재산권 보호, 현대 의학, 소비사회, 근면 윤리와 자본주의입니다.

퍼거슨은 서유럽의 수많은 정치체제 분열로 발생한 '경쟁'이 오히려 서구 사회에 유리하게 작용했다고 보았습니다. 왕국과 도시국가 간의 경쟁은 군사, 기술, 상업, 정치 제도의 혁신을 촉진했고, 이로 인해 중앙집권적 제국 체제보다 더 빠르게 진보할 수 있었습니다.

과학혁명은 서구 문명이 자연 세계를 이해하고 제어하는 능력을 갖추게 하였으며, 과학의 발달은 산업혁명과 더불어 식민지 확장의 발판이 되었습니다. 반면 동양 문명은 유교적인 질서와 종교적 전통에 얽매여 과학 발전에서 뒤처졌다고 진단합니다.

'법치와 재산권 보호'가 보장하는 안정된 법체계와 사유재산 보호는 자본주의 발전의 기틀이 되었으며, 이로 인해 서구는 신뢰 기반의 금융 시스템과 기업 생태계를 갖출 수 있었다고 주장합니다. 이는 경제 성장의 토대를 마련했습니다.

전염병과 질병에 맞서는 공중보건 시스템의 발전은 인구 증가와 식민지 확장을 가능하게 했습니다. 서구 의학은 단순히 생명을 구하는 기술이 아니라 인류의 삶의 질을 바꾸는 문명의 지표로 작용했습니다.

퍼거슨은 자본주의의 진정한 힘이 생산보다 소비에 있다고 강조합니다. 서구 사회는 대량 생산–대량 소비의 순환 구조를 형성하며 글로벌시장을 장악했고, 이는 문화적 패권으로도 이어졌습니다.

마지막으로, '근면 윤리'입니다. 청교도 윤리에서 유래한 노동 중심 가치관은 생산과 축적을 미덕으로 여기게 했고, 이는 경제 성장과 자본주의의 확산을 가속화시켰습니다. 퍼거슨은 이를 동양 사회가 모방하려 했지만, 근본적 가치관의 차이로 인해 한계에 부딪혔다고 분석합니다.

퍼거슨은 마냥 서구 문명을 찬양하지 않습니다. 그는 오히려 이 '킬러 앱'이 오늘날에는 업데이트되지 못한 채 기능을 상실하고 있다고 경고합니다. 법과 제도의 신뢰가 약화되고, 과학을 불신하며, 소비사회로 인해 발생하는 도덕적 피로가 누적되고 있습니다. 공중보건의 위기가 발생하고 노동에 대한 가치 하락 등은 서구 내부에서 문명의 기반이 흔들리기 시작했음을 보여주는 사례입니다. 또한 중국과 이슬람 세계의 부상, 글로벌 불균형의 심화, 기술의 정치화 등은 서구 중심 질서의 재편 가능성을 암시합니다. 퍼거슨은 문명이 영원하지 않으며, 문명의 몰락은 내부적 해이에 의해 조용히 찾아온다고 경고합니다.

서구의 '킬러 애플리케이션'은 단순히 기술적 요소가 아니라, 정치적·문화적 구조와 깊은 관련이 있습니다. 특히 퍼거슨은 법치주의와 재산권의 보호는 단지 경제 성장을 위한 조건이 아니라, 시민의 자유와 책임 의식을 동시에 키워내는 제도적 기반이라고 합니다. 그는 이러한 요소들이 서로 연결되어 '문명적 생태계'를 구성하며, 그중 하나라도 약화되면 전체가 무너지기 시작한다고 경고합니다.

또 오늘날 동양의 급속한 부상을 분석하면서도, 단순히 경제적 성장이 문명의 성숙을 의미하진 않는다고 강조합니다. 중국 등 비서구 문명이 서구적 질서의 외형은 모방했지만, 정치적 자유나 사상적 경쟁, 비판적 합리성의 정신은 여전히 취약하다고 보았습니다. 그는 진정한 문명이 물질적 풍요만으로 이루어지는 것이 아니라, 내면의 가치와 제도적 균형이 함께 작동할 때 지속 가능하다고 말합니다.

《니얼 퍼거슨의 시빌라이제이션》은 단순히 과거 서구 사회의 성공 비밀을 파헤친 책이 아닙니다. 이 책은 우리가 당연하게 누리는 제도와 문화 그리고 우리가 마주한 도전들이 어디서 비롯되었는지를 되묻습니다. 한국 사회는 지금 빠른 속도로 변화하는 세계 한복판에 서 있습니다. 누군가는 과학과 기술로 길을 열고, 또 다른 누군가는 경쟁과 협력의 균형을 새롭게 만들어가야 합니다.

젊은 독자들에게 이 책은 '과거의 승자는 왜 승리했는가'라는 물음에 그치지 않고, '앞으로 우리는 어떤 선택을 통해 미래를 만들어갈 것인가'라는 도전으로 읽히길 바랍니다. 세계를 움직였던 여섯 가지 힘을 어떻게 계승하고 또 새롭게 바꿀 것인지는, 바로 지금 우리에게 달려 있으니까요.

세상이 점점 나빠지고 있다는 편견

우리가 사는 세상은 정말 점점 살기 힘든 곳으로 변하고 있을까요? 전쟁, 기후 위기, 불평등 같은 뉴스만 보면 그렇게 느낄 수 있습니다. 그런데 데이터를 들여다보면 놀라울 만큼 다른 이야기가 펼쳐집니다.《팩트풀니스(Factfulness)》는 우리가 가진 이 비관적 본능을 넘어, 세계를 있는 그대로 보는 법을 알려주는 책입니다.

한스 로슬링(Hans Rosling, 1948~2017)은 스웨덴 출신의 의사이자 통계학자이며, 공중보건과 개발에 대한 TED 강연으로 세계적인 명성을 얻었습니다. 그는 평생동안 '우리가 믿는 직관은 세상의 실제 모습과 얼마나 다른가'를 데이터로 증명해 보였습니다. 그리고 그 과정에서 우리가 놓치고 있던, 놀랍도록 희망적인 세계의 얼굴을 보여주었습니다.《팩트풀니스》는 그가 며느리 안나 로슬링 뢴룬드(Anna Rosling Ronnlund)와 아들 올라 로슬링(Ola Rosling)과 함께 쓴 대표작으로, 혼란스러운 뉴스와 정보 속에서도 세상을 제대로 바라보는 법을 알려주는 책입니다. 이 책은 사람들이 세상을 왜곡해서 인식하는 심리적 본능을 분석하고, 데이터를 기반으로 한 사실 중심의 세계관을 회복할 것을 촉구합니다. 막연한 불안과 감정적 반응이 아니라, 실제 통계를 통해 세상을 보는 법을 배울 수 있도록 안내합니다.

한스 로슬링은 우리가 정보를 받아들일 때 이분법적으로 나누는 경향, 공포에 쉽게 흔들리는 경향, 단순화하려는 습관이 세상을 있는 그대로 보는 눈을 가린다고 말합니다. 이를 '극단 본능' '부정 본능' '크기 본능' '일반화 본능' '단일 관점 본능' 등 총 열 가지로 정리하며, 각 본능이 왜 생겼고 어떻게 극복할 수 있는지를 구체적으로 설명하고 있습니다.

예를 들어, 많은 사람은 '세계는 점점 나빠지고 있다'고 생각합니다. 테러, 전쟁, 가난, 환경 재앙 같은 뉴스가 매일 보도되기 때문입니다. 하지만 로슬링은 데이터를 통해, 지난 수십 년 동안 인류는 전례 없는 발전을 이루었다고 말합니다. 극빈층의 비율은 급감했고, 아동 사망률은 절반 이하로 줄었으며, 교육 수준과 문해률도 세계 곳곳에서 향상되었습니다. 문제는 이런 긍정적인 변화는 뉴스에 잘 보도되지 않기에 사람들은 계속해서 어두운 이미지에만 노출됩니다. 그래서 그는 "세상은 나빠지고 있다는 생각 자체가 가장 위험한 편견"이라고 강조합니다.

또 하나 인상적인 예는 세계 인구 구성에 대한 착각입니다. 사람들은 대부분 여전히 세계 인구가 '부자 국가'와 '가난한 국가'로 나뉜다고 믿습니다. 하지만 실제로 대부분의 사람이 중간 소득 수준에서 살고 있고, 의외로 많은 나라의 의료, 교육, 출산율 등이 빠르게 개선되고 있습니다.

한스 로슬링 외, 《팩트풀니스》

그는 사람들이 부정확한 세계관을 갖게 되는 이유 중 하나로 언론과 교육 시스템을 지목합니다. 뉴스는 자극적이고 극단적인 사건만을 보여주고, 학교는 오래된 통계를 그대로 가르치기 때문에 학생들은 이미 변화된 세상을 인식하지 못한다는 것입니다. 더 나아가 정치인과 활동가들까지도 위기감을 조장하고 공포를 자극하는 메시지를 반복하면서 오히려 사람들의 이성과 판단을 흐리게 만듭니다.

그렇다고 해도 《팩트풀니스》가 단순히 '세상이 좋아지고 있다'란 낙관적 메시지만 전하는 책은 아닙니다. 이 책의 핵심은 '정확히 알자'입니다. 우리가 가진 편견과 본능을 자각하고, 가능한 한 데이터를 근거로 사고하며, 극단 대신 맥락을 보는 눈을 갖자는 것입니다. 저자는 독자들에게 "당신이 알고 있는 세계는 정말 사실인가?" "그 정보는 언제 것이며, 어떤 근거에서 나왔는가?"라고 끊임없이 묻습니다.

이 책의 또 다른 중요한 메시지는 '희망은 데이터에서 온다'는 것입니다. 우리가 막연히 불안해하는 이유는 세상의 문제를 정확히 파악하지 못하기 때문이고, 문제를 오해하면 해결책도 잘못 세우게 됩니다. 로슬링은 세상이 좋아졌다고 말하는 건, 세상이 완벽하단 뜻이 아니라 문제를 정확히 진단해 올바른 방향으로 나아갈 수 있다는 뜻이라고 합니다.

또한 그는 이 책이 단순한 정보 해석 능력을 넘어, 왜곡된 정보에 휘둘리지 않고 사실을 바탕으로 세상을 이해하는 태도를 기르며, 다른 사람들과 더 나은 공동체를 만들어가는 기초가 될 수 있다고 말합니다. 예컨대, 세계 곳곳의 빈곤, 질병, 교육 불균형 같은 문제를 극단적으로 비관하거나, 완전히 무시하는 태도가 아니라, 정확히 파악하고 지속적으로 개선해 나가는 자세로 바라보는 것이 중요하단 뜻입니다.

책의 끝부분에서 저자는 팩트풀니스를 일종의 생활 습관으로 제안합니다. 정보를 접할 때마다 '이 뉴스는 어떤 감정을 자극하는가?' '이 숫자는 출처가 명확한가?' 등을 자문하라고 조언합니다. 이런 질문은 단순히 통계를 잘 읽는 능력이 아니라, 세상을 더 성숙하게 이해하는 사람으로 성장하는 데 필요한 훈련입니다.

《팩트풀니스》는 세상을 장밋빛으로 포장하지도, 반대로 지나치게 비관하지도 않습니다. 대신 데이터와 사실을 통해 우리가 가진 왜곡된 시선을 바로잡고, 균형 잡힌 세계관을 제시합니다. 불안과 공포를 자극하는 뉴스와 정보 속에서, 이 책은 세상을 보다 차분하고 희망적으로 바라볼 수 있는 힘을 줍니다.

오늘의 청년들이 직면한 미래는 불확실하고 복잡해 보일지 모릅니다. 하지만 《팩트풀니스》를 통해 세상을 이해하는 더 나은 방법을 배운다면, 불안 대신 가능성을, 두려움 대신 변화의 기회를 발견하게 될 것입니다.

함께 살아야 한다

우리는 흔히 경쟁을 진보의 원리로 배워왔습니다. 하지만 러시아 사상가 표트르 크로포트킨(Pyotr Alekseyevich Kropotkin, 1842~1921)은 《만물은 서로 돕는다(Mutual Aid)》에서 자연과 인간 사회의 진화가 '적자생존'의 결과가 아니라 상호부조, 곧 서로를 돕고 협력하는 힘에 의해 이루어졌다고 말합니다.

이 책의 저자인 표트르 크로포트킨은 러시아의 지리학자이자 사회사상가, 아나키스트로 알려진 인물입니다. 러시아 귀족 출신이었으나 차별과 불평등에 문제의식을 느껴 사회개혁 운동에 뛰어들었으며, 유럽 각국을 돌며 여러 혁명가와 교류하고 저술 활동을 이어갔습니다. 특히 과학적 관찰과 진화론적 통찰을 바탕으로 '상호부조론'을 정립하며 경쟁 중심의 사회진화론을 비판했습니다.

그는 생존에 결정적인 요소는 경쟁이 아니라 협력이라는 점을 강조하며 사회적 다원주의에 근본적인 반론을 제기합니다. 사회적 다원주의는 경쟁이 사회발전을 이끈다는 사상으로, 당시 학계의 지배적인 정서였습니다.

크로포트킨은 시베리아 탐험과 유럽 각지의 생태를 관찰하며, 자연계에서 수많은 동물이 서로 돕고 협력하며 살아가는 모습을 기록했습니다. 예를 들어, 바닷새들이 함께 둥지를 틀고 공동 육아를 하며, 초식동물이 포식자에 대항해 집단으로 방어하는 모습 등은 자연이 단순한 투쟁의 장이 아님을 보여줍니다. 늑대는 무리를 이루어 사냥하고, 벌과 개미는 공동체 내에서 철저한 분업과 협력으로 생존을 유지합니다. 이런 행동은 단순한 본능이 아니라 생태계 내에서 가장 효과적인 생존 전략으로 작동합니다. 그는 동물뿐 아니라 인류 초기 공동체, 중세 도시, 농촌 공동체 등에서도 자율성과 상호부조를 바탕으로 한 조직이 사회를 유지해왔다는 사례를 제시하고 있습니다. 역사 속에서 농촌 공동체, 길드, 상호부조 조직, 노동조합 등 다양한 협력 구조들이 있었습니다.

특히 그는 중앙정부의 강제가 아닌 자발적 협력에 기반한 연대 구조를 이상적인 사회 모델로 보았습니다. 이러한 사상은 훗날 협동조합 운동, 사회적 경제, 복지국가 담론에도 큰 영향을 주었습니다.

그러면서 그는 당시 일부 생물학자들이 다윈의 사상을 '적자생존'의 경쟁 논리로만 해석하는 데 대해 강한 비판을 가했습니다. 그는 다윈이 실제로 《종의 기원》에서 "상호 협력이 진화에 결정적인 역할을 한다"고 언급했음을 강조하며, 경쟁만을 강조한 해석은 다윈주의의 왜곡이라고 지적합니다. 다윈주의의 왜곡은 자본주의 경쟁 질서를 정당화하는 도구로 사용되며, 인간 사회의 공동체성과 윤리적 기반을 약화시키는 결

표트르 크로포트킨, 《만물은 서로 돕는다》

과를 낳았다고 보았습니다.

오늘날 21세기를 살아가는 인류는 '사회적 다윈주의'라는 교조적 사상에 깊이 중독되어 있습니다. 이는 다윈 본래의 사상을 오해한 결과이며, 지나치게 생존 경쟁만을 강조하는 관점은 오히려 인류의 미래를 위협할 수 있습니다. 따라서 청년들이 이러한 오독에서 벗어나기 위해서는《종의 기원》과 더불어《만물은 서로 돕는다》를 함께 읽는 것을 권합니다. 표트르 크로포트킨은 단순한 이상주의자가 아니라 풍부한 현장 관찰과 과학적 증거를 바탕으로 '상호 협력'이야말로 진화의 본질임을 밝힌 사상가입니다. 그의 사상은 청년에게 협력과 공동체, 배려의 가치를 새롭게 조명하며, 경쟁과 적자생존 중심의 사고에서 벗어나도록 이끄는 귀중한 정신적 영양소가 될 것입니다.

오늘날 벌어지고 있는 팬데믹과 기후 변화, 불평등 심화 같은 위기 속에서도 '서로 돕는 원리'는 여전히 유효합니다. 국경을 넘는 백신 연대, 시민들의 자발적 기부와 돌봄 운동, 지역 공동체의 상호 지원은 크로포트킨이 말한 상호부조의 현대적 구현입니다. 경쟁과 효율만을 강조한 사회가 흔들릴 때, 우리는 다시 '서로 돕는 사회'의 가능성을 상상하게 됩니다. 우리는 그의 주장을 이상주의가 아니라 지속가능한 공동체의 생존 전략으로 이해할 수 있습니다.

이 책은 경쟁이 아닌 협력, 파괴가 아닌 공존의 가능성을 보여줍니다. 물질주의적 경쟁 체제에 익숙한 청년들이 이 책을 통해 '협력'이라는 가치에 눈을 뜨고, 공동체적 삶에 대한 감수성과 상상력을 회복할 수 있다면, 그것만으로도 이 책의 가치는 충분합니다. 나아가 이 책은 단지 생물학적 논쟁을 넘어서 사회, 윤리, 정치적 영역에서 인간다운 삶의 길을 다시 묻는 철학적 안내서가 될 것입니다. '나 혼자가 아니라 함께 살아야 한다'는 통찰은, 연대와 협력을 통해 새로운 가능성을 찾고자 하는 이들에게 중요한 사유의 출발점이 될 것입니다.

군중 속의 인간은 더 이상 자신이 아니다

SNS 속에서 쏟아지는 글과 영상, 댓글의 파도 앞에서 우리는 얼마나 독립적인 존재일까요? 때로는 '좋아요' 숫자에 따라 마음이 흔들리고, 다수의 의견에 동의하지 않으면 뒤처진 듯 불안해집니다. 귀스타브 르 봉(Gustave Le Bon, 1841~1931)의 《군중심리(Psychologie des foules)》는 19세기 말에 쓰였지만, 오늘날 우리가 살고 있는 인터넷 세상과도 놀랍도록 정확하게 부합합니다. 그는 개인이 군중 속에 섞일 때 어떻게 이성보다 감정의 지배를 받게 되는지를 날카롭게 짚어냅니다. 이 책을 읽다 보면, '내 생각'이라고 믿었던 것이 사실은 '군중의 목소리'였음을 깨닫게 될지도 모릅니다. 그래서 오늘을 살아가는 현대인에게 이 책은 흔들림 속에서도 자기만의 시선을 잃지 않게 해주는 든든한 나침반이 될 수 있습니다.

귀스타브 르 봉은 19세기 프랑스의 사회심리학자이자 군중행동이론의 창시자 중 한 사람입니다. 그는 군중이 개인과는 전혀 다른 심리를 갖고 움직인다는 점에 주목해 집단 심리의 메커니즘을 과학적으로 분석했습니다. 그의 대표작인 《군중심리》는 심리학, 정치학, 사회학의 발전에 지대한 영향을 끼쳤으며 전체주의, 대중 선동, 여론형성이론의 기초가 되었습니다.

이 책은 군중이 어떤 방식으로 사고하고 행동하는지를 체계적으로 분석한 고전으로, 개인이 군중 속에 섞이면 이성적 판단을 잃고 충동적이고 비이성적인 존재로 변한다는 점을 규명합니다. 귀스타브 르 봉은 군중 안에 있는 개인은 더 이상 자율적인 인격체로 행동하지 않고, 집단에 녹아들어 전체와 동화된 심리 상태로 움직인다고 말합니다. 그래서 왜곡된 판단과 감정에 쉽게 휘둘리며, 이때 지도자나 선동가의 영향력이 결정적으로 작용한다고 보았습니다.

그는 군중의 대표적인 특징으로 익명성, 책임감 상실, 감정적 전염, 피암시성 등을 들고 있습니다. 예컨대, 혼자 있을 때는 하지 않을 행동도 군중 속에서는 쉽게 하게 되는데, 그 이유는 개인의 이성이 억제되고 집단의 감정이 강화되기 때문입니다. 이런 상태에서는 단순한 메시지, 이미지, 상징 등에 쉽게 영향을 받고, 복잡한 논리보다 강렬한 구호나 반복되는 주장에 더 크게 반응하게 됩니다.

르 봉은 특히 지도자의 역할을 강조합니다. 군중은 스스로 방향을 결정하지 못하기 때문에, 카리스마 있는 인물이 등장하면 쉽게 따르게 됩니다. 이 지도자는 이성적인 설득보다는 감정적 자극을 통해 군중을 이끄는 경우가 많습니다. 르 봉은 지도자가 설득하는 사람이 아니라 암시하는 사람이라고 말했습니다. 선동가, 종교 지도자, 정치인 등이 군중의 심리를 이용하는 방식을 설명하면서, 독재와 대중 선동의 메커니즘이 어떻게 작동하는지를 보여줍니다.

또한 르 봉은 군중 속의 개인은 평소 갖고 있던 도덕적 기준이나 책임감이 약해질 수 있다고 보았습니다. 집단 속에서 개인은 잔인한 행동이나 광적인 행위를 아무렇지 않게 저지를 수 있습니다. 반면 군중은 자기희생적인 모습도 보이는데, 이 또한 이성적 판단보다는 감정의 고양과 동조에서 비롯된 결과라고 해석합니다. 이런 이중성은 군중을 다루는 것이 얼마나 위험하면서도 동시에 유용한 도구가 될 수 있는지를 보여줍니다.

이 책의 흥미로운 점은 르 봉이 군중을 단순히 비판하거나 경계 대상으로만 본 게 아니라, 군중이 역사 속에서 얼마나 큰 영향을 미쳐왔는지를 긍정적으로도 평가했다는 점입니다. 그는 프랑스 혁명, 종교개혁, 제국주의 운동 등 세상을 바꾼 모든 대중 운동의 밑바탕에 군중심리가 작용했다고 보았습니다. 따라서 군중심리를 이해하는 것은 단지 사회를 통제하기 위한 기술이 아니라, 사회의 변화를 읽고 미래를 준비하는 통찰력이라고도 할 수 있습니다.

르 봉은 이런 군중심리가 단지 일시적인 현상이 아니라, 역사를 움직이는 강력한 힘이라고 보았습니다. 그는 고대 종교 운동부터 근대 혁명,

대중 정치에 이르기까지 모든 시대에 걸쳐 군중심리가 어떻게 작용했는지를 예시로 들었습니다. 예컨대 프랑스 혁명 당시 군중의 광기, 나치즘이나 파시즘과 같은 전체주의 운동의 확산 등은 모두 군중이 이성보다 감정과 상징에 의해 쉽게 조종될 수 있었기 때문에 가능했다고 합니다.

그는 군중의 감정은 매우 단순하고 극단적이라고 보았습니다. 군중은 흑백논리 속에서만 사고하며, 어떤 대상을 신처럼 추앙하거나 반대로 무조건적으로 증오하기도 합니다. 그래서 지도자는 복잡한 설명보다 간결하고 강한 메시지를 반복하며 군중을 이끌게 되는 것입니다. 그 메시지는 공포, 분노, 희망 같은 감정에 호소하며 군중의 열광을 유도합니다.

르 봉은 이 모든 과정을 통해, 근대 민주주의가 위험에 빠질 수 있는 가능성도 경고합니다. 대중의 의사가 항상 이성적이거나 정의로운 방향으로 흘러가는 것이 아니라 감정적 선동과 잘못된 믿음에 의해 왜곡될 수 있다는 것입니다. 그래서 그는 군중이 지배하는 정치는 언제든지 폭력적이거나 예측 불가능한 결과를 초래할 수 있다고 우려했습니다.

무엇보다도 《군중심리》는 인간 본성에 대한 근본적인 질문을 던집니다. 우리는 언제나 이성적인 존재일까요? 아니면 특정 조건 속에서 쉽게 변하고 휘둘리는 존재일까요? 이 질문에 대해 르 봉은 '군중 속의 인간은 더 이상 자신이 아니다'라고 정의합니다. 이 책은 단지 사회 심리를 넘어, 인간이라는 존재에 대한 깊은 성찰을 유도하는 텍스트라고 하겠습니다.

오늘날 이 책이 더욱 중요한 이유는, 우리가 디지털 공간 속에서도 군중의 일부가 될 수 있기 때문입니다. 과거에는 광장이나 시위 현장에서만 군중심리가 나타나곤 했지만, 이제는 인터넷 댓글, SNS 공유, 온라인 여론몰이 같은 방식으로 군중의 감정이 실시간으로 폭발하고 퍼져나갈 수 있기 때문입니다.

특히, 군중의 특성과 지도자의 역할을 다룬 장은 꼭 주의 깊게 읽으면 좋겠습니다. '상징과 반복의 힘'에 대한 설명은 오늘날 광고, 정치 캠페인, SNS 메시지 전략과도 연결되므로 현대적 적용을 염두에 두고 읽어보면 좋겠습니다.

불평등이 몰고 올 위험에 대하여

《불평등의 대가(The Price of Inequality)》는 노벨경제학상 수상자인 조지프 스티글리츠(Joseph E. Stiglitz, 1943~   )가 현대 자본주의 사회의 심각한 불평등 문제를 다룬 대표작입니다. 저자는 세계은행 수석 경제학자와 미국 대통령 경제자문위원회 위원장을 역임했으며, 불평등, 정보경제학, 세계화 문제에 대한 비판적 시각으로도 널리 알려져 있습니다. 저자는 시장의 자율성을 맹신하는 신자유주의에 반대하며, 정부의 적극적 역할과 공공 정책의 필요성을 강조해왔으며, 경제학을 넘어 정치와 사회를 아우르는 통합적 시각으로 '정의로운 시장'을 주장하는 실천적 지식인으로 평가받습니다.

《불평등의 대가》에서 조지프 스티글리츠는 경제 성장의 과실이 소수에게 집중되며, 미국의 불평등 구조가 심화되는 이유는 단순히 개인의 능력 차이가 아니라, 제도와 권력 구조가 만들어낸 선택 때문이라고 말합니다. 불평등은 단지 경제적인 문제가 아니라 민주주의와 사회통합을 위협하는 구조적 위기이며, 이를 해결하기 위한 정책적 개입이 절실하다는 것이 이 책의 핵심 주제입니다.

저자는 상위 1퍼센트가 부를 독점하게 된 과정이 어떻게 작동해왔는지를 체계적으로 분석하며, 이는 단순한 소득 격차가 아닌 사회 전반의 붕괴로 이어지고 있다고 경고합니다.

첫 번째로, 그는 세금, 금융, 교육, 보건 등 공공제도가 어떻게 부자에게 유리하게 작동하고 있는지를 보여줍니다. 법률과 세제는 자본소득에 대한 과세를 회피하게 하고, 교육 시스템은 가난한 사람들의 접근을 차단하며, 건강보험은 양극화를 심화시킵니다. 그 결과, 상류층은 더 많은 부를 축적하며 정치적 영향력까지 확대해갑니다. 스티글리츠는 이와 같은 제도적 편향이 단순한 불평등을 넘어서 민주주의의 근간을 훼손한다고 경고합니다. 정부는 종종 '효율성'이라는 이름으로 규제를 완화하고, 시장의 자율성에 의존하지만, 이러한 정책은 실질적으로 권력과 자본이 결합해 대중을 배제하는 구조를 낳습니다.

둘째, 금융 시스템이 엘리트 중심으로 재편되면서 금융위기 이후에도 구조는 개선되지 않았습니다. 은행은 여전히 고위험 상품을 판매하며, 위험은 사회에 전가하고 이익은 사유화합니다. 2008년 금융위기 당시 은행을 구제한 정책은 사회 전체의 신뢰를 잃었고, 이는 정치 양극화와 반(反)엘리트 정서의 확산으로 이어졌습니다. 스티글리츠는 금융산업에 대한 감시와 개혁 없이는 이러한 불평등이 반복될 것이라고 경고합니다.

셋째, 교육과 노동의 기회가 사라지고 있다고 지적합니다. 고등 교육의 문턱은 점점 높아지고, 학자금 대출은 젊은 세대를 빚의 굴레에 빠뜨립니다. 노동시장에서는 안정적 일자리가 줄어들고, 자동화와 플랫폼 경제는 중간 계층의 일자리를 위협합니다. 자동화로 사람의 판단과 경험이 필요했던 사무·관리·기술직 가운데, 일정한 규칙으로 처리할 수 있는 일을 기계와 시스템이 대신하게 만드는 경향이 확산되고 있습니다. 그 결과 예전에는 안정적인 중간 직업군이 하던 일들이 점점 줄어들게 되었습니다. 또한 플랫폼 경제에서는 회사가 사람을 정규직으로 고용하기보다 개인에게 일을 나누는 방식이 늘어나면서, 예전처럼 고용 안정성과 보호를 전제로 한 일자리가 감소하는 방향으로 작동합니다. 이는 중산층의 몰락으로 이어지며, 사회의 희망을 갉아먹습니다.

넷째, 정치 시스템은 상위 계층의 목소리를 확대하고 하위 계층의 목소리를 약화시킵니다. 정치 자금, 로비스트, 미디어의 소유 구조가 결합되면서 정보의 왜곡과 여론 조작이 빈번해지며 그 결과, 공공 정책은 점점 더 현실과 괴리되고 대중은 정치적 냉소에 빠집니다.

스티글리츠는 이러한 문제가 단순히 윤리나 경제적 차원을 넘어서 문명의 지속가능성과 직결된다고 보았습니다. 그는 기본소득, 누진과세, 공공 교육과 의료의 강화, 금융 규제, 노동권 보호 등 다양한 정책 대안을 제시하며, 이런 개입은 경제를 왜곡하는 것이 아니라 오히려 시장을 건강하게 만들고, 사회적 자본을 회복하는 길이라고 주장합니다.

《불평등의 대가》는 우리가 늘 입에 올리는 '공정'이라는 말이 실제 제도

안에서는 얼마나 쉽게 왜곡되는지를 보여줍니다. 흥미로운 건, 책 속의 무대가 미국인데도 교육, 세금, 노동의 문제를 따라가다 보면 지금 한국 사회와 놀랄 만큼 닮아 있다는 점입니다. 그래서 이 책을 읽다 보면 '이건 남의 나라 이야기가 아니잖아?'란 생각이 듭니다. 스티글리츠는 불평등을 사회 전체가 치러야 하는 비용이고, 공동체가 오래 버티지 못하게 만드는 치명적인 위험이라고 경고합니다. 그렇기에 이 책은 단순한 경제학 서적이 아니라, 우리가 어떤 사회에서 살고 싶은지, 또 어떤 미래를 선택하고 만들어야 할지 스스로 묻고 답하게 하는 책입니다.

과잉은 불균형의 다른 이름이다

《세계화의 종말과 새로운 시작(Outside the Box)》은 전통적인 '상품 중심'의 세계화를 넘어 다음 단계 즉, 아이디어, 서비스 중심의 글로벌 연결로의 전환을 탐구하는 통찰력 있는 논픽션입니다. 이 책의 저자인 마크 레빈슨(Marc Levinson, 1953~)은 미국의 경제사학자이자 《이코노미스트》의 금융 및 경제학 담당 전 편집자로, 국제 무역과 물류, 자본 흐름에 대한 분석으로 주목받았습니다. 그는 《더 박스》를 통해 세계화의 핵심 동력이 된 컨테이너 물류 혁명을 조망했으며, 《세계화의 종말과 새로운 시작》에서는 세계 경제의 근본 구조를 뒤흔드는 공급과잉 현상을 분석합니다.

《세계화의 종말과 새로운 시작》은 세계 경제가 직면한 공급능력 과잉과 수요 정체의 구조적 불균형을 역사적 관점에서 조망한 책입니다. 산업의 자동화, 금융화, 글로벌 공급망 확대는 생산 능력을 극대화했지만, 실제 수요는 이를 따라가지 못하여 저성장과 경기 침체를 초래했습니다.

레빈슨은 1970년대 이후 세계 경제가 겪은 '공급능력의 급격한 확대'와 '수요 성장의 정체' 간의 불균형을 주요 주제로 삼았습니다. 1970년대 석유 위기 이후 각국은 제조업과 금융 시스템을 재편했습니다. 이로 인해 기술 발전과 세계화의 가속은 생산성을 획기적으로 높였습니다. 컨테이너와 물류 혁신, 자동화 시스템, 아웃소싱 확대는 공급 측면의 효율을 극대화했지만, 이에 비해 수요 확대는 일어나지 않았습니다.

1980년대 이후 자유무역과 금융 자유화가 전 세계로 확산되면서, 국경을 넘나드는 상품과 자본의 흐름은 과거와 비교할 수 없을 만큼 빨라졌습니다. 기업들은 저렴한 생산비용을 찾아 전 세계에 공급기지를 구축했고, 효율성과 속도는 극대화되었습니다. 하지만 이러한 구조는 공급 능력을 필요 이상으로 증대시키면서, 경제는 결국 시장이 흡수할 수 있는 수요를 초과하게 되는 '공급과잉'의 구조적 함정에 빠졌습니다.

레빈슨은 이 과잉의 본질이 생산량의 문제가 아니라, '기대치'와 '과잉투자'의 문제라고 지적합니다. 기업들은 미래 수요를 낙관적으로 예측하고 설비 투자를 확대했지만, 실제 소비는 인구 고령화, 양극화, 저소득층 정체 등으로 제약을 받았습니다. 결국 생산은 넘치고 가격은 하락하며, 이윤은 줄고 투자 회수는 어려워지는 악순환이 반복되었습니다.

정부의 대응도 문제였습니다. 각국 정부는 침체를 막기 위해 재정 확대와 금리 인하 정책을 반복하며 단기적 수요를 부양하려 했지만, 이는 또 다른 과잉, 즉 부채의 과잉과 자산시장의 거품을 불러왔습니다. 2008년 글로벌 금융위기와 2020년 코로나19 이후의 양적완화 정책 등은 모두 이러한 과잉의 연장선에 있다고 레빈슨은 분석합니다.

《세계화의 종말과 새로운 시작》은 또한 과잉의 시대가 기업 전략에도 변화를 강요했다고 지적합니다. 수요가 정체된 상황에서 기업은 생산 확대보다 비용 절감과 인력 구조조정, 자동화에 몰두하게 되었고, 이는 중산층의 소득 정체와 소비 위축으로 이어지는 악순환을 심화시켰습니다. 결국 경제 전체가 '저성장, 저물가, 저금리'라는 뉴노멀에 진입하게 된 것입니다.

레빈슨은 공급능력 확대가 반드시 경제 번영으로 이어지지 않는다는 사실을 명확히 합니다. 과잉 공급은 투자자, 노동자, 정부 모두에게 부담을 안기며, 사회 전반의 기대와 현실 사이에 깊은 단절을 만듭니다. 이는 장기적인 구조의 문제이며, 근본적인 시스템 재구성을 필요로 합니다.

《세계화의 종말과 새로운 시작》은 기술 낙관론과 무제한 성장을 당연시해온 현대 자본주의에 근본적인 질문을 던집니다. 이 책은 우리에게 '얼마나 더 만들 수 있는가'가 아니라, '얼마나 의미 있게 나눌 수 있는가'를 묻습니다. 공급과잉의 구조를 넘어, 지속가능한 성장을 위한 대안을 사유하게 하는 책입니다.

이러한 과잉은 결국 '신뢰의 위기'로 귀결됩니다. 개인은 체감하지 못하는 경제 성장, 실체 없는 자산 가격 상승, 실업 없는 불황 속에서 미래에 대한 확신을 잃어버리게 됩니다. 《세계화의 종말과 새로운 시작》은 이처럼 보이지 않는 피로와 단절 속에서 우리가 무엇을 회복해야 하는지를 묻습니다. 그것은 바로 '균형'과 '절제' 그리고 현실을 직시하는 '용기'입니다.

레빈슨은 과잉의 문제가 단순히 경제 영역에 국한되지 않는다고 지적합니다. 그는 정치와 문화 영역에서도 '과잉 정보' '과잉 기대' '과잉 약속'이 사회 전반에 피로감을 안기고 있다고 말합니다. 인터넷과 SNS, 24시간 미디어 환경은 정보 접근을 혁신적으로 바꾸었지만, 동시에 선택 마비와 피상적 판단, 불신의 정서를 확산시켰습니다.

이 책은 미래에 대한 장밋빛 전망이 더 이상 작동하지 않는 시대를 살아가는 청년들에게, 구조적 현실을 직시하고 새로운 방향을 모색하라고 말합니다. '무한 성장'이라는 신화를 당연하게 받아들였던 기성세대와 달리, 오늘의 청년들은 '과잉의 역설' 속에서 자원을 낭비하지 않고, 공급보다 가치를 중시하는 삶의 방식을 고민해야 합니다. 청년들에게 필요한 것은 단순히 낭비를 줄이라는 추상적인 권고가 아니라, 실제로 어떤 분야에서 가치를 창출하며 살아갈 수 있을지에 대한 구체적인 길잡이입니다. 이 책은 몇 가지 대안을 제시합니다.

첫 번째는 재생에너지와 그린테크 분야입니다. 탄소 중립과 에너지 전환은 전 세계가 맞닥뜨린 과제이며, 태양광·풍력·수소 같은 재생에너지와 친환경 기술은 청년들이 새로운 기회를 찾을 수 있는 대표적인 영역입니다.

두 번째는 순환경제와 자원 절약 산업입니다. 자원의 낭비를 최소화하고, 업사이클링·재활용·친환경 소재 개발 같은 활동을 통해 새로운 시장과 가치를 창출할 수 있습니다.

세 번째는 돌봄·교육·문화 콘텐츠 분야입니다. 고령화 사회에서 사람의 존엄과 가치를 지키는 돌봄 산업은 필수이며, 동시에 교육과 문화·예술 콘텐츠는 자원을 많이 쓰지 않고도 인간 중심의 가치를 확산시킬 수 있는 영역입니다.

이러한 분야는 모두 공급보다 가치를 중시하는 삶의 방식을 실천할 수 있는 구체적인 길을 보여주며, 청년에게 새로운 시대를 준비할 방향을 제시해줄 것입니다.

성공한 국가와 실패한 국가의 차이

《국가는 왜 실패하는가(Why Nations Fail)》는 '왜 어떤 나라는 번영하고, 어떤 나라는 가난과 혼란에 갇히는가'를 역사와 정치경제학 관점에서 분석한 책입니다. 이 책의 저자인 대런 아세모글루(Daron Acemoglu, 1967~　)는 튀르키예 출신으로 MIT 경제학 교수로 2024년 노벨경제학상을 수상했으며, 공동저자인 제임스 A. 로빈슨(James Alan Robinson, 1960~　)은 시카고대학교 정치학 교수로서 정치경제학과 제도 이론 분야에서 세계적인 권위자입니다. 두 사람은 경제적 성공과 실패의 원인을 제도에 대한 체계적 분석을 통해 규명했으며, 《국가는 왜 실패하는가》는 그 대표작입니다. 이 책은 2012년 출간 직후 세계적인 반향을 불러일으켰고, 제도가 경제 성장의 핵심이라는 인식을 널리 확산시켰습니다.

《국가는 왜 실패하는가》는 국가의 흥망성쇠가 자연환경, 문화, 운 때문이 아니라 정치와 경제를 움직이는 제도에 의해 결정된다고 주장합니다. 포괄적 제도는 번영을 가능하게 하지만, 착취적 제도는 불평등과 몰락을 초래한다는 것이 핵심 메시지입니다.

《국가는 왜 실패하는가》는 한국과 북한의 예로 시작합니다. 오늘날 세계에서 가장 부유하고 기술적으로 발전한 국가 중 하나인 한국과 극도의 빈곤 속에서 고립된 전체주의 국가 북한은 같은 민족, 같은 지리, 같은 역사적 배경을 가졌지만, 전혀 다른 경제적·정치적 현실에 놓여 있습니다. 저자들은 이 격차가 천연자원, 문화, 지리 때문이 아니라 '제도(institutions)'의 차이에서 비롯된다고 주장합니다.

남한과 북한의 사례 외에도 저자들이 강조하는 중요한 비교 사례는 북아메리카와 라틴아메리카의 식민 역사입니다. 영국이 지배했던 북미 지역은 비교적 영구 정착을 목표로 한 이주민들이 자치와 재산권을 중시하는 제도를 만들었고, 이는 '포괄적 제도(inclusive institutions)'의 발전으로 이어졌습니다. 반면 스페인과 포르투갈이 지배한 남미 지역은 금과 은 등 자원 수탈을 주된 목적으로 이주민들이 정착하여, 소수의 엘리트가 다수를 지배하는 착취적 제도가 고착화되었습니다. 이러한 제도의 차이는 수백 년이 지난 오늘날에도 두 지역 간의 경제력과 정치 안정성에 결정적인 차이를 만들어냈습니다.

이 책의 핵심 메시지는 단순합니다. 어떤 국가는 포괄적 제도를 채택해 시민의 자유, 재산권, 정치적 참여, 경제적 유인체계를 보장함으로써 번영을 이루었고, 다른 국가는 '착취적 제도(extractive institutions)'를 통해 권력과 부를 소수 엘리트에게 집중시킴으로써 쇠퇴하거나 실패했다는 것입니다. 포괄적 제도는 혁신과 성장을 가능하게 하고, 착취적 제도는 부패와 권력 독점을 고착화시킵니다.

이 책은 남북한뿐 아니라 역사상 수많은 국가 사례를 들어 주장을 뒷받침합니다. 로마 제국과 마야 문명, 중세 베네치아부터 스페인의 식민 지배, 미국 남부의 노예제, 현대의 짐바브웨, 이집트, 콜롬비아에 이르기까지 다양한 지역과 시대의 사례를 소개하고 있습니다. 이들 사례를 통해 저자들은 제도가 형성되는 정치적 맥락, 즉 누가 권력을 잡고, 그 권력이 어떤 방식으로 유지되는지가 경제 성패에 어떤 영향을 미치는지를 보여줍니다.

특히 제도의 차이를 만들어내는 결정적 계기로 '중대한 분기점(critical juncture)' 개념이 강조됩니다. 예컨대, 흑사병 이후 유럽에서는 봉건 질서가 해체되며 일부 지역에서 포괄적 제도가 싹텄지만, 다른 지역에서는 착취적 지배가 강화되었습니다. 식민지 시절 미국 북부와 남부에서 상이한 정책이 어떻게 서로 다른 제도의 발전 경로를 만들었는지도 주요 사례로 제시됩니다.

저자들은 경제적 발전이 단지 기술이나 자본, 교육 수준의 문제가 아니라, 정치적 권력 구조와 제도의 문제라고 보았기 때문에, 빈곤한 국가를 돕기 위해 전통적인 원조(돈과 물자, 기술 등)를 하는 것도 필요하겠지만, 더 좋은 것은 그 사회를 '착취적 제도'가 아니라 '포괄적 제도'가 작동하도록 만드는 일이라고 주장합니다. 이 책은 '개발'을 기술과 자본의 투입 문제가 아닌, 권력과 제도의 문제로 전환시킨다는 점에서 가위 혁명적입니다.

결국 《국가는 왜 실패하는가》는 정치적 포용성과 경제적 유인의 메커니즘이 어떻게 연결되어 있으며, 그것이 사회 전체에 어떤 장기적인 영향을 주는지를 방대한 역사적 사례로 설득력 있게 설명하는 책입니다. 국가의 운명을 결정짓는 것은 지도자의 선의나 단기적 정책이 아니라, 제도라는 구조적 틀이라는 사실을 명확히 보여주는 이 책은 오늘날에도 성장과 빈곤 사이에서 갈피를 잡지 못하고 있는 많은 국가들에게 그러한 현상을 단순히 외부 환경이나 문화의 문제가 아닌 내부 제도의 문제로 분석할 수 있는 시각을 제공합니다. 특히 청년들에게 '좋은 제도란 무엇인가'를 고민하게 만들고, 사회를 바꾸는 힘이 어디서 비롯되는지를 통찰하게 만드는 묵직한 메시지를 던집니다.

대런 아세모글루 외, 《국가는 왜 실패하는가》

지속가능한 성장이라는 허구

'지속가능한 성장'이라는 개념을 전 세계에 본격적으로 제기한 책인 《성장의 한계(Limits To Growth)》는 오늘날 글로벌 화두가 된 기후 위기, 지속가능성 논의의 출발점이 되었습니다.

이 책의 저자 중 한 명인 도넬라 메도즈(Donella H. Meadows, 1941~2001)는 환경 과학자이자 시스템 분석가로, MIT 시스템 다이내믹스 팀의 핵심 멤버였습니다. 도넬라 메도즈는 남편인 데니스 메도즈(Dennis L. Meadows), 요르겐 랜더스(Jorgen Randers)와 함께 《성장의 한계》를 공동 집필했으며, 시스템 사고를 바탕으로 지구 생태계와 자원의 지속가능성에 대해 깊은 통찰을 남겼습니다. 이 보고서는 단순한 환경 분석을 넘어, 인류 문명의 미래에 대한 경고로 전 세계적인 반향을 불러일으킵니다.

《성장의 한계》는 1972년 MIT 시스템 다이내믹스 연구팀이 발표한 보고서로, 경제와 인구의 무한 성장에 대한 신화를 부정하며, 유한한 지구의 자원 안에서 성장주의가 초래할 수 있는 시스템 붕괴의 위험성을 수학적 시뮬레이션을 통해 경고하고 있습니다. 《성장의 한계》 연구진은 인구 증가, 산업 생산, 식량 생산, 자원 소비, 환경 오염 등 다섯 가지 주요 변수를 상호 연결된 피드백 구조로 설정하고, 컴퓨터를 통해 장기간의 변화를 시뮬레이션했습니다. 이는 단순히 통계적 추세를 그린 것이 아니라 변수들이 서로 어떻게 영향을 주고받는지를 방정식으로 표현했습니다. 예컨대 인구가 늘면 식량 수요가 늘고, 이는 곡물 생산을 압박합니다. 동시에 산업 생산이 증가하면 자원 고갈과 오염이 가속화되고, 다시 인구와 생산성에 악영향을 미칩니다. 이런 상호작용을 컴퓨터가 계산해 여러 시나리오(현재 추세 유지, 자원 효율 개선, 성장 억제 등)를 도출합니다.

이를 통해 이 책은 지속가능한 성장이란 허구일 수 있으며, 인류는 가치관의 전환 없이는 지속가능한 미래를 만들 수 없다고 주장합니다.

① 시작점: 컴퓨터 모델과 '월드3'

연구팀은 '월드3 모델'을 통해 시스템을 단순화해 인구, 자원, 산업, 식량, 환경오염 이 다섯 가지 요소가 어떻게 상호작용해 세계 시스템을 변화시키는지 다양한 시나리오로 설계했습니다. 일부 경로에서는 인류 문명이 21세기 중반에 자원 부족과 오염 누적으로 붕괴를 겪을 수 있다는 예측이 제시되었습니다. 단순한 예언이 아니라 데이터를 기반으로 한 수학적 경고입니다. 이 모델은 이후 환경학, 경제학, 정책학 분야에 지대한 영향을 끼쳤습니다. 특히 컴퓨터 시뮬레이션을 정책 설계에 접목하는 시초가 되었다는 점에서 획기적인 전환점으로 평가받습니다.

② 기하급수적 성장과 자원의 유한성

산업화가 시작된 뒤 세계 인구는 놀랍도록 증가하고, 경제는 빠른 속도로 커졌습니다. 하지만 지구가 가진 자원은 한정되어 있고, 자연이 스스로 회복하는 속도는 매우 느립니다. 그래서 인류는 끝없는 성장을 원하지만, 지구는 그걸 감당하기 어렵습니다. 결국 이 불균형은 언젠가 자원 고갈이나 환경 파괴 같은 문제로 되돌아올 수밖에 없지요. 특히 이제는 개발도상국들도 빠르게 성장하면서 지구에 가해지는 압력이 더욱 커지고 있습니다. 실제로《성장의 한계》는 화석연료, 금속, 토양, 물 같은 자원이 얼마나 빨리 줄어드는지 구체적인 수치로 보여주며 그 심각성을 경고합니다.

③ '성장'이 초래하는 구조적 불안정성

이 책은 성장이 단순한 발전이 아니라 구조적인 위기의 씨앗일 수 있다고 지적합니다. 성장의 이면에는 오염 증가, 식량 위기, 에너지 부족, 빈부 격차 확대 등이 숨어 있습니다. '지속 가능한 성장'이라는 말이 자기모순일 수 있다는 비판은 지금까지도 유효합니다. 무제한의 성장은 어느 순간 되레 생존의 위협으로 되돌아올 수 있고, 인프라의 부담을 초래하고, 이로 인해 시스템은 예기치 못한 붕괴를 경험하게 될 수 있습니다.

④ 21세기 중반의 붕괴 가능성

가장 충격적인 시나리오는 '현재 추세 유지' 시 21세기 중반 산업 생산과 인구가 급격히 줄어든다는 것입니다. 한계점 돌파, 식량 위기가 겹치면서 문명의 기반이 흔들립니다. 중요한 점은 이 예측이 피할 수 없는 운명이 아니라, 지금의 선택과 정책에 따라 바뀔 수 있다는 점입니다. 특히 산업화의 속도 조절과 소비 수준의 안정화만으로도 장기적 안정 시나리오가 가능하다는 분석은 현실적 대안의 희망을 제공합니다.

⑤ 성장 문화, 경쟁 문화에 대한 비판

이 책은 "더 많이, 더 빨리"를 외치는 현대 문명의 가치관 자체가 위기임을 지적합니다. 성장 신화는 인간을 무한 경쟁의 주체로 만들며, 삶의 질을 파괴합니다. 성장은 인간의 욕망을 자극하지만, 공존의 토대를 무너뜨립니다. 개인주의와 효율 중심의 경쟁 체계는 공동체의 기반을 해체하며, 성장이란 신앙은 기업과 정치만이 아니라 교육, 가정, 인간관계에도 깊숙이 스며들어 사회 전반의 구조를 왜곡합니다. 예를 들면 교육의 경우, 학생의 학습이 인격 형성보다 성적 경쟁에 매몰되면서 학교가 삶의 지혜를 기르는 공간이 아니라 입시·취업 경쟁의 장으로 전락했습니다. 또 가정에서는 부모가 자녀의 행복보다 성취·성과를 우선시하면서 가정조차 경쟁 논리가 스며들고, 친구 관계나 연애도 효율·조건에 의해 평가되는 경향이 나타났습니다. 이처럼 《성장의 한계》가 말하는 성장 신화의 침투는 단지 경제 영역을 넘어 인간의 사고방식과 가치관, 사회 제도 전반을 경쟁 중심으로 구조화하는 현상이라 할 수 있습니다.

⑥ 기술·정책만으로 충분한가?

책은 기술 낙관주의를 경계합니다. 더 나은 기술만으로 문제를 해결할 수 있다는 믿음은 위험합니다. 기술이 문제를 지연시킬 수는 있어도, 인간의 가치관과 제도의 변화 없이는 지속가능하지 않습니다. 기술은 방향을 제시할 수는 있어도, 행동을 대신해줄 수는 없습니다. 진정한 전환은 정치적 의지, 문화적 가치, 교육의 변화까지 포함하는 총체적 변혁이 있어야 가능합니다.

⑦ 지속가능성한 윤리

《성장의 한계》는 단지 과학 보고서가 아니라 윤리적 외침입니다. 진정한 지속가능성은 '얼마나 더 가질 수 있느냐'가 아니라 '얼마나 덜 해치고 함께 살 수 있느냐'에 달려 있습니다. 인간과 자연의 새로운 계약, 절제와 공존의 철학이 그 핵심입니다.

이제 인류는 더 이상 양적 팽창만을 추구할 수는 없습니다. 지속가능성과 생태적 책임 그리고 새로운 가치 체계를 구축하는 것이 이 시대를 사는 우리에게 주어진 당면 과제입니다. 그래서 이 책은 오늘에서 미래로 이어지는 시대적 과제에 대한, 미래를 살아갈 다음 세대에게 주는 생존 전략서라는 생각이 듭니다.

○ **공동선을 위한 플랫폼, 자본주의**

《자본주의의 미래(The Future of Capitalism)》는 현대 자본주의가 맞닥뜨
린 위기를 진단하고, 그것을 극복하기 위한 실질적인 대안을 제시하는
책입니다. 이 책을 쓴 폴 콜리어(Paul Collier, 1949~   )는 영국 옥스퍼드
대학교 블러바트닉 행정대학원의 교수이자 개발경제학과 사회정책 분
야의 세계적 권위자입니다. 그는 《10억의 빈곤층(The Bottom Billion)》
《약탈당하는 지구(The Plundered Planet)》 등의 책으로 국제적인 명성을
얻었으며, 세계은행과 UN 등 국제기구에서도 정책자문으로 주요한 역
할을 했습니다. 폴 콜리어는 경제 성장, 빈곤 감소, 공동체 회복이라는
주제를 중심으로, '윤리적 자본주의'의 회복 필요성을 계속 강조하고 있
습니다.

현대 자본주의가 직면한 위기를 진단하고, 도덕성과 공동체 정신을 회
복하는 방향으로의 자본주의 개혁을 제안하는 《자본주의의 미래》는
21세기 자본주의가 직면한 심각한 불평등, 사회 분열, 지역 격차, 글로

벌 양극화를 진단하고, 이를 해결할 수 있는 실질적 대안을 제시한 책입니다. 저자는 현 자본주의가 경제적인 효율성만을 추구한 결과, 도덕성과 공동체 의식이 붕괴되었다고 비판합니다.

그는 자본주의의 위기를 네 가지 균열로 분석했습니다. 첫째는 도시와 낙후지역 간의 격차, 둘째는 고숙련 노동자와 저숙련 노동자 사이의 소득 격차, 셋째는 엘리트와 일반 대중 간의 정치적 단절, 넷째는 부유한 나라와 저개발국 사이의 국제적 불균형입니다.

그러면서 저자는 이 문제를 해결하기 위해 '의무를 기반으로 한 사회 계약'을 복원해야 한다고 말합니다. 그는 자유시장 경제의 장점을 인정하면서도, 사회 구성원 간의 책임과 배려가 함께해야 한다고 강조합니다. 단순히 경제적 효율성만 추구해서는 안 되고 사회 구성원 간의 배려와 의무를 동시에 고려해야 한다는 의미입니다. 시장은 자원을 효율적으로 배분하는 강점이 있지만, 그 과정에서 낙오자나 불평등이 생깁니다. 따라서 공동체의 지속성을 위해서는 '경쟁과 성과'뿐만 아니라 '책임과 연대'가 병행되어야 한다는 것입니다. 즉, 효율성과 형평성의 균형이 필요하다는 뜻입니다. 특히 지역 간 불균형은 심각해 보입니다. 대도시의 번영이 주변 농촌과 중소 도시의 붕괴를 동반하며 이루어졌고, 이로 인해 '잊힌 지역'의 시민들은 분노와 소외감을 느끼고 있다고 지적합니다.

폴 콜리어는 가족, 기업, 국가, 국제사회라는 네 가지 공동체 단위를 중심으로 자본주의를 재구성해야 한다고 주장합니다. 가족은 사회화의 기본 단위이며, 기업은 단순한 이익 추구체가 아니라 사회적 책임을 다해야 할 주체입니다. 국가는 공공 인프라와 교육, 조세 정의를 통해 신뢰를 구축해야 하며, 국제사회는 난민 문제, 환경, 무역 질서에서 서로 협력해야 합니다.

시장과 정부의 역할을 흑백논리로 나누지 않고, '도덕적 공동체'의 틀 안에서 두 주체가 어떻게 조화롭게 작동할 수 있을지를 모색합니다. 저자는 단순한 구호가 아니라 현실 정치 속에서 실행 가능한 개혁안을 제안합니다.

지역 균열을 해소하기 위해서는, 낙후지역에 공공 인프라 투자와 맞춤형 교육·훈련을 제공해 지역 간 격차를 줄이는 방안을 제시합니다. 노동시장을 개혁하기 위해서는, 저숙련 노동자에게 기술 향상 기회를 주고, 사회보험을 강화해 불안정 노동을 보호하는 제도를 제안합니다.

정치 회복을 위해서는, 엘리트와 대중 사이의 단절을 메우기 위해 정당과 정치인들이 '도덕적 책임'을 갖고 공공선 중심의 정책을 펼쳐야 한다고 촉구합니다. 국제 연대를 위해서는, 저개발국가에 대한 공정한 무역 규칙과 지원을 통해 글로벌 불균형을 완화하자고 제안합니다.

이처럼 그의 개혁안은 현실 정치의 조건을 고려해 지금 당장 추진할 수 있는 조치에 집중한다는 점에서 설득력이 있습니다.

《자본주의의 미래》는 자본주의의 종말을 선언하는 것이 아니라 자본주의의 도덕적 재건을 촉구하는 선언문입니다. 콜리어는 데이터와 이론을 넘어서 인간에 대한 신뢰, 공동체의 회복, 연대의 윤리를 중심에 둔 '도덕적 자본주의'의 가능성을 설득력 있게 제시합니다.

오늘날 자본주의는 정치 갈등을 더 심화시키고, 사람들 사이의 신뢰를 약하게 하고, 세대 간의 거리를 넓히고 있습니다. 이로 인해 젊은 세대는 자본주의가 자신들과 상관이 없다고 느끼거나 아예 체제 자체를 믿지 않게 되었습니다. 저자는 이런 상황을 해소하기 위해서는 사람들 사이의 신뢰와 도덕성을 회복하는 게 가장 중요하다고 말합니다. 또 공교육과 직업 훈련 그리고 기술 발전의 혜택이 공정하게 나뉘어야 한다고 강조합니다. 결국 누구에게나 기회가 공정하고 평등하게 주어져야 한다고 말입니다. 이런 변화가 이루어져야만, 사람들이 다시 자본주의를 정당한 제도로 받아들이고 믿을 수 있게 된다는 것입니다.

콜리어는 자본주의가 '이익만을 위한 기계'가 아니라 '공동선을 위한 플랫폼'이 될 수 있다고 믿습니다. 이 책은 자본주의를 폐기하는 것이 아니라 '도덕적 의지'와 '제도 개혁'을 통해 다시 살리는 청사진을 보여줍니다.

각 장마다 등장하는 실제 사례와 균열 구조에 대한 분석 그리고 가족-기업-국가-국제사회라는 4단계 구조는 이 책의 핵심 골격입니다. 이상주의와 실천주의를 넘나드는 저자의 균형 잡힌 시각이 돋보이는 대목들을 독자들이 집중해서 읽으면 좋겠습니다.

이 책은 표면적으로 보면 인류가 지켜야 할 도덕적 가치와 이상을 강조하는 것처럼 읽힐 수 있지만, 실제로는 풍부한 통계와 사례 연구를 바탕으로 각 사회가 직면한 균열을 구체적으로 제시하고 있습니다. 즉, 공허한 이상론이 아니라 실증적 근거 위에서 분석된 현실적 대안이라는 점을 독자들에게 분명히 해주고 있습니다.

우리 청년들은 이 책을 읽으며 '자유시장 자본주의 체제를 버리자'란 생각을 할 것이 아니라, 자본주의가 지속가능하려면 공동체적 가치와 사회적 책임이 반드시 보완되어야 한다는 점을 새겨야 합니다. 개인의 성공만을 좇는 삶이 아니라, 공동체 속에서 함께 살아가는 책임을 고민하라는 이 책의 메시지를 잘 받아들이면 좋겠습니다.

세계의 힘이 움직이는 원리

: 국제질서, 지정학, 국가 전략

국가가 왜 흥하고 망하는지

국제정세가 어떻게 움직이는지

한국이 세계 속에서 어떤 전략을 가져야 하는지

알아봅니다.

생존과 질서의 기술

《리콴유가 말하다(LEE KUAN YEW)》는 싱가포르 건국의 아버지라 불리는 리콴유(李光耀, 1923~2015) 전 총리가 남긴 통찰을 정리한 책입니다. 리콴유가 직접 집필한 회고록은 아니지만, 그가 여러 차례 세계 지도자·언론·학자들과 나눈 대화와 인터뷰를 싱가포르 국립대학의 국제관계 전문가 그레이엄 앨리슨(Graham Allison, 하버드대 케네디스쿨 교수), 로버트 블랙윌(Robert D. Blackwill, 전 미국 대사) 등이 편집해 리콴유 총리의 생생한 육성을 들을 수 있습니다.

리콴유는 1959년부터 1990년까지 31년간 싱가포르 초대 총리로 집권하며 빈한한 도시국가를 세계적 선진국으로 탈바꿈시킨 인물입니다. 탁월한 전략가이자 현실주의 지도자였던 그는 동서 냉전의 한가운데에서 작은 국가의 생존 전략, 인재 중심의 통치, 철저한 법치주의로 세계적 주목을 받았습니다. 《리콴유가 말하다》는 정계 은퇴 후 세계정세에 대한 개인적 통찰을 정리한 책으로, 국제질서에 대한 전략적인 관찰서이자 예언서로 평가됩니다.

이 책은 동북아시아, 동남아시아, 미국, 중국, 인도, 유럽 등 주요 지역에 대한 분석과 전망을 담고 있으며, 21세기 국제정치의 흐름을 냉정한 현실주의 시각으로 정리했으며, 주요 내용은 아래와 같습니다.

① 중국의 부상과 동아시아 재편

리콴유는 중국의 경제력과 군사력이 급속히 성장해, 21세기 국제질서의 중심이 아시아로 이동할 가능성이 높다고 보았습니다. 그는 중국의 부상을 자연스러운 역사적 흐름으로 인식하며, 서구가 이를 억제하거나 가로막으려 하기보다는 중국과의 안정적인 공존을 모색해야 한다고 말합니다. 중국은 질서, 조화, 위계의 가치를 중시하는 문명으로, 서구식 자유주의 민주주의보다는 기술관료 중심의 통치모델을 선호할 가능성이 높다고 진단합니다.

② 미국의 강점과 리더십 위기의 공존

리콴유는 미국이 여전히 경제, 군사, 과학, 문화에서 세계 최강의 파워를 유지하고 있다고 인정하면서도, 내부 정치 분열과 리더십의 부재로 인해 그 힘이 약화되고 있다고 경고합니다. 특히 포퓰리즘 정치, 정당 간 극단적 대립, 행정부의 실행력 부족 등이 미국 정치 시스템의 병목을 만들고 있다고 비판합니다. 그럼에도 미국은 이민 개방성, 인재 유입 구조, 기술 혁신 생태계, 대학과 기업의 질적 우위 등이 발전했고, 이러한 '자기 갱신력'이 미국의 진정한 장점이라고 말합니다.

③ 아시아 국가들의 복합성과 생존 전략

리콴유는 아시아가 단일한 가치나 체제로 통일될 수 없으며, 각국은 고유한 문화와 역사에 기반해 개별적으로 발전해야 한다고 보았습니다. 일본은 보수적이면서 안정된 체제를 유지하고 있으며, 한국은 민주주의와 산업화를 동시에 달성한 역동적인 사회로 분석합니다. 그는 특히 한국 사회의 교육열, 국가 발전에 대한 국민적 합의, 유교적 근면성을 긍정적 측면으로 주목했습니다. 반면, 말레이시아와 인도네시아는 종교, 민족, 언어의 다양성으로 인해 지속적인 내적 통합 노력이 필요하다고 강조합니다.

④ 작은 나라의 생존법: 싱가포르 모델

리콴유는 작은 국가는 생존을 위해 현실주의적인 외교 감각, 자립 기반의 경제 전략, 내부 결속력이 필요하다고 말합니다. 싱가포르가 생존할 수 있었던 비결로 세 가지를 들었습니다. 첫째, 인재 중심의 철저한 능력주의 행정. 둘째, 국제 정세에 대한 민감한 감각과 외교 유연성. 셋째, 국민의 기본적 질서의식과 법치주의에 대한 확고한 신뢰입니다.

⑤ 리콴유의 역사관과 정치 철학

그는 인간 본성과 국제정치를 비관적으로 보되, 그것을 합리적으로 통제할 수 있다고 믿었습니다. 이상주의보다는 현실주의에, 이상적 선언보다는 실질적 성과에 무게를 두고 정책을 펼쳤습니다. 정치는 윤리가 아니라 생존과 질서의 기술이며, 국가는 선의만으로 유지될 수 없다고 강조합니다. 더불어 청년들이 도덕적 이상에 빠지지 말고 냉철하게 현실을 직시하고, 전략적 시야와 문제 해결 능력을 갖춘 리더로 성장하기를 당부합니다.

리콴유는 특히 지도자의 품성과 역량이 국가의 운명을 좌우한다고 보았습니다. 그는 제도가 아무리 잘 되어 있어도, 그 제도를 운영하는 인물이 무능하거나 부패하면 국가 전체가 방향을 잃게 된다고 경고합니다. 그래서 그는 지도자 선출 과정에서 대중의 감정이나 인기보다 장기적 안목과 통치 능력을 중시해야 한다고 강조합니다. 이러한 관점은 오늘날 대중민주주의 시스템이 갖는 약점을 지적하는 동시에, 리더십에 대한 새로운 기준을 제시합니다.

또 리콴유는 변화의 흐름을 읽는 '미래 감각'이야말로 작지만 강한 국가가 반드시 갖추어야 할 덕목이라고 말합니다. 자원의 한계가 분명한 싱가포르가 생존하고 번영할 수 있었던 비결은 끊임없는 예측과 준비 그리고 타이밍을 읽는 전략적 판단에 있습니다. 그는 한국과 같은 나라들도 냉정한 국제 정세 분석 위에서 자신의 위치와 역할을 조정할 필요가 있다고 조언합니다.

리콴유의 시선은 단순한 정치인의 경험담이 아니라 치열한 생존 현장에서 건져 올린 지혜입니다. 세계가 어디로 흐르는지, 우리가 어떤 선택을 해야 하는지에 대한 날것 그대로의 통찰입니다. 지금의 청년 세대는 국경 없는 경쟁과 불확실성 속에서 앞날을 개척해야 합니다. 그런 시대일 수록 이상적인 꿈과 더불어 냉정한 현실 감각이 필요합니다.

《리콴유가 말하다》는 바로 그 현실 감각을 일깨워주는 책입니다. 중국과 미국, 아시아와 세계가 얽혀가는 거대한 판 위에서, 우리가 어디에 서야 할지 고민하게 만듭니다. 이 책을 덮고 나면, 여러분은 단순히 한 정치인의 견해를 들은 것이 아니라, 세상을 꿰뚫어보는 새로운 렌즈를 얻었다는 것을 느끼게 될 것입니다.

반성이 없는 민족에게 미래는 없다

한 나라의 흥망성쇠는 곧 우리의 미래를 비추는 거울입니다. 전후 폐허에서 불과 수십 년만에 경제 대국으로 우뚝 섰던 일본은 세계가 부러워하던 '성공 신화'의 주인공이었습니다. 하지만 그 눈부신 성장은 오래가지 못했고, 지금 일본은 장기불황과 사회적 경직성의 상징처럼 이야기됩니다. 모리시마 미치오(森嶋通夫, 1923~2004)의 《왜 일본은 몰락하는가(なぜ日本は沒落するか)》는 이 극적인 반전을 예견했던 책으로, 단지 일본의 몰락 원인을 밝히는 데 그치지 않고, '한 사회가 지속가능한 발전을 이루려면 무엇을 경계해야 하는가'란 보편적인 질문을 던집니다.

모리시마 미치오는 일본 출신의 세계적 경제사학자이자, 런던정경대 교수를 역임했습니다. 그는 서양 경제사와 일본의 정신문화에 대한 깊은 통찰을 바탕으로, 자본주의와 동서 문명의 차이에 관한 독창적 분석을 펼쳤습니다. 일본 사회 내부의 구조적 문제에 비판적 시각을 유지하며, 동아시아적 가치와 서구 합리주의의 충돌을 이론적으로 다룬 인물로 평가됩니다.

일본 몰락의 근본 원인은 경제 구조의 실패가 아니라 일본인의 정신문화와 의사결정 방식 그리고 역사적 자기성찰 부족이라는 통찰에서 그의 글은 출발합니다. 《왜 일본은 몰락하는가》에서 모리시마 미치오는 일본의 쇠퇴를 단순한 경제 불황이나 정책 실패로 보지 않았습니다. 그는 일본 몰락의 본질을 '정신 문명의 위기'로 진단하며, 서구적 근대성의 핵심 가치를 수용하지 못한 일본 근대화의 한계를 지적합니다.

① 외향만 서구화된 일본 근대화의 한계

메이지 유신 이후 일본은 서구 문명을 적극적으로 도입했지만, 그 핵심인 비판 정신과 개인주의, 합리주의는 수용하지 못했습니다. 산업화, 군사력 강화, 헌법 제정 등 겉보기에는 근대 국가처럼 보였지만, 사고의 틀은 여전히 전통적인 집단주의와 권위주의에 머물러 있었습니다. 이는 새로운 제도를 받아들일 줄은 알았지만, 그 이면의 가치관은 그대로였다는 뜻입니다. 그 결과 위기 앞에서 유연하게 사고하고 변화를 도모하는 능력을 상실하게 되었습니다.

② 봉건적 위계질서와 충성 문화

모리시마는 일본 조직에서 '실력'보다 '충성'이 우선되는 문화를 비판합니다. 부하가 상사의 판단을 공개적으로 반박하는 것은 금기시되며, 비판은 곧 예의 없는 것으로 간주되었습니다. 이런 위계 중심 문화는 기업, 관료제, 정당 등 모든 조직을 경직시켰고, 잘못된 방향이라도 일단

모리시마 미치오, 《왜 일본은 몰락하는가》

결정되면 돌이킬 수 없도록 만들었습니다. 이는 '말 잘 듣는 사람'이 승진하는 구조를 만들며, 창의성과 비판 능력을 약화시켰습니다.

③ 자기반성 결여와 역사 왜곡

저자는 일본이 제2차 세계대전 이후에도 침략의 역사를 직면하지 않고, 사죄와 반성 없이 '체면'으로 덮어버렸다고 지적합니다. 과거에 대한 반성이 없는 민족에게 미래는 없습니다. 일본은 진실보다 명예를 우선시한 태도로 인해 국제적 신뢰를 잃었습니다. 아시아 각국의 피해자가 여전히 상처를 호소함에도 일본은 '사죄 피로'를 들먹이며 고개를 돌립니다. 역사교과서 왜곡, 정치인의 망언 등이 반복되는 이유도 이러한 문화적 기질에서 비롯됩니다. 과거를 왜곡한 국가는 미래를 준비할 수 없다는 저자의 경고는 무겁기만 합니다.

④ 관료제와 기업 조직의 폐쇄성

일본의 관료제와 기업 구조는 폐쇄적이고 수직적입니다. 외부 비판을 수용하지 않으며, 내부에서도 반대 목소리는 억압당합니다. 이로 인해 정책의 실패가 반복되고, 혁신은 정체됩니다. 버블경제 시기의 문제도 내부 토론과 수정 기능이 마비된 상태에서 발생했으며, 이는 단순한 제도의 문제가 아니라 사고방식의 병폐였습니다. 대표적으로 후쿠시마 원전 사태 당시 대응이 지체된 이유는 '보고 체계의 경직성' 때문이었습니다.

⑤ 정신 구조의 위기가 경제 위기로 연결

모리시마는 일본의 장기불황을 단순히 금융이나 시장 문제로 보지 않았습니다. 그는 정신이 붕괴해서 경제가 붕괴했다고 진단합니다. 잘못된 판단을 고치지 못하고, 집단 체면을 위해 거짓을 유지하는 문화는 경제 위기를 더욱 장기화시켰습니다. 버블 붕괴 이후 기업들은 부채를 숨기고, 정치권은 책임을 전가하면서 문제를 구조적으로 악화시켰습니다. 따라서 저자는 시스템을 고치는 것보다 인간 정신을 개혁하는 것이 선결 과제라고 주장합니다.

⑥ 동아시아 문명의 공통 병폐에 대한 경고

저자는 일본의 병리적 구조가 비단 일본만의 것이 아님을 경고합니다. 동아시아 문명 전체가 유교적 위계, 체면 문화, 권위주의에 익숙하며, 자기 찬미에 빠져 비판을 회피하는 경향이 있다는 것입니다. 그는 동아시아 문명은 자신을 의심할 줄 알아야 한다고 말합니다.

우리는 일본을 가리켜 '가깝고도 먼 나라'라고 합니다. 지리적으로는 가깝지만, 어쩌면 우리는 그들의 속내를 잘 모르는지도 모릅니다. 그런 우리에게 이 책은 일본 사회 내부의 문제를 이해하고 비판적으로 성찰할 수 있는 시각을 제공합니다. 모리시마의 통찰은 한국 청년들에게 타산지석의 중요성을 일깨우며, 우리는 일본의 사례를 거울삼아 같은 동아시아 문화권인 한국 사회의 구조와 정신을 점검하고, 자기 문명을 자각하는 계기로 삼아야 하겠습니다.

끝으로, 이 책은 일본 사회의 구조적 문제를 내부자의 시선에서 해부한 것이므로, 한국 독자들은 이를 반일 정서 강화의 도구로 오해하지 말아야 하겠습니다. 모리시마는 일본인으로서 자국의 문제를 학문적으로 성찰하고 있으며, 그 정신은 바로 우리가 본받아야 할 지식인의 태도입니다. 일본의 침체를 타산지석으로 삼되, 그와 동일한 문화적 병폐가 한국 사회에서도 얼마나 많이 나타나는지 검증하는 데 주안점을 두어야 합니다. 일본의 실패를 외부자의 시각에서 조롱하기보다는, 그 사례를 통해 한국 사회가 반복하지 말아야 할 교훈을 읽어내는 태도가 중요합니다.

중국과 일본 사이, 우리는 어디로 가는가

에즈라 보걸(Ezra F. Vogel, 1930~2020)의 《중국과 일본(China and Japan)》은 동아시아의 두 강대국, 중국과 일본이 1,500년 이상 이어온 관계의 굴곡을 역사적으로 조망한 책입니다. 에즈라 보걸은 하버드대학교의 사회학자이자 세계적인 동아시아 연구자로, 그는 《일본을 배우다》와 《덩샤오핑 평전》 등을 통해 동아시아 현대사의 흐름을 서구적 시각과 학문적 엄밀함으로 분석해왔습니다. 이 책은 그가 평생의 연구를 집대성한 걸작으로, 동아시아의 두 강국을 역사, 정치, 경제, 사회 구조를 통합적으로 비교·분석하며 국제 질서 속에서 그 의미를 탐구하고 있습니다.

오늘날의 글로벌 정세를 알기 위해서는 동아시아를 반드시 이해해야 합니다. 특히 중국과 일본, 동아시아의 양대 강국인 두 나라는 오랜 세월 서로를 비추는 거울이자 끝없는 경쟁자였습니다. 때로는 문화를 주고받는 스승과 제자였고, 때로는 치열한 전쟁을 벌인 적수였지요. 에즈라 보걸의 《중국과 일본》은 긴 시간을 이어온 이 복잡한 관계를 역사적 시선으로 꿰뚫으며, 우리가 사는 현재와 미래를 읽어낼 단서를 제공합니다. 지정학적으로 연결된 두 나라의 과거·현재·미래를 통합적으로 이해하도록 돕는 저작입니다.

19세기 말 서구 열강의 침입 앞에서 일본은 메이지 유신을 단행해 근대화에 성공했고, 제국주의의 길로 접어들었습니다. 반면 중국은 아편전쟁과 내부의 혼란, 열강의 분할 지배 속에서 개혁에 실패하고, 낙후된 체제로 전락합니다. 이런 역사적 분기점은 두 나라의 국가 운영 방식, 정치 시스템, 교육 제도, 경제 구조에 근본적인 차이를 만들어냈습니다. 메이지 유신은 일본이 서구 문명을 수용하면서도 자국 전통과 결합해 자주적 근대화를 이룬 사례였습니다. 반면 중국의 개혁 시도는 내외부의 혼란 속에서 중앙집권적 권위의 부재로 인해 반복적인 실패를 겪었습니다.

20세기 전반기 일본의 중국 침략은 두 나라의 관계를 최악으로 만들었습니다. 중일전쟁과 난징 대학살은 오늘날까지 양국 간 감정의 골을 깊게 만든 역사적 사건입니다. 보걸은 이 같은 비극의 원인을 일본 내부의 군국주의 확산과 분열된 중국의 상황에서 찾습니다. 이 시기 일본은 일방적인 힘의 논리를 앞세웠고, 중국은 민족적 수모를 경험하며 민족주의 감정을 키워갔습니다.

전후 일본은 미국의 보호 아래 평화국가로 재건되어 안정된 민주주의 체제와 경제 성장을 이룬 반면, 중국은 공산당 체제 아래에서 문화대혁명 같은 격변을 겪은 뒤, 덩샤오핑 시대에 이르러 개혁개방을 추진하며 세계 시장에 진입합니다. 이런 전환기의 차이는 동아시아 외교에서 일본이 질서 수호자 역할을 자처하는 데 반해, 중국은 패권적 야망을 갖는 것으로 비춰지는 배경이 되었습니다. 하지만 이 시기 일본의 자본과 기술은 중국 산업화의 결정적 촉매가 되었고, 양국은 경제적 상호보완 관계로 발전하게 됩니다.

경제 협력에도 불구하고 양국은 정치적 긴장 상태를 이어가고 있습니다. 보걸은 이러한 긴장이 단지 지정학적 경쟁 때문만이 아니라, 역사 인식의 차이, 민족주의, 리더십 문화의 차이에서 비롯된다고 분석합니다. 일본은 집단적 조정과 절차 중심의 리더십을 선호하며, 중국은 강력한 지도자의 추진력에 의존하는 정치 문화를 가지고 있습니다. 이런 구조적 차이는 양국의 외교 전략에도 고스란히 반영됩니다. 일본은 규범 기반의 다자 외교와 질서 유지를 중시하는 반면, 중국은 영향력 확대를 중심으로 한 전략적 접근을 선호합니다.

보걸은 이런 상이한 정치 질서 속에서도 협력의 가능성을 모색해야 한다고 강조합니다. 그는 특히 시민사회, 학계, 청년 세대 간 교류를 확대하고, 교육을 통해 역사적 오해를 줄이며, 공동의 미래를 설계할 수 있는 협력 기반을 마련하는 것이 중요하다고 역설합니다.

《중국과 일본》은 양국을 단순한 이웃이 아닌 서로의 발전과 위기를 비추는 거울로 바라보게 하며, 과거의 교훈을 통해 미래의 평화 질서를 모색하고자 하는 독자에게 필독서로서의 가치를 지닙니다.

보걸은 미래 세대를 연결하는 교육과 청년들의 교류가 가장 강력한 평화 전략이라고 강조합니다. 역사 인식 차이를 넘어, 새로운 공동체 감각과 책임 의식을 공유할 수 있는 플랫폼을 만들어야 하며, 이를 위해 학문·문화·기술·시민단체 수준의 교류가 필수입니다.

사실 우리 한국인들이 알고 있는 중국과 일본에 대한 지식은 놀라울 정도로 얕습니다. 청년 세대는 물론이고 기성세대조차 중국의 역사와 문화, 일본의 역사와 문화를 깊이 있게 배우고 이해한 경험이 거의 없습니다. 대부분은 교과서 수준이나 몇몇 단편적인 사건만 알고 있을 뿐이지요. 그래서 에즈라 보걸 같은 세계적인 학자가 중국과 일본의 관계를 장기적인 시각에서 체계적으로 풀어내는 책을 읽으면, 한국인은 마치 전혀 새로운 세계를 처음 접하는 듯한 충격을 받게 됩니다. 우리가 지금까지 알고 있던 두 나라의 이미지와 보걸이 설명하는 두 나라의 실상은 그만큼 큰 차이가 있습니다.

이 책의 가치는 바로 여기에 있습니다. 중국과 일본은 수백 년 동안 경쟁과 협력을 반복하며 동아시아 질서를 만들어왔습니다. 이 두 나라를 깊이 이해하지 않고서는 한국의 현재와 미래를 제대로 논할 수 없습니다. 한국은 언제나 중국과 일본 사이에 놓여 있었고, 지금도 앞으로도 그 지정학적 현실에서 벗어날 수 없습니다. 따라서 두 나라의 역사와 문화, 사고방식을 제대로 아는 것은 곧 한국이 자신만의 길을 찾는 데 필요한 출발점입니다.

세계는 미국 없이 움직일 수 없다

《미국의 세기는 끝났는가(Is the American Century Over?)》는 미국의 국제 정치학과 외교 분야의 석학인 조지프 나이(Joseph S. Nye Jr., 1937~2025)가 2015년에 출간한 책으로, 이 책에서 저자는 "21세기에도 미국이 여전히 세계 최강대국으로 남을 수 있는가?"라는 질문을 던지고 있습니다. 당시 중국의 급부상, 신흥국의 성장, 미국 내부의 정치·경제 문제로 인해 미국의 패권이 약화되고 있다는 주장이 많았지만, 이 책은 조금 다른 관점을 제시합니다.

조지프 나이는 미국 하버드대학교 케네디스쿨의 전 학장으로, 국제정치 이론의 거장입니다. 그는 '소프트 파워(Soft Power, 한 나라가 군사력이나 경제력 같은 강압적 수단인 하드 파워가 아니라, 매력과 설득을 통해 다른 나라나 사람들을 자발적으로 따르게 만드는 힘)'와 '스마트 파워(Smart Power, 소프트 파워와 하드 파워를 적절하게 결합해서 쓰는 힘)' 개념의 창시자로, 냉전 이후 세계질서의 재편 과정에서 미국 외교 전략의 이론적 토대를 제공한 인물입니다. 미 국방부 부차관보를 역임하며 실무와 이론 양측에서 활약했으며,《미국의 세기는 끝났는가》는 중국의 부상과 함께 제기된 미국 쇠퇴론에 대한 그의 응답입니다.

조지프 나이는 세계 패권의 단기적 비관론을 경계하며, 미국의 상대적 영향력은 줄어들 수 있지만 절대적 쇠퇴는 아니라고 주장합니다. 구조적 강점과 글로벌 네트워크의 위상을 통해 미국의 세기가 여전히 진행 중이라고 말합니다.

저자는 이 책에서 패권의 의미를 단순히 군사력이나 GDP 수치로 한정하지 않고, 정치·경제·문화·기술·군사·외교 등 복합적 요소로 구성된 다차원적 권력 개념으로 접근합니다. 미국의 상대적 지위는 냉전 직후보다 낮아졌을 수 있으나, 미국은 여전히 군사력, 기술력, 글로벌 금융 시스템, 국제기구의 영향력 등 거의 모든 분야에서 핵심적 역할을 수행하고 있습니다. 특히 소프트 파워(문화, 정치 체제, 이데올로기적 매력) 같은 비군사적 영향력에서 미국은 독보적 강점을 가진다고 강조합니다. 저자는 소프트 파워를 단순히 문화의 수출로만 보지 않습니다. 그는 민주주의 체제, 시민사회, 언론의 자유 그리고 할리우드와 하버드로 대표되는 문화적·교육적 영향력을 포함한 '매력의 힘'으로 정의합니다. 이러한 소프트 파워는 강압이 아닌 자발적 수용을 이끌어낸다는 점에서, 미국의 글로벌 리더십을 정당화하는 주요 수단으로 작동합니다.

《미국의 세기는 끝났는가》는 다음과 같은 논리적 전개로 구성됩니다.

첫째, 저자는 '쇠퇴(decline)'와 '탈중심화(diffusion)'를 구분합니다. 쇠퇴는 한 국가의 절대적 국력이 떨어지는 것이지만, 탈중심화는 권력이 여러 주체로 분산되는 현상입니다. 미국은 전자보다는 후자에 속하며, 이는 세계화와 기술 발전이 낳은 필연적 결과라고 보았습니다.

둘째, 저자는 중국의 부상을 경계하면서도 과장하지 않습니다. 미국은 여전히 혁신 생태계, 고등교육, 군사동맹, 국제적 신뢰도에서 구조적 우위를 차지하고 있으며, 중국은 개방성·제도적 신뢰·동맹 네트워크 면에서 한계가 큽니다.

셋째, 진정한 위협은 외부가 아니라 내부라고 진단합니다. 정치적 양극화, 사회 불평등, 교육 격차, 정책 민첩성 부족 등은 미국이 스스로 무너질 수 있는 요인으로 꼽습니다.

넷째, 저자는 해법으로 '스마트 파워' 전략을 제시합니다. 군사력(하드 파워)과 매력(소프트 파워)을 조화롭게 결합해, 강압이 아닌 협력과 정당성을 바탕으로 국제 질서를 이끌어가야 한다는 것입니다. 예컨대 테러리즘에 대한 군사 대응과 동시에, 중동 지역에 대한 교육·개발 지원 프로그램을 함께 운용함으로써 '신뢰'와 '압박'을 함께 조율해야 지속가능한 전략이 될 수 있다고 보았습니다.

특히 저자는 기술 영역에서의 경쟁을 주목합니다. 그는 미중 간의 인공지능, 반도체, 5G 네트워크 기술 경쟁이 새로운 패권의 장이 되고 있다고 진단합니다. 이러한 기술 패권은 군사력보다 민간 혁신의 지속성과

조지프 나이, 《미국의 세기는 끝났는가》

글로벌 플랫폼 장악력에 의해 좌우될 수 있으며, 미국은 여전히 개방성과 창의성 측면에서 유리한 위치에 있다고 봅니다.

또한 그는 미국이 여전히 WTO, IMF, 세계은행, NATO와 같은 국제 제도 및 규범을 설계하고 유지하는 주도국이라는 점을 강조합니다. 이러한 국제 질서의 제도화는 단순한 힘의 투사보다 더 지속 가능한 영향력을 만들어내며, 미국이 여전히 세계 질서를 '설정하는 힘'을 지녔음을 시사합니다.

하지만 저자는 미국 내부의 구조적 위기 또한 놓치지 않습니다. 트럼프 대통령 집권기의 반이민 정서, 고립주의, 민주주의 제도의 신뢰 약화는 미국 소프트 파워의 잠재적 붕괴 요인으로 작용할 수 있습니다. 그는 민주주의 회복과 사회 통합, 신뢰 기반의 리더십이야말로 미국 패권의 지속 가능성을 좌우할 핵심 과제라고 말합니다.

저자의 시각은 미국 중심적 관점에서 쓰였기 때문에, 서구 자유주의 질서에 대한 믿음이 전제되어 있습니다. 이점을 감안하더라도, 저자의 분석 방식—즉 객관적 지표, 구조적 조건, 전략적 사고—은 매우 탁월한 도구임을 인정하게 됩니다. 《미국의 세기는 끝났는가》는 사실과 구조로 국제질서를 읽는 능력을 기르는 데 적합한 책입니다. 이 책이 전하는 메시지가 우리에게 중요한 이유는 한국의 외교 전략과 관련 있기 때문입니다. 우리나라 안에서도 미국과 중국 사이에 놓인 한국의 대외 전략이 어떤 길을 가야 하느냐를 놓고 의견이 분분합니다. 하지만 신빙성 있는 데이터에 근거한 세계적 석학의 분석을 경청해보면 답이 분명해집니다. 미국을 주 파트너로, 중국을 부 파트너로 삼아 상황마다 지혜로운 선택을 해야 한다는 것이, 세계 그 어느 나라보다 우리에게 중요하다는 것을 다시금 실감하게 됩니다.

서로가 서로를 이해하려는 의지

《헨리 키신저의 중국 이야기(On China)》는 미국 외교의 거물인 헨리 키신저(Henry Kissinger, 1923~2023)가 2011년에 출간한 책으로, 그가 직접 경험한 미·중 외교의 현장과 중국의 역사적 맥락을 바탕으로 중국을 분석한 책입니다. 고대 중국의 손자병법부터 현대 국제정치까지 역사와 외교를 결합한 그의 현실주의적 관점을 잘 볼 수 있습니다.

헨리 키신저는 독일 출신의 미국 외교전략가이자 정치학자입니다. 1970년대 미국의 국무장관을 역임하며 미중 수교와 데탕트 정책의 주역으로 활동했습니다. 하버드대학교에서 정치학을 전공했고, 냉전 시기 국제질서의 전략적 구상을 실천한 대표적 현실주의자로 평가받습니다. 이 책은 그런 그가 평생 쌓아온 중국 외교 경험과 이론적 성찰을 바탕으로 쓴 책으로, 중국을 제대로 이해하고 싶은 서구인의 안내서이자 외교, 국제정치 분야에서 필독서로 평가받습니다.

중국은 '관계와 질서'를 중시하는 문명국가(civilization-state)로, 그 특수한 역사와 중국인의 전략적 사고를 이해하지 않고는 현대 국제질서를 예측할 수 없습니다. 키신저는 수천 년에 걸친 중국의 외교사와 전략문화를 분석하면서, 미국 중심적 시각을 넘어선 중국 이해의 필요성을 역설합니다.

그는 중국이 서구 중심의 국가 시스템과는 근본적으로 다른 시스템을 가지고 있다고 주장합니다. 진시황의 통일에서부터 현대에 이르기까지 중국의 외교 전략이 어떻게 만들어지고 진화했는지를 설명하며, 특히 손자병법, 천하관(天下觀), 주변국에 대한 복속-화해 전략, 위협보다 인내와 포용을 택하는 전통 등을 키워드로 분석합니다. 중국은 정면 대결보다 측면 우회와 관계 조정, 타협과 균형을 중시해왔습니다. 키신저는 이를 서양의 '현실주의(power politics)'와 구별되는 '질서 중심'의 전략 전통이라 부릅니다.

키신저는 닉슨 대통령과 함께 1972년 역사적인 미중 수교를 이끌며 중국을 직접 상대했습니다. 마오쩌둥, 저우언라이, 덩샤오핑 등과의 대화를 토대로 당시 중국의 외교 의도와 전략적 언어를 생생하게 전합니다. 그러면서 그는 미국이 중국과 관계를 맺는 데 있어 결정적으로 간과했던 부분이 바로 중국의 자부심, 역사 인식, 상징의 언어였다고 고백합니다. 책 후반부에서는 21세기 미중 관계를 전망합니다. 그는 단순한 패권 경쟁이 아닌 전략적 상호존중과 질서 협상이 필요하다고 보았습니다. 중국이 추구하는 '조화로운 세계[和諧世界]'는 겉보기엔 이상주의적으로

헨리 키신저, 《헨리 키신저의 중국 이야기》

보이지만, 실상은 역사의 경험에서 비롯된 '질서 지향적 외교 철학'이라는 것입니다. 미국과 서구가 이를 오해하거나 무시할 경우, 충돌은 불가피하다고 경고합니다.

결국 이 책은 '미국이 중국을 어떻게 바라봐야 하는가'라는 질문을 넘어, 한국을 비롯한 동아시아 국가들이 중국이라는 거대한 문명권과 얼마의 거리와 어떤 시선을 유지할 것인가에 대한 근본적 사유를 제공합니다. 단순한 패권 경쟁의 이분법을 넘어, 문명 간 전략적 공존의 가능성을 타진하는 책입니다.

키신저는 중국 지도자들이 쓰는 상징과 은유의 언어가 갖는 힘을 분석합니다. 예컨대 저우언라이나 덩샤오핑은 추상적 개념을 통해 현실 힘의 균형을 묘사하는 데 능했으며, 이런 화법은 상대에게 단정적 해석을 강요하지 않고 여지를 남기는 전략적 모호성의 방식이기도 했습니다.

키신저는 자신이 직접 관여한 미중 정상회담을 돌아보며, 협상의 본질이 단순한 이익 교환이 아니라 상호 문명에 대한 존중과 인식의 균형에서 비롯되어야 한다고 강조합니다. 그는 중국과의 협상이 단순한 '문제 해결'이 아니라 '세계관의 이해'임을 반복해서 지적하며, 미국이 이를 오해하거나 과소평가했을 때 갈등이 심화된 사례를 제시합니다.

중국은 한국의 지정학적 운명에서 피할 수 없는 이웃입니다. 키신저의 분석은 단순한 중국 찬양이 아니라, 중국의 전략적 언어와 역사적 정체성을 이해하자는 제안입니다. 외교와 국제관계는 감정이 아니라 인식의 문제라는 점을 이 책은 분명히 보여줍니다. 하지만 키신저는 철저한 현실주의자이자 미국의 전략가입니다. 따라서 이 책은 중국에 대한 깊은 이해를 제공하는 동시에, 미국적 시각과 전략적 유불리 판단이 자연스럽게 내포되어 있습니다. 독자는 그의 외교 철학과 관점을 존중하되, 한국의 입장에서 비판적 거리감을 유지해야 합니다.

중국은 한국에게 떼려야 뗄 수 없는 이웃입니다. 키신저의 책은 단순한 중국 찬양이 아니라, 중국을 어떻게 이해해야 하는지를 보여주는 하나의 지침서입니다. 중국을 무조건 경계하거나 무조건 동경하는 것이 아니라, 이해와 거리 두기를 동시에 갖추는 것이야말로 진정한 지혜입니다.

오늘의 청년들이 이 책을 통해 배워야 할 것은 단순한 지식이 아니라, 국제정세를 해석하는 균형 감각입니다. 감정에 휘둘리지 않고, 상대를 있는 그대로 보면서도 스스로의 입지를 지켜내는 힘. 그것이 앞으로 한국이 세계 속에서 당당하게 설 수 있는 길이 될 것입니다.

헨리 키신저, 《헨리 키신저의 중국 이야기》

◦ 정치가의 윤리

막스 베버(Maximilian Carl Emil Weber, 1864~1920)의 《직업으로서의 정치 (Politik als Beruf)》는 정치가 무엇이며, 어떤 사람이 정치를 해야 하는지를 윤리적 관점에서 풀어낸 정치철학의 고전입니다. 그는 정치를 "국가 권력을 획득하고 유지하는 활동"으로 정의하며, 정치가는 '신념윤리(원칙)'와 '책임윤리(결과)'를 함께 지녀야 한다고 강조합니다. 단순한 권력 추구가 아니라 결과까지 책임지는 태도가 진정한 정치가의 조건이라고 말하는 책입니다.

이 책의 저자인 막스 베버는 독일의 사회학자, 법학자, 정치경제학자로, 근대 사회과학의 기초를 세운 핵심인물 중 한 명입니다. 그는 사회구조뿐 아니라 종교, 윤리, 정치의 관계를 폭넓게 연구했습니다. 특히 관료제 이론, 프로테스탄트 윤리와 자본주의 정신 그리고 합법적 지배의 유형(카리스마적·전통적·법적 권위) 등을 정립하며 현대 정치학과 사회학에 결정적인 영향을 주었습니다.

《직업으로서의 정치》는 제1차 세계대전 뒤 혼란스러웠던 1919년, 독일 뮌헨대학교에서 베버가 청년 학생들에게 행한 강연의 원고로, 《직업으로서의 학문》과 짝을 이루는 대표 텍스트입니다. 이 책은 '정치를 생계 수단으로 삼을 수 있는가?' '정치는 소명(부르심)이 될 수 있는가?'라는 질문에서 출발해, 현실 정치와 윤리, 권력과 책임, 신념과 책임의 윤리가 어떻게 충돌하고 조화될 수 있는지를 분석합니다. 이 책은 정치가 단순한 권력 투쟁이 아니라 인간의 내면적 결단과 윤리적 각오가 요구되는 소명임을 강조한 글입니다.

① 정치란 무엇인가: 권력의 분배와 지도력

베버는 정치를 국가 내에서 지배력을 획득하고 유지하려는 모든 활동이라고 정의하며, 근대 국가는 '왕'이라는 절대권력자의 개인적 권한으로 발동하는 인치가 아니라 '합법적 물리력의 독점'을 특징으로 한다고 보았습니다. 국가는 폭력을 행사할 수 있는 유일한 합법적 조직이며, 정치는 바로 그 힘을 누가 어떻게 행사할지를 둘러싼 과정입니다. 정치는 단순한 신념이나 이상이 아닌, 현실의 권력을 다루는 냉혹한 영역이며, 정치의 본질은 권력 그 자체에 있고, 인간이 이를 어떻게 다루는가에 따라 국가와 사회의 운명이 갈린다고 보았습니다.

② 정치를 직업으로 삼는다는 것의 의미

베버는 '직업으로서의 정치'를 두 가지 방식으로 나눕니다. 하나는 정치 활동을 통해 생계를 유지하는 사람(정치를 생업으로 삼는 자), 다른 하나는 정치에 소명과 사명의식을 갖고 임하는 사람(정치를 부르심으로 여기는 자)입니다. 그는 이 두 가지가 함께 작동하지 않으면 정치가 기회주의적 이익 추구로 전락하며, 공동체 전체에 해악을 끼친다고 경고합니다. 정치는 오직 자기 자신을 지키는 일로 끝나는 것이 아니라, 전체 사회를 위한 책임을 져야 하며, 이를 위해 내면의 윤리적 기준이 반드시 요구된다고 보았습니다.

③ 신념윤리 vs 책임윤리의 충돌과 긴장

이 책의 중심 주제는 베버가 정립한 '신념윤리'와 '책임윤리'의 대비입니다. 신념윤리는 행동의 옳고 그름을 판단 기준으로 삼고 결과는 신의 뜻에 맡긴다는 자세이며, 책임윤리는 자신의 행동이 초래할 결과를 계산하고, 그것까지 책임지는 자세입니다. 베버는 신념윤리에 따라 이상만을 추구하거나, 책임윤리만 따라 현실에 안주하는 자세 모두 위험하다고 보았으며, '정치가란 이 두 가지 윤리를 모두 짊어진 사람'이라고 정의합니다. 정치가의 이상은 현실을 철저히 책임지는 태도와 함께할 때만 힘을 가진다고 말합니다.

④ 카리스마 리더십과 관료제의 긴장

베버는 리더십의 두 측면에 대해 이야기합니다. 하나는 카리스마 지도자, 즉 대중을 열광시키는 인물이며, 다른 하나는 제도적 질서를 중시하는 합리적 행정 체계입니다. 정치가 카리스마에만 의존하게 되면, 감정의 폭주와 포퓰리즘의 위험에 빠지며, 관료제가 경직되면 비인간적 관리주의로 흐를 수 있습니다. 따라서 정치가는 '흥분한 군중'에게 휘둘리지 않고, 동시에 '관료적 냉소주의'에 빠지지 않는 태도를 지녀야 합니다.

⑤ 정치가가 갖춰야 할 자질: 열정, 책임감, 균형감각

베버는 정치가에게 세 가지 자질을 요구합니다.

첫째는 열정입니다. 이는 자신의 일이 아니라 사회 전체의 문제로서 정치를 대하는 태도입니다.

둘째는 책임감입니다. 단순히 옳은 일을 하는 것이 아니라, 그것이 가져올 결과까지 감수하려는 의지입니다.

셋째는 균형감각입니다. 현실과 이상 사이에서 극단에 치우치지 않고 중심을 잡을 수 있는 능력입니다.

정치가 이상만을 외치고 결과를 외면할 경우 공동체 전체가 위험해질 수 있으며, 반대로 현실에만 안주하면 정치는 단기적 이익에 휘둘릴 수 있다고 보았습니다.

특히 정치가는 격렬한 감정이나 군중의 열광 속에서도 스스로를 제어할 수 있어야 하며, 냉정한 계산과 도덕적 신념이 동시에 작동하는 인격적 균형을 갖추어야 합니다. 베버는 "정치인은 지옥의 힘과 손을 잡되, 그 손을 더럽히지 않아야 한다"란 역설적 과제를 제시하며, 독자들에게 쉽게 권력을 좇기보다는, 정치가 가진 무게를 알고 그 무게를 견딜 수 있는 인격을 기르기를 요청하고 있습니다.

◦ # 나에서 우리로, 다시 나로

로버트 퍼트넘(Robert D. Putnam, 1941~   )의 《업스윙(The Upswing)》은
지난 100년간 미국이 공동체적 가치에서 개인주의로 이동한 흐름을 분
석하며, 다시 협력과 연대를 회복해야 한다고 제안하는 책입니다.

이 책의 저자인 로버트 퍼트넘은 미국 하버드대학교 정치학 교수로, 사
회자본(social capital)과 공동체의 해체와 복원을 중심으로 연구해온 세
계적인 정치학자입니다. 그의 대표작인 《나 홀로 볼링》은 미국 사회의
시민 참여 붕괴를 경고하며 큰 반향을 일으켰고, 《업스윙》에서는 과거의
미국이 현실의 제약을 딛고 어떻게 공동체 중심 사회로 회복했는지를
역사적 데이터와 문화 분석을 통해 조명합니다. 퍼트넘은 지식인으로서
미국 사회와 지역 공동체의 봉사 활동에도 활발히 참여하며, 학문과 시
민 참여를 접목한 실천적 모델을 보여주고 있습니다.

《업스윙》은 미국 사회가 19세기 말의 극심한 불평등과 이기주의의 시
대를 지나, 공동체 중심의 평등하고 협력적인 사회로 전환되었다가, 어

떻게 다시 개인주의로 퇴보했는지를 역사적 흐름 속에서 추적합니다. 퍼트넘은 이 흐름을 나에서 우리로, 우리에서 다시 나로라고 설명하며, 공동선을 회복하기 위해서 과거의 업스윙 경험에서 배워야 한다고 말합니다.

이 책은 사회 변화가 구조적 요인만이 아니라, 문화적 상상력과 도덕적 리더십에 의해 촉진될 수 있다는 중요한 통찰을 전합니다. 퍼트넘은 19세기 말의 미국을 '길디드 에이지(Gilded Age)'로 묘사합니다. 'Gilded'는 '금박을 입힌'이라는 의미로, 겉보기에는 화려하지만 속은 부패한 사회를 풍자적으로 지칭한 말입니다. 이 시기는 빈부 격차가 극심했고, 기업 권력이 정치를 좌우했으며, 시민적 연대는 취약했습니다. 하지만 20세기 초 진보주의 운동을 통해 시민들은 정치 개혁과 공공복지 향상, 교육 확대 등을 추진하며 공동체의 복원을 시도했습니다. 이런 흐름은 뉴딜 정책, 제2차 세계대전, 시민권 운동으로 이어지며 경제적 평등, 정치 참여 증가, 문화 공동체가 상승하는 '업스윙'의 시기로 정점에 이릅니다.

그는 사회 변화를 경제, 정치, 사회, 문화로 나누어 설명합니다. 경제적으로는 소득 불균형이 줄고 노동조합이 강화되었으며, 정치적으로는 투표율과 시민 참여가 확대되었습니다. 사회적으로는 공동체 조직, 교회, 지역 모임 등이 활발해졌고, 문화적으로는 개인주의보다 공동선과 이타주의가 확산되었습니다. 퍼트넘은 이 모든 변화가 동시에 일어났다는 점에서 '업스윙'은 단순한 경기 호황이 아니라 공동체 회복이었다고 말합니다.

로버트 퍼트넘 외, 《업스윙》

하지만 1960년대 후반 이후 미국은 다시 '우리에서 나'의 시대에 접어듭니다. 사회는 점점 분열되고, 시민 참여는 급감하며 경제적 불평등이 심화되었습니다. 퍼트넘은 이 후퇴의 원인을 단순한 제도 변화나 기술 발전에서 찾지 않고, 사회 구성원들이 도덕적 상상력을 상실하고, 공동체에 대한 신뢰와 헌신을 잃었기 때문이라고 보았습니다. 즉, 문화적 가치 변화가 구조적 붕괴를 유도했다는 것입니다. 이는 오늘날의 한국 사회에도 적용될 수 있는 중요한 진단입니다.

퍼트넘은 현재의 위기 역시 새로운 업스윙의 출발점이 될 수 있다고 말합니다. 그는 과거의 경험을 되새기며, 시민사회의 회복은 문화적 상상력, 윤리적인 리더십, 청년의 자발적 실천에서 출발한다고 강조합니다. 특히 학자로서 그는 이론적 분석에 머물지 않고, 지역사회 봉사와 교육운동에 직접 참여하며 지식인의 사회적 책임을 몸소 실천했습니다. 그의 삶은 공동선을 위한 집단적 연대가 어떻게 실현 가능한지를 보여주는 생생한 증거입니다.

퍼트넘은 또한 '문화 서사(narrative)'의 부재를 사회 붕괴의 핵심 원인 중 하나로 지목합니다. 그는 사람들이 공동체를 믿고 참여하게 만드는 데 필요한 것은 단지 제도나 경제적 인센티브가 아니라 '우리'라는 상상의 공동체에 대한 감정적 유대와 공통된 도덕이라고 말합니다. 업스윙의 시대에는 이러한 가치 중심의 공적 담론이 활발했으며, 시민들은 개인적 성공을 넘어서 사회적 의미를 추구했습니다. 퍼트넘이 강조하는

'문화 서사'의 부재 문제는 사실 미국만의 현상이 아니라, 전 세계 민주 사회가 겪는 공통된 과제입니다. 미국은 극단적 개인주의 전통 속에서도 한때 '시민적 연대'와 '공적 책임'이라는 가치를 공유했던 경험이 있었고, 그것이 업스윙 시기를 가능하게 했습니다. 따라서 오늘날에도 그 기억을 다시 불러내고, 새로운 사회적 서사를 만들어간다면 공동체 정신의 회복은 충분히 가능하다고 볼 수 있습니다.

퍼트넘은 청년 세대가 다시 새로운 '업스윙'을 이끌 주체가 되어야 한다고 말합니다. 사회가 극심한 이기주의와 분열로 치닫는 시대일수록, 공동선과 연대를 위한 실천이 필요하며, 청년들이 지역사회와 공공 영역에서 작더라도 헌신적 실천을 시작할 때 변화는 가능하다는 믿음을 심어줍니다.

우리 사회 역시 빠른 근대화와 산업화를 거치며 개인주의적 가치가 강화되었고, 지금은 청년 세대가 경쟁과 고립 속에서 점점 더 '개인 단위의 생존'에 몰두하게 되는 경향이 강합니다. 바로 이런 맥락에서 《업스윙》은 중요한 각성을 제공합니다. 퍼트넘이 말하는 '우리'라는 감각은 추상적인 구호가 아니라, 청년들이 작은 실천 속에서 경험할 수 있는 구체적 유대—예를 들어 지역 자원봉사, 생활협동조합, 기후 대응 캠페인, 학교나 직장에서의 공정성과 배려 실천 등—에서 시작됩니다.

시선을 바꾸면 기회의 지형도 달라진다

지금 우리가 서 있는 이 땅, 한반도를 바라보는 시각을 잠시 바꿔보면 어떨까요? '북이 위, 남이 아래'라는 고정된 지도의 방향을 거꾸로 돌려보면, 한국은 더 이상 대륙 끝의 작은 나라가 아닙니다. 거대한 태평양을 향해 열린, 세계를 향한 출발점이 됩니다.

동원그룹 창업자인 김재철(1935~   ) 회장의 《지도를 거꾸로 보면 한국인의 미래가 보인다》는 세상을 보는 눈을 바꾸고, 대한민국의 미래 가능성을 새롭게 그려보자는 제안입니다. 이 책은 어쩌면 우리에게 가장 절실한 이야기인 생각의 전환, 미래를 향한 도전 정신, 국경을 넘는 시야를 던져줄지 모릅니다.

저자인 김재철은 기업인이자 해양 전략과 국가경영에 대한 통찰을 제시한 사상가입니다. 2000년에 펴낸 《지도를 거꾸로 보면 한국인의 미래가 보인다》는 세계지도를 뒤집는 창의적인 시선을 통해 한반도의 지정학적 위치와 가능성을 새롭게 조명한 책입니다. 저자는 한반도가 유라시아 대륙의 변방이 아니라 아시아·태평양의 전략적 교두보가 될 수 있다는 해양적 비전을 강조하며, 고정관념을 깨는 시각 전환의 중요성을 설파했습니다. 이 책은 그의 발상의 전환과 국가 중심성에 대한 고민을 상징하는 대표 저작으로 남아 있습니다.

실제로 거꾸로 제작된 지도가 있습니다. 호주에서 제일 먼저 제작했다고 하지요. 지도라는 고정된 이미지를 '거꾸로 봄'으로써, 기존 사고의 틀을 깨고 새로운 전략적 시각을 얻을 수 있다는 것이 이 책의 핵심 주제입니다. 세계와 한국을 바라보는 기존 시선이 서구 중심, 혹은 북반구 중심에 갇혀 있다는 문제의식에서 출발해, 이를 뒤집으며 한국의 미래를 설계하는 다른 가능성을 제시합니다. 이는 청년 세대가 국제 정세와 세계 경제를 이해하고, 변화하는 글로벌 환경 속에서 주체적으로 미래를 준비하는 데 필요한 관점을 제공합니다.

저자는 먼저 우리가 '정상'이라고 여기는 세계지도 자체가 사실상 서구 제국주의 시대에 형성된 관습의 산물임을 지적합니다. 오늘날 학교와 미디어에서 당연하게 사용하는 지도는 메르카토르 도법을 기반으로 한 유럽 중심의 세계관을 반영합니다. 이 지도에서 유럽과 북미는 상단과 중심에 위치하며, 남반구 국가들은 하단에 작게 표기됩니다. 이런 배치는 무의식적으로 북반구, 특히 서구 국가들이 중심이라는 인식을 심어줍니다. 하지만 지도를 거꾸로 뒤집어 보면, 지리적·심리적 중심이 바뀌고, 한국의 위치도 새롭게 드러납니다. 한국은 단순히 동아시아의 변방

김재철, 《지도를 거꾸로 보면 한국인의 미래가 보인다》

이 아니라, 태평양과 유라시아 대륙을 연결하는 거대한 축선의 한 가운데 놓이게 됩니다.

저자는 발상의 전환을 강조하며, 세 가지 관점에서 이를 구체화합니다. 첫째는 지정학적 관점입니다. 거꾸로 본 지도 속에서 한반도는 북쪽으로 유라시아의 심장부와 맞닿고, 남쪽으로는 태평양과 인도양을 향한 해양 네트워크로 열려 있습니다. 이는 역사적으로 실크로드 육상·해상 교역로의 교차점이던 한반도의 역할을 재확인시켜줍니다. 저자는 고대 삼국시대의 해상 활동, 고려시대의 국제 무역, 조선시대의 연해주·중국·일본과의 교류를 사례로 들며, 지정학적 위치가 국가의 부와 안전에 어떻게 영향을 주었는지 설명합니다. 또 오늘날의 한반도는 동북아 안보 구도의 핵심으로, 미·중·러·일 4대 강국과 직·간접적으로 맞물려 있어 외교 전략 수립 시 공간 인식의 전환이 필수적이라고 강조합니다.

둘째는 경제 네트워크 관점입니다. 기존의 한국 무역 구조는 북미·유럽 등 선진 시장에 크게 의존했습니다. 하지만 지도를 거꾸로 보면, 동남아시아, 남아시아, 아프리카, 남미와의 연결성이 보다 직관적으로 보입니다. 저자는 아세안 경제공동체(AEC), 아프리카 대륙자유무역지대(AfCFTA), 남미의 메르코수르(Mercosur) 등 신흥 경제권의 부상과 함께, 한국이 참여하거나 확대할 수 있는 협력 프로젝트를 소개합니다. 예를 들어, 조선·해운·물류 분야에서 아프리카 항만 개발에 참여하거나, IT·핀테크 기술을 남미 시장에 수출하는 가능성 등 구체적 시나리오를 제시합니다. 이런 다변화 전략은 미·중 갈등, 보호무역주의 확산 같은 경제적 위험 요소에 대응하는 중요한 방안이 될 수 있습니다.

셋째는 문화·정신적 관점입니다. 세계를 바라보는 틀을 바꾸는 일은 곧 자기 정체성의 틀을 바꾸는 일입니다. 저자는 서구중심주의가 우리 사회 깊숙이 스며든 이유를 역사적 맥락에서 분석하며, 이를 극복하기 위해서는 교육·문화교류·미디어 소비 습관까지 변화가 필요하다고 말합니다. 예컨대, 국제 뉴스 소비 시 서구 언론만이 아닌 다양한 지역의 관점을 참고하고, 학문 연구에서도 비서구권 학자들의 이론과 경험을 더 많이 반영하는 노력이 필요하다고 강조합니다. 이러한 시선 확장은 단순한 지적 호기심을 넘어, 창의적 문제 해결과 국제 협력 능력을 높이는 기반이 됩니다.

청년들에게 주는 메시지도 분명합니다. 변화하는 국제질서 속에서 한국은 '변방 국가'가 아니라 '연결의 중심'이 될 수 있습니다. 하지만 그 가능성은 기존의 사고방식에 안주하지 않고, 낯선 시각을 받아들일 용기를 가진 세대에게만 열립니다. 지도를 거꾸로 보는 행위는 단순한 시각적 장난이 아니라, 고정관념을 해체하고 새로운 기회를 발견하기 위한 훈련입니다. 이러한 관점 전환은 국가적인 차원뿐만 아니라 진로 선택, 창업 아이디어, 연구 주제 발굴 등 청년 개개인의 삶에도 직접적이고 긍정적인 영향을 미칠 수 있습니다.

김재철, 《지도를 거꾸로 보면 한국인의 미래가 보인다》

병든 세계를 회복할 힘

21세기에 드러난 여러 사회적 병리 현상을 역사적 맥락 안에서 깊이 있게 분석한 논쟁적이고 통찰력 있는 책《우리 시대의 병적 징후들(Morbid Symptoms)》은 도널드 서순(Donald Sassoon, 1946~　) 교수가 집필한 저작입니다. 도널드 서순 교수는 이탈리아계 유대인 가문 출신으로 이집트 카이로에서 태어난 영국 역사학자입니다. 그는 런던대학교 퀸메리 칼리지의 유럽비교사 명예교수로, 유럽 정치사와 문화사를 연구해왔습니다. 광범위한 시공간을 가로지르는 방대한 정보량뿐만 아니라 독보적인 서술 방식으로 당대 사회를 압축하는 도널드 서순은 영국 최고의 역사학자로 손꼽힙니다.

《우리 시대의 병적 징후들》은 오늘날 서구 사회를 비롯한 전 지구적 공동체가 겪고 있는 '정신적 불안정'과 '사회적 병리' 구조를 진단하는 책입니다. 불안, 분노, 우울, 고립, 적대감 같은 정서적 반응은 개인의 심리 문제라기보다 우리가 살아가는 사회 자체의 병리적 구조에서 비롯된다는 것이 저자의 핵심 메시지이며, 책의 주요 내용은 아래와 같습니다.

① 불안과 우울은 사회가 만들어낸다

저자는 감정은 시대의 산물이라고 말합니다. 즉, 사람들이 불안과 우울을 겪는 것은 그들이 약해서가 아니라 사회가 그렇게 만들고 있다는 것입니다. 특히 21세기 들어 감정은 철저히 구조화되었고, 개인은 그 구조에 반응하면서 병들어갔습니다. 이는 '내 탓'이 아니라 '사회 탓'임을 인식해야 한다는 것이 저자의 경고입니다. 불안은 더 이상 치료의 대상이 아니라 사회 진단의 신호로 읽어야 하며, 우리는 감정의 출처를 심리학에서 사회학으로 전환할 필요가 있습니다.

② 신자유주의 이후 감정의 탈정치화

과거에는 분노와 불만이 정치 운동으로 조직되었지만, 오늘날은 분산되고 탈정치화되었습니다. 사람들은 사회 구조에 대한 분노를 제도 개혁이나 집단행동이 아닌, 자기 내부로 돌립니다. 감정은 사적 차원에 머물고, 연대는 해체되며, 경쟁만이 유일한 생존 방식으로 남았습니다. 이로써 우리는 더 이상 함께 분노하지 못하고, 고립된 채 피로를 감내합니다. 감정이 정치에서 밀려난 자리를 시장과 기술이 대신 차지하면서, 공적 언어는 사라지고 개인적 고통만 남게 됩니다.

③ 사회적 고립과 감시 자본주의

디지털 시대의 SNS와 플랫폼은 사람들을 연결시키는 듯하지만, 실상은 더욱 고립시킵니다. 우리는 수많은 접속 속에 고독하고, 감정은 '좋아요'와 '댓글'로 환원됩니다. 감시는 자발적이고, 피로는 일상이 되었습니다. 저자는 이 구조가 감정을 상품화하고, 고립을 확산시키는 '감시 자본주의'의 한 단면이라 분석합니다. 감정은 데이터가 되었고, 인간은 클릭 수와 반응 속도에 따라 감정노동을 수행하는 '사용자-상품'의 상태에 놓입니다.

④ 자기혐오와 자기책임론

현대 사회는 실패를 구조가 아닌 개인의 탓으로 돌립니다. "네가 게을러서 그래." "네가 노력을 안 해서야"라는 메시지는 모든 실패를 자기혐오로 수렴시킵니다. 이는 자존감을 파괴하며, 소비와 통제 가능한 대상에 감정을 투사하게 만듭니다. 불안을 다스리는 방식이 치료가 아니라 구매와 순응이라는 점이 더욱 위태롭습니다. 자기계발 서적, 심리상담 산업, 생산성 앱의 범람은 그 자체가 '사회가 만든 감정 문제를 개인이 해결하라'는 압력의 증거입니다.

⑤ 불안의 내면화

실업, 빈곤, 경쟁, 불평등 같은 구조의 문제는 언제나 개인감정의 문제로 바뀝니다. 이는 감정의 내면화를 초래하고, 정치적 책임을 흐리게 합니다. 저자는 감정이 정치적이지 않게 되면, 체제는 그 자체로 안전해진다고 경고합니다. 감정을 구조화한 사회는 개인의 저항을 무력화시킵니다. 우리는 분노 대신 우울을 선택하고, 비판 대신 침묵을 선택하게 됩니다. 이는 감정의 순치이자, 저항의 상실을 뜻합니다.

⑥ 복지국가의 해체와 감정 인프라의 붕괴

20세기 중반 복지국가는 경제뿐 아니라 감정의 안전망 역할을 했습니다. 그러나 이후 긴축정책과 민영화, 공공성의 약화는 감정 관리의 공적 인프라를 붕괴시켰습니다. 병원, 상담, 공동체가 사라지면서 개인은 감정을 감당할 수단 없이 방치합니다. 우리는 감정을 혼자서 감내해야 하며, 그 감정이 다시 노동력, 생산성, 효율성으로 환원되는 악순환에 빠져 있습니다.

⑦ 병든 세계를 회복하려면 감정을 정치화해야 한다

저자는 병든 감정 구조를 치유하기 위해 감정의 정치화를 주장합니다. 불안과 분노, 고립은 다시 공적 언어로, 사회적 조직으로 회복해야 합니다. 감정이 외면되면 체제는 지속됩니다. 연대와 공감의 정치, 감정을 사적 고통이 아닌 공적 질문으로 끌어올리는 일이 우리 시대의 치유 방식이라는 것이 그의 결론입니다. 감정은 단지 느끼는 것이 아니라 말하고, 공유하고, 조직할 때 비로소 사회를 바꿀 힘이 됩니다.

도널드 서순의 《우리 시대의 병적 징후들》은 지금 우리가 목도하는 혼란과 불안을 단순히 '현상'으로만 다루지 않습니다. 그 뿌리를 역사 속에서 찾고, 구조적 맥락에서 재조명합니다. 이 책은 감정과 사회 구조를 연결하는 데 익숙하지 않은 독자에게는 다소 이질적으로 느껴질 수 있습니다. 하지만 각 장에서 제시하는 역사적 사례와 통계, 철학적 통찰을 따라가다 보면, 감정의 사회적 구조가 보이기 시작합니다. 개인 문제를 구조의 문제로 전환해서 사유하는 태도, 바로 그것이 우리 시대를 이해하고 넘어설 수 있는 첫걸음일 것입니다.

작은 날갯짓이 만드는 큰 물결

: 리더십, 공공성, 시민 정신

공동체는 의식 있는 시민들의 작은 행동이 모여 변화합니다.

이번 장에서는 리더십, 시민의 역할, 공공성, 봉사, 책임을 보여주는

인물 전기와 사상서를 모았습니다.

'국가와 공동체에 기여하는 삶'이란 무엇인지 선명하게 보여주는 책들입니다.

사람 없는 나라는 허상이다

안창호(1878~1938)를 스승으로 존경했던 작가 이광수(1892~1950)의
《도산 안창호》는 독립운동가 도산 안창호의 생애과 사상을 기린 평전
입니다. 도산의 청렴한 인격, 교육과 민족 계몽운동, 독립정신을 강조하
면서 그를 민족의 스승으로 조명하고, 그의 삶의 궤적을 후대에 알리기
위해 이광수는 이 책을 집필했습니다.

이광수는 일제강점기 대표적인 계몽주의 지식인으로, 소설가이자 사상
가로 활동했습니다. 《무정》《흙》 등 한국 최초의 근대 문학작품을 집
필했으며, 민족의 각성과 실천을 촉구한 저술을 남겼습니다. 다만 해방
이전 친일 행적으로 인해 평가가 갈리지만, 일제하 계몽운동과 민족 지
도자들의 생애를 알리는 데 큰 역할을 한 점은 의의가 있습니다.

진정한 지도자는 실천적 인격과 민족적 책임의식을 겸비한 사람입니다.
안창호는 독립운동가이자 교육가로, '나라를 세우려면 사람을 먼저 세
워야 한다'란 철학을 가지고 민족 재건을 꿈꾸었습니다.

평안남도 강서에서 태어난 도산 안창호는 유년기부터 유교적 가정교육을 받으며 자랐습니다. 1902년 미국으로 유학을 떠나 샌프란시스코에서 한인동포들과 교류하며 민족의식을 고취하고, 국제 감각을 넓힌 그는 미국에서 흥사단을 창립해 동포 사회의 교육과 결속에 힘썼으며, 조국 독립을 위한 조직적 기반을 다지기 위해 꾸준히 노력했습니다. 1910년 조선이 일본에게 국권을 빼앗기자, 그는 해외에서 본격적인 독립운동가의 길을 걷기 시작했고, 1919년 대한민국 임시정부 수립 과정에서 주도적 역할을 했습니다. 임시정부에서는 내무총장, 국무총리대리 등의 직책을 맡아 행정과 외교의 중심인물로 활약했습니다.

이후 중국 상하이와 미국, 조선을 오가며 민족운동을 이어간 그는 특히 교육과 조직의 힘을 중시했습니다. 국내로 돌아온 뒤에는 대성학교 등을 설립하며 민족교육에 헌신했고, 자주적 국민을 양성하기 위한 계몽운동에 앞장섰습니다. 하지만 일제의 감시와 반복된 투옥으로 건강이 악화되었고, 마지막에는 형무소에서 풀려난 뒤 병세가 악화되어 광복을 보지 못한 채 1938년 3월 10일 경성제국대학 부속병원(현 서울대학교 병원)에서 숨을 거두었습니다. 비록 광복을 보진 못했지만, 그는 민족의 정신적 토대를 다진 인물로 역사에 남아 있습니다.

《도산 안창호》는 안창호의 생애를 통해 참된 지도자란 무엇인가, 애국이란 무엇인가를 되묻는 책입니다. 저자 이광수는 이 책에서 단순히 도산의 독립운동 이력을 나열하는 데 그치지 않고, 그의 삶과 정신, 특히 인격 수양과 교육에 대한 집념을 집중적으로 조명했습니다.

"나라가 없어도 국민은 있어야 한다. 그러나 국민이 없으면 나라가 있어도 그것은 껍데기다." 도산의 생애에서 가장 주목할 부분은 '실천적 이상주의'입니다. 그는 독립운동의 현실적 어려움 속에서도 좌절하지 않고, 자기 훈련과 공동체 정신을 바탕으로 한 실천적 애국을 강조했습니다. 감정적 민족주의보다는 질서와 규율, 협동과 봉사의 덕목을 민족 정신의 핵심으로 본 것입니다.

이광수는 도산을 "하늘이 내린 성품을 지닌 사람"이었다고 평가하며, 그의 삶을 통해 우리 민족이 지녀야 할 지도자의 인격적 표준을 제시합니다. 특히, 말보다 행동을 중시했던 도산의 삶은 오늘날에도 깊은 울림을 줍니다. 그는 식민지 현실에 절망하지 않고, '사람을 만들자'란 구호 아래, 교육과 조직, 연대를 통해 민족의 미래를 준비했습니다.

이 책은 안창호의 죽음을 영웅적으로 그리기보다는, 그의 생애 전반을 조용하고도 진지하게 따라가며, 진정한 민족 지도자가 지녀야 할 도덕성과 헌신, 자기성찰의 깊이를 되새기게 합니다.

도산 안창호 사상의 중심에는 '흥사단 정신'이 있습니다. 흥사단은 단순한 친목 모임이 아니라 철저한 자기 수양과 공동체 봉사를 실천하는 인격 수련 조직이었습니다. 도산은 흥사단을 통해 '도덕적 지도자 양성'이라는 이상을 실현하고자 했으며, 이를 통해 식민지 시대에도 도덕성과 조직력이 결합된 민족운동이 가능함을 보여주었습니다.

그는 무장 투쟁이나 일회성 시위보다 장기적이고 체계적인 인물 양성과 제도 구축에 더 큰 가치를 두었으며, 이는 당시 급진적 독립운동가들 사이에서 '온건하다'는 비판을 받기도 했습니다. 하지만 도산은 자신이 옳다고 믿는 길을 묵묵히 걸어갔습니다. 그는 힘으로 독립을 쟁취하기보다는 스스로를 훈련하고 국민을 일깨우는 것이 진정한 독립의 기반이라고 믿었습니다.

임시정부 내에서도 도산은 현실 정치와 이상 사이에서 많은 갈등을 겪었습니다. 정치적 불협화음, 재정 부족, 외교의 한계 등으로 인해 좌절을 경험했으나, 그는 이를 개인적 실망으로 받아들이지 않고 오히려 '더 좋은 지도자가 되기 위한 성찰의 기회'로 삼았습니다.

그가 생전에 설립한 대성학교는 단순한 교육 기관이 아니라, 민족정신을 고양시키는 훈련장이었습니다. 그는 배움이 없는 독립은 허상이며, 인격이 없는 자유는 혼란이라고 단언했습니다. 이러한 철학은 해방 이후 한국 사회의 인재 양성과 시민 교육에 커다란 영향을 미쳤습니다.

이런 도산의 생애와 철학은 오늘의 청년들에게도 여전히 중요한 화두를 던집니다. 빠른 성과와 즉각적인 변화만을 추구하는 사회 속에서, 도산은 사람을 기르고 제도를 세우는 일이야말로 가장 확실하고 지속가능한 길임을 보여주었습니다. 청년들은 이 책을 통해 자신의 꿈을 이루는 데 필요한 꾸준한 자기 훈련, 공동체와 사회를 위한 책임 있는 리더십,

이상과 현실 사이에서 흔들리지 않는 내적 성숙이 무엇인지 배울 수 있을 것입니다. 스스로를 다스리고, 사회를 위해 기여하며, 장기적인 안목을 잃지 않는 자세가 청년들에게 꼭 필요한 자산임을 일깨워줍니다.

이광수, 《도산 안창호》

○ 사람 위에 사람 없다

후쿠자와 유키치(福澤諭吉, 1835~1901)가 쓴 《학문의 권장(學問のすすめ)》은 개인이 스스로 지식을 쌓고 합리적으로 사고해야만 사회와 국가의 발전에 기여할 수 있다고 강조하는 책입니다.

그는 전통적 권위와 관습에 얽매이지 말고 실용적이고 현대적인 학문을 배우라고 권장했습니다. 지식은 단순히 개인의 성공을 위한 것이 아니라 공동체와 사회 발전에도 꼭 필요하단 메시지를 강조하고 있습니다.

후쿠자와 유키치는 일본 근대화의 사상적 기초를 세운 계몽사상가이자 교육자입니다. 그는 메이지 유신 이후 서양 문명을 일본에 소개하고, 독립된 시민의식과 근대 학문 보급에 힘썼습니다. 《학문의 권장》은 1872년부터 연재된 저술로, 계몽주의 사상을 기반으로 인간은 평등하게 태어나며, 그 능력의 차이는 교육을 통해 메울 수 있음을 강조합니다. 특히 일본 국민에게 봉건적 신분 질서에서 벗어나 자립적인 시민으로 성장하기 위해서는 근대 학문을 익히고 실천하는 것이 무엇보다 중요하다는 메시지를 전합니다.

《학문의 권장》은 "하늘은 사람 위에 사람을 만들지 않고, 사람 아래 사람을 만들지 않았다"란 선언으로 시작합니다. 이 문장은 당시 일본 사회에 강하게 뿌리내린 신분 제도에 대한 도전장이었으며, 후쿠자와 유키치의 사상 전체를 상징하는 표현입니다.

후쿠자와는 인간의 존엄성을 확립하기 위한 도구로서 학문을 강조합니다. 그는 학문을 단순히 지식을 축적하거나 관념을 익히는 것이 아니라 삶의 태도와 실천적 능력을 기르는 수단으로 보았습니다. 학문은 개인의 내면을 수양하고, 외부 세계를 이해하며, 자율적인 시민으로 성장하는 토대였습니다.

그가 강조한 학문은 '실학(實學)'입니다. 이는 실제 생활에 도움이 되는 지식과 기술을 의미합니다. 후쿠자와는 의학, 과학, 수학, 외국어, 정치경제학 등을 포함해 모든 분야에서 실용적인 학문이 사회와 국가의 발전에 기여할 수 있다고 믿었습니다. 그는 이런 실학을 보급해 서민 대중에게 정신적 독립을 일깨우고자 했습니다.

그는 인간이 타인의 시선이나 권위에 흔들리지 않고, 스스로 사고하고 판단할 수 있어야 한다고 말합니다. 미신, 봉건적 권위, 관습에 얽매이지 않는 비판적 사고를 학습으로 기를 수 있다고 믿었습니다.

후쿠자와는 '비판적 사고'와 '자기 책임'이라는 두 축을 반복적으로 강조합니다. 타인의 권위나 전통에 맹종하지 말고, 스스로 사고하고 판단하는 시민이 되어야 한다고 역설했습니다. 이는 현대 민주사회의 핵심 역량으로 꼽히는 시민적 자질과도 직결됩니다. 단지 지식을 많이 아는 것이 아니라, 독립적으로 판단하고 책임 있게 행동할 수 있는 힘이야말로 진정한 학문의 성과라는 것입니다.

또 그는 정신적 독립과 경제적 자립을 밀접하게 연결했습니다. 아무리 도덕적으로 자립하려고 해도, 경제적으로 남에게 의존하면 진정한 자유를 누릴 수 없다고 보았습니다. 그래서 그는 학문을 통해 경제력을 기르고, 실천적인 능력을 함양해 궁극적으로 자유롭고 독립적인 시민이 될 것을 촉구합니다. 결국 《학문의 권장》은 일본의 근대화만을 위한 책이 아니라, 시민이란 무엇인가, 학문의 목적은 무엇인가라는 질문을 동시대의 모든 독자에게 던지는 계몽의 텍스트입니다.

《학문의 권장》의 가장 큰 특징 중 하나는 문체의 평이함입니다. 후쿠자와는 당시 지식인들이 주로 사용하던 한문이 아니라 일반 대중이 쉽게 읽을 수 있는 일본어로 이 책을 집필했습니다. 그는 교육을 특정 계층의 특권으로 보지 않았고, 모두가 교육을 받을 수 있어야 하며, 그가 생각한 이상적인 사회는 모두가 자신의 힘으로 살아가며, 지식과 인격을 갖춘 시민이 이끌어가는 사회였습니다.

흥미로운 점은 후쿠자와 유키치가 단지 일본 내의 계몽에만 머물지 않고, 이웃 나라 조선의 개화에도 깊은 관심을 가졌다는 점입니다. 그는 조선의 개화파 인사였던 김옥균, 서광범 등에게 큰 영향을 주었고, 실제로 일본 망명 중인 김옥균을 물심양면으로 지원하며 조선의 근대화에 간접적으로 기여했습니다.

하지만 동시에 그는 정한론(征韓論)을 주장한 인물이기도 합니다. 조선을 문명화되지 못한 나라로 보며, 무력 정벌을 통해 문명을 강제로 이식해야 한다는 관점을 취했고, 이는 훗날 일본 군국주의자들에게 공감을 불러일으켰습니다. 이러한 정한론은 한반도 침략과 식민지화로 이어지는 사상적 기반 중 하나가 되었습니다.

후쿠자와 유키치는 얼마 전까지 일본 화폐로는 가장 고액인 1만 엔권에 얼굴이 실린 인물입니다. 그의 저서는 당시 일본에서 가장 많이 팔린 베스트셀러였습니다. 이 책이 그렇게 세상의 관심을 끈 것은, 그의 메시지가 간단명료하게 성공의 길을 제시했기 때문입니다. 메이지 유신을 계기로 일본이 산업화에 성공하고, 국민 의식의 선진화에 매진하는 데는 그의 사상과 교육이 큰 역할을 했습니다.

대체로 한 나라가 비상하기까지의 궤적을 살펴보면, 예외 없이 국민을 깨우치고 가르친 인물들의 수고가 깔려 있음을 알게 됩니다. 이 책을 읽으며 이런 사상을 담은 책을 조선의 선각자들이 먼저 펴내 국민을 계몽하고 교육시켰더라면 조선의 역사가 조금은 달라지지 않았을까 하는 생각을 해봅니다.

○ 신사와 선비가 만나면?

백승종의《신사와 선비》는 조선 후기 양반 사회의 변화와 위기를 진지하게 탐구한 책입니다. 이 책은 양반 계층의 도덕적 타락과 사회적 책임 회피를 비판하며, 당시 지배층의 역할과 정체성에 대한 깊은 성찰을 담고 있습니다.

이 책을 쓴 백승종(1957~　)은 독일 튀빙겐대학교에서 박사학위를 받은 역사학자로, 서강대학교 사학과 교수로 재직하며 조선시대사와 동서양 문화 비교, 사상사를 연구해왔습니다. 그는 한국사뿐 아니라 유럽 역사, 교양교육, 시민윤리에도 깊은 관심을 가지고 글을 써왔으며,《상속의 역사》《문장의 시대, 시대의 문장》 등 다양한 역사서를 집필했습니다.

《신사와 선비》는 중세 유럽의 기사도 정신과 신사 문화 그리고 조선의 선비 윤리와 학문 태도를 비교 분석하며 시작합니다. 저자는 두 문화가 지닌 차이점보다 공통점에 주목하며, 권위에 기대기보다 도덕적 자율성을 추구하고, 외면보다는 내면의 품격을 중시하며, 사회 질서를 유지하기 위한 예의와 절제를 중시하는 가치관을 강조합니다.

신사는 단순히 정장을 입고 예법을 따르는 사람이 아니라 공적 책임을 자각하고, 타인의 인격을 존중하며, 약자를 배려할 줄 아는 사람입니다. 이런 신사상은 원래 중세 기사도의 이상에서 발전했으며, 점차 시민 계급으로 확장되었습니다. '노블리스 오블리주'란 표현도 이 흐름의 연장선상에서 이해할 수 있습니다. 즉, 품위는 계급적 특권이 아니라 자기 절제와 공공성을 실천하는 자세를 통해 획득하는 것입니다.

반면 선비는 조선 유학의 전통 속에서 형성된 인간상으로, 학문과 수양을 통해 인격을 갈고닦고, 때로는 목숨을 걸고 권력에 맞서기도 했습니다. 그들은 가난을 부끄러워하지 않았고, 진리를 향한 충성심을 더 중시했습니다. 퇴계 이황, 율곡 이이 같은 인물이 그 전형입니다. 선비는 겉모습보다 속뜻을, 권위보다 실천을, 권세보다 정의와 명분을 따랐습니다.

저자는 이 두 전통이 현대 사회의 도덕적 해체와 공동체 붕괴를 극복할 단서가 된다고 말합니다. 오늘날의 한국 사회는 겉으로는 세련되어 보이지만, 내부적으로는 공적 윤리 위기와 이기주의 팽배로 인한 공공 신뢰의 붕괴를 겪고 있습니다. 이런 시기에 필요한 것은 새로운 제도보다도 신사와 선비의 내면 윤리와 공동체적 덕성입니다. 특히 청년 세대에게는 '할 줄 아는 사람'보다 '어떻게 살 것인가를 아는 사람'이 되어야 할 시점이라는 메시지를 던집니다.

책 후반부에서는 신사의 특징을 '용기, 배려, 교양, 절제, 예의'라는 키워드로, 선비는 '진리 추구, 실천, 절제, 검소함, 명분'이라는 키워드로 정리하고, 두 전통이 만나는 지점에 '공적 인격'의 회복 가능성이 있음을 강조합니다. 이 책은 단순한 비교문화론을 넘어, 대한민국 사회가 잃어버린 정신적 좌표를 되찾기 위한 윤리적 성찰입니다.

결론부에서 제시하는 '공적 인격'에 대한 저자의 제안은 현재 한국 사회의 병리적 징후(갑질, 무례함, 불신 등)를 극복하기 위한 실질적 사상적 제안으로 삼기에 충분합니다. 저자가 말하는 '공적 인격'은 개인의 이익을 넘어 공동체의 명분과 책임을 지키는 태도입니다. 조지 워싱턴이 독립전쟁을 성공으로 이끌었을 때, 많은 사람들이 그에게 왕위에 오르라고 권유했습니다. 하지만 워싱턴은 권력의 유혹을 거부하고 공화국의 원칙을 지켰습니다. 또한 링컨이 정치적 부담을 무릅쓰고 노예제 폐지를 단행한 용기, 18세기 런던 상인들이 불법적 이익보다 정직한 신용을 택한 선택, 폭스와 윌버포스가 불리함을 감수하면서도 노예무역 반대라는 명분을 고수한 사례 등은 모두 같은 맥락에서 이해할 수 있습니다. 이들은 단기적 손해를 감수하면서도 공동체 전체의 신뢰와 정의를 선택했고, 바로 그 지점에서 '공적 인격'이 빛났습니다. 오늘의 청년들도 이러한 사례를 통해, 당장의 이익이 아니라 원칙과 명분을 지키는 삶이야말로 사회를 변화시키는 힘이 된다는 사실을 배우길 바랍니다.

˚ 나라를 찾으려면 사람을 먼저 길러야 한다

《위대한 영혼, 남강 이승훈》은 한국 근대사 속 민족운동가 남강 이승훈(1864~1930)의 삶과 정신을 다룬 평전입니다. 그는 독립운동, 교육, 계몽 활동 등 다양한 방식으로 민족을 위해 헌신했고, 이 책은 그의 청렴한 인격과 사상적 업적을 집중 조명했습니다.

이 책을 쓴 김기석(1905~1974)은 장로회신학대학교를 졸업한 목사이자, 영성과 사회적 책임이 결합된 신앙을 강조하는 글쓰기로 주목받아온 인물입니다. 《위대한 영혼, 남강 이승훈》은 남강 이승훈의 삶을 기독교의 관점에서 통찰하며, 그의 인격과 정신의 깊이를 담아낸 책입니다. 저자는 이 책을 통해 신앙과 실천, 교육과 민족 운동을 하나로 엮어낸 남강의 삶을 조명하고자 했습니다.

남강 이승훈은 오늘날 우리가 떠올리는 위대한 지도자들과는 다른 출발선을 가진 인물입니다. 그는 평안북도 정주의 가난한 집안에서 태어나, 정규 교육도 받지 못한 채 어린 시절 유기공장의 사환으로 일을 시작했습니다. 하지만 그의 성실함과 정직함은 곧 주인의 눈에 들었고, 주인은 이승훈에게 상업의 기초부터 차근차근 가르치기 시작했습니다. 처음엔 주인의 물건을 들고 다니며 판매와 수금을 맡았고, 이후에는 자기 책임 아래 거래를 하게 되었습니다. 그리고 마침내 주인은 그를 독립시켜줄 정도로 신뢰를 쌓았고, 이승훈은 청년 사업가로 성공하게 됩니다.

그러던 중 그는 대동강변에서 열린 도산 안창호의 강연을 들은 뒤 인생의 전환점을 맞게 됩니다. 그 자리에서 남강은 "나라를 바로 세우려면 먼저 국민을 가르쳐야 한다"란 도산의 말에 깊이 감명을 받았고, 교육이야말로 민족을 살리는 길이란 확신을 얻었습니다. 그는 집으로 돌아가 자신의 재산을 정리하고, 뜻을 함께할 사람들과 힘을 모아 고향 정주에 '오산학교'를 세웁니다. 이후 오산학교는 단순한 교육기관이 아니라 민족의 정신과 미래를 설계하는 요람이 되었습니다. 이 학교를 거쳐간 교사들 가운데에는 유영모, 함석헌, 이광수, 김억(김소월의 스승) 등 한국의 대표적 지식인들이 다수 포함되어 있으며, 이승훈이 세운 교육의 터전은 곧 한국 근대사의 뿌리가 되었습니다.

오산학교는 지식 전달을 넘어 '인격을 기르는 교육'을 실천하는 장이었고, 이는 남강이 생각한 '진짜 독립운동'의 시작점입니다. 그는 나라를 찾으려면 먼저 사람을 길러야 한다고 강조했고, 지식인보다는 '덕을 갖춘 시민'을 양성하고자 했습니다. 커리큘럼에는 역사, 윤리, 농업 실습, 체육, 종교 교육 등이 포함되어 있었으며, 자율과 공동체 생활을 통해 학생들의 민족 자존감을 고양시키는 데 중점을 두었습니다.

남강은 1919년 3·1운동의 민족대표 33인 가운데 한 사람으로서 독립운동을 하다 투옥되었고, 이후에도 수차례 옥고를 치렀습니다. 그는 저항운동보다는 사람의 정신을 변화시키는 것에 관심을 두었습니다. 신앙을 정치 도구로 사용하지 않았지만, 복음을 통해 사람을 변화시키고자 했으며, 기독교와 민족운동, 교육운동을 분리하지 않고 하나의 삶에 통합했습니다.

특히 3·1운동의 준비 과정에서 남강 이승훈은 민족대표 33인의 구성과 독립선언의 실행에 핵심적인 역할을 했습니다. 그는 천도교, 기독교, 불교 등 각 종교계를 대표하는 인사들을 하나로 묶어내는 데 앞장섰고, 선언문을 배포할 방법과 시간까지 구체적으로 조율하는 실무 책임도 맡았습니다. 민족대표들의 이름을 독립선언서에 어떤 순서로 기재할 것인가를 두고 논의가 길어지자, 이승훈은 회의 중 단호히 선언했습니다. "이름 순서는 죽는 순서라고 생각하라." 그는 이 선언이 단순한 정치적 행동이 아니라, 목숨을 건 결단이라는 점을 일깨우며 모두를 숙연하게 만들었습니다.

《위대한 영혼 남강 이승훈》은 남강의 영적 사색과 공동체적 실천 그리고 그가 가졌던 '침묵의 힘'에 주목합니다. 그는 정치적 선동이나 감정적 분노에 기대지 않고, 기도와 교육, 인내와 신뢰로 공동체를 변화시키는 지도자였습니다. 그의 말에는 늘 절제가 있었고, 삶에는 원칙이 있었습니다. 특히 옥중에서도 '분노로 싸우지 말고 사랑으로 이기자'고 다짐했

김기석, 《위대한 영혼, 남강 이승훈》

던 그의 고백은 오늘날에도 감동을 줍니다.

3·1운동 이후 수감되었을 때도 그는 결코 증오로 상황을 바라보지 않았습니다. 오히려 감옥 안에서 함께 수감된 젊은이들에게 성경을 읽어주고, 삶의 의미를 나누는 정신적인 스승이 되었습니다. 남강은 고통 속에서도 공동체를 돌보며, 조용히 그리고 단호하게 사람을 세우는 데 자신의 모든 에너지를 쏟았습니다.

그는 한국 지성사에 남을 굵직한 인물들을 길러낸 스승이기도 했습니다. 유영모, 함석헌 등은 남강의 인격과 정신에 깊은 영향을 받았으며, 그의 교육은 단지 지식을 넘어 '살아 있는 철학'으로 그들에게 그리고 우리 한국인에게 전파되었습니다. 남강은 말보다 행동으로, 교단보다 삶으로 사람을 가르쳤고, 이는 지금도 교육의 본질을 다시 생각하게 만듭니다.

그는 1930년 일제의 혹독한 고문과 투옥으로 건강을 잃어 우리 민족의 독립도 보지 못한 채 생을 마쳤지만, 그의 삶은 '위대한 영혼'이란 이름에 걸맞은 고결한 유산으로 남았습니다. 진정한 민족의 독립은 정신의 독립, 인격의 독립에서 출발합니다. 남강 이승훈은 민족의 주권을 되찾기 위해 먼저 민족의 영혼과 삶을 바로 세우고자 했고, 이를 위해 교육과 신앙, 실천적 사랑에 일생을 바친 위대한 인물로, 후대 사람들도 그를 잊지 않고 그의 숭고한 정신을 오래 기리기를 바랍니다.

내 인생은 진리를 향한 실험이다

마하트마 간디(Mahatma Gandhi, 1869~1948)는 인도의 독립운동가이자 비폭력 저항운동으로 세계사에 큰 영향을 미친 사상가입니다. 그는 영국령 인도에서 태어나 영국에서 법학을 공부한 뒤, 남아프리카공화국에서 변호사로 일하며 인종차별에 맞서 싸우는 등 비폭력 저항의 원칙을 배웠습니다. 이후 인도로 돌아와 불복종 운동, 소금 행진, 자치운동을 이끌며 인도 독립을 이끈 주역이 되었습니다.

간디는 개인적 금욕과 공동체 봉사를 결합한 도덕적 리더십을 실천했으며, 그에게 붙여진 '위대한 영혼(Mahatma)'이라는 칭호는 이러한 그의 인격적 권위를 반영합니다. 《간디 자서전》은 그가 1920년대에 직접 구술하고 집필한 삶의 성찰입니다.

이 자서전은 단순한 삶의 기록이 아니라, 그가 '진리(Satya)'와 '비폭력(Ahimsa)'이라는 이상을 어떻게 실천하며 살았는가에 대한 정신적 여정을 담은 책입니다. 간디는 정치 지도자이자 종교적 수행자처럼 끊임없이 자신을 반성하고 변화시킨 인물입니다. 이 책은 그의 실천적 철학이 어떤 방식으로 삶에 뿌리내렸는지를 잘 보여줍니다.

《간디 자서전》의 원제는 *The Story of My Experiments with Truth*입니다. 제목 그대로, 이 책은 간디의 정치적·사회적 생애를 연대기순으로 기록한 일반 자서전이라기보다, 삶 전체를 하나의 '진리 추구 실험'으로 여긴 정신적 고백록입니다. 간디는 자신의 실수와 실패를 솔직하게 인정하고, 그것을 통해 '진리'에 한 걸음씩 다가가려 했던 과정을 담담히 기록했습니다.

책은 총 5부로 나뉘며, 유년기 경험부터 남아프리카공화국에서 인종차별에 맞선 일, 인도 독립운동 초기 시절까지의 생애를 다룹니다. 특히 남아프리카공화국에서 겪은 부당한 대우는 그에게 시민불복종 운동과 비폭력 저항이라는 철학적 신념을 뿌리내리게 했습니다. 이후 그는 인도로 돌아와 영국 식민정책에 맞서 '소금 행진' '차크라(물레) 운동' '불매 운동' 등의 실천 운동을 이끌며, 비폭력 저항의 상징이 되었습니다. 책에서 특히 강조하는 철학적 개념은 다음과 같습니다.

① 진리: 진리는 단순한 사실의 문제가 아니라 도덕적 절대성이다.
② 비폭력: 진리는 언제나 비폭력의 방식으로만 추구되어야 한다.
③ 금욕: 욕망의 절제는 자기 통제의 시작이다.
④ 자치: 진정한 자치는 도덕적 자율성과 책임이 실현된 상태이다.

이 책이 특별한 점은 간디가 자신의 치부와 실수를 감추지 않았다는 데 있습니다. 어린 시절 고기 몰래 먹기, 아내를 질투하고 지배하려 한 경험, 아버지 임종 때의 후회, 남아프리카공화국에서 느낀 분노와 실책 등. 그는 '나는 완성된 위인이 아니라 성장 중인 인간'이라는 전제하에 자신을 서술합니다. 이 점은 독자들에게 깊은 공감을 불러일으킵니다.

또한 《간디 자서전》은 철저히 실천 중심의 책입니다. 간디는 철학적 선언이 아니라, 실생활 속에서의 선택, 행동, 반복적인 수련을 통해 사상을 실현했습니다. 그는 채식주의, 금욕주의, 공동체 봉사, 의복 개혁(카디 옷), 농촌 회복 운동 등을 자신의 철학과 연결시키며 삶 자체를 정치로 만들었습니다.

이 책의 문체는 단순하지만, 문장 하나하나 양심과 자기반성의 깊은 울림을 느낄 수 있습니다. 정치적 영웅담이나 과장된 업적 홍보가 아니라 인간 간디의 갈등과 수행, 눈물과 성장의 과정을 읽을 수 있으며, 우리는 한 사람이 자기 안의 진리와 싸우며, 삶을 통해 이상을 증명하는 과정이 얼마나 숭고한지를 체감하게 됩니다.

간디가 강조한 진리와 비폭력의 관계는 단순한 이상이 아닙니다. 그는 진리를 추구하는 방식 자체도 진리여야 한다고 믿었습니다. 즉, 목적이 정당하더라도 그 수단이 폭력적이면 진리에서 멀어진다는 것입니다. 이 철학은 이후 넬슨 만델라, 마틴 루서 킹 주니어 등 세계 시민운동가들에게 깊은 영향을 주었습니다.

마하트마 간디, 《간디 자서전》

간디는 '진리'라는 개념을 종교적인 고백이 아니라 도덕적인 경험으로 해석했습니다. 이 때문에 그는 힌두교뿐 아니라 기독교, 이슬람교, 불교의 경전을 공부하며 보편 윤리의 바탕 위에서 자신의 삶을 조율했습니다. 특히 공동체와의 조화를 중시한 그의 태도는 자서전 전반에서 '나는 혼자 존재하는 존재가 아니라 타인과의 관계 속에서 완성된다'라는 메시지를 전합니다.

《간디 자서전》은 청년에게 삶의 완성은 외적인 성공이 아니라 내면의 진실을 찾고 실천하는 과정이란 메시지를 던집니다. 자신을 이기고, 겸손하게 배우며, 잘못을 숨기지 않고 고백하는 간디의 모습은 높은 인격이 무엇인지 배울 수 있는 좋은 귀감이 됩니다.

° 살리는 철학이 진정한 철학이다

박재순(1954~   )은 유영모(1890~1981) 선생을 연구하는 한국의 대표적
인 연구자이자 기독교 사회운동가로, 서울신학대학교와 한신대학교에
서 철학과 종교학을 강의했습니다. 그는 '한국적인 사유'와 '통합적 영
성'을 탐구하며, 유영모의 삶과 사상을 통해 동서 종교와 철학의 만남
그리고 근대 한국 지성의 정신적 자립에 깊이 빠져들었습니다.《큰 사상
가 다석 유영모 이야기》는 유영모의 생애와 사상을 총체적으로 정리한
전기이자 해설서로, 박재순의 대표적인 저작입니다.

1890년 서울에서 태어난 유영모는 '다석(多夕)'이라는 호로 더 잘 알려
져 있습니다. 그는 동학, 유학, 불교, 기독교를 통합해 한국적 사상 체
계를 만들었습니다. 일제강점기와 해방, 한국전쟁과 분단의 시대를 관
통하면서 세속적 가치와 집단적 관습에서 벗어나 궁극적 실존 앞에 홀
로 서는 영혼의 자립과, 특정 사조나 이념에 종속되지 않고 동서양의 사
상과 종교를 자유롭게 넘나들며 진리를 탐구하는 사상의 독립을 실천

한 인물입니다.

한국인으로서 정신세계를 탐구하는 인물들, 이를테면 신학자, 종교학자, 혹은 사상가 들이 유영모를 사사했다는 사실은 놀랍습니다. 보통의 철학자, 보통의 종교인들이 아니고 상당히 고수급에 해당하는 인물들이 유영모를 사사했습니다. 그렇다면 그들은 왜 유영모에게 그렇게 빠져들었을까요? 한번 생각해볼 만한 점입니다. 그들이 그냥 유영모에 빠져든 게 아니고, 유영모 사상이 가진 어떤 매력, 피할 수 없는 매력 같은 것들이 있지 않겠는가 하는 생각을 하게 됩니다. 유영모의 사상은 크게 여섯 갈래로 나뉩니다.

① '하늘님'과 내 안의 신성

유영모는 신을 외부의 절대적 인격체로 보지 않고, '내 안의 생명력'이자 '하늘님'이라고 설명합니다. 그에게 신은 교리 속에 갇힌 존재가 아니라, 깨어 있는 자아 속에 언제나 흐르고 있는 생명 그 자체입니다. 그는 하늘님과 하나가 되기 위해서는 탐욕과 아집을 비우고, 무아의 경지에 이르러야 한다고 강조했습니다. 이러한 관점은 그가 종교를 체험 중심의 내면 수련으로 여겼음을 보여주며, 초월적 신과 인간 내면의 신성(神性)이 일치한다는 신비주의적 신관으로 발전했습니다.

② 언어의 철학

유영모는 '말'을 단순한 의사소통의 도구가 아니라, 존재를 드러내는 방식으로 보았습니다. 그에게 말은 곧 영이며, 생명입니다. '말씀은 곧 하나님'이라는 기독교의 로고스 개념과 유교의 '정명사상(正名思想)' 불교의 '언어 초월' 개념을 종합해 그는 언어 자체가 인간의 영혼과 직결되어 있다고 보았습니다. 유영모는 말이 거칠어지면 생각도 거칠어지고, 말이 정제되면 삶도 정화된다고 믿었고, 따라서 참된 교육은 말의 훈련에서 시작되며, 언어의 질서가 곧 인격의 질서임을 설파했습니다.

③ 동서 종교의 통합

그는 기독교를 신앙의 근거로 삼았지만, 유교와 불교 사상을 열린 자세로 받아들이며 통합적인 종교관을 형성했습니다. 그는 유교에서 천(天)의 도덕적 질서를, 불교에서는 자아 해탈과 욕망의 소멸을, 기독교에서는 사랑과 은총을 취해 통합적 인간학을 구축했습니다. 특히 그는 종교 간 갈등을 극복하고자 각 종교의 핵심 정신을 추출해 인간과 사회의 문제를 해결할 수 있는 실천적 철학으로 재구성했습니다. 그는 종교가 진리를 향한 다양한 길일 뿐, 독점적 진리는 없다고 보았습니다. 이러한 경계를 넘나드는 사상은 오늘날 종교 간 대화와 통합의 모범적 모델로 평가받고 있습니다.

④ 자기성찰과 실천적 영성

유영모는 매일 일기를 적으며 자신의 내면과 치열하게 대면했습니다. 그의 일기는 단순한 기록이 아니라 참회와 결단, 통찰과 수련의 공간이었습니다. 그의 강의 역시 일방적인 전달이 아니라, 철학적 물음과 깨달음을 유도하는 상호작용의 장이었습니다. 강의는 곧 수행이며, 교육은 곧 구도의 여정이라는 그의 인식은 사유와 실천을 분리하지 않는 통합적 철학관의 구현입니다.

⑤ 살리는 정신과 민족 지성의 자립

유영모는 일제의 폭력, 해방의 혼란, 전쟁과 분단의 고통을 지켜보면서도 희망을 놓지 않았습니다. 그에게 진정한 철학자는 죽음을 논하는 사람이 아니라 생명을 살리는 사람이어야 했습니다. 그는 서구 사상에 대한 맹종을 경계하며, 한국인의 삶과 전통, 언어, 종교를 바탕으로 한 새로운 사유 체계를 만들려 했으며, 이러한 정신은 단순한 학문이 아니라 삶과 사회를 위한 지성의 실천이었습니다.

⑥ 유영모와 함석헌

유영모는 철학자이자 영적 스승으로서 많은 제자들에게 깊은 영향을 주었으며, 그중 대표적인 인물이 바로 함석헌입니다. 함석헌은 유영모의 강의를 들으며 사상의 뿌리를 다졌고, 이후 한국 현대사에서 '씨알사상'과 '민중의 지성'을 대표하는 사상가로 성장했습니다. 그는 유영모에게서 '말과 삶이 일치하는 인격적 철학자'의 모범을 배웠다고 회고합니다. 유영모는 강의 중에 한 번도 "나를 따르라"고 말하지 않았지만, 그의 삶과 말은 자연스럽게 사람들의 마음을 움직였습니다. 함석헌의 사상 속에는 유영모의 '하늘님' 신앙, 자율과 자각 그리고 통합적 인간학의 흔적이 짙게 남아 있습니다. 이처럼 유영모는 단지 사상가에 그치지 않고, 한국 현대 지성사에 지속적인 영향을 미친 '한국의 지적 원류'로 평가받습니다.

유영모는 시대와 민족의 고통 속에서도 종교적 언어와 철학적 사유를 넘나들며 민족 지성의 자립을 추구했습니다. 그는 서구 중심의 사유 체계를 비판하면서도, 그것을 극복하기 위한 토대를 한국인의 말과 생각, 역사와 체험 속에서 찾아내려는 노력을 지속했습니다.

《큰 사상가 다석 유영모 이야기》는 우리 청년에게 자기를 돌아보고, 말과 생각, 행동이 일치된 삶을 살아갈 것을 요청합니다. 깊은 사유, 실천적 영성, 통합적 인간 이해를 통해 내면의 자유를 찾고, 시대의 고통에 응답하는 인격적 지성을 길러야 한다는 사실을 가르쳐줍니다.

박재순, 《큰 사상가 다석 유영모 이야기》

사람을, 마을을 변화시키는 철학

'새마을운동'이라는 말을 들어보셨을까요? 당연한 듯 보이지만 사실, 누군가의 치열한 고민과 시도 속에서 시작한 일들이 있습니다. 지금 우리가 누리는 한국 사회의 발전도 그렇습니다. 이 발전의 이면에는 수많은 사람들의 고민과 숱한 시도가 있었습니다. 《새마을운동 이렇게 시작됐다》는 교과서 한쪽에만 남아 있던 '새마을운동'을 낯설고도 생생하게 되살려내는 책입니다. 저자 고병우(1933~)는 당시 새마을운동의 정책 현장 실무자이자 목격자로서, '하면 된다'란 구호가 어떻게 현실이 되었는지, 또 그 과정에서 어떤 시행착오와 배움이 있었는지를 들려줍니다. 그가 쓴 이 책은 새마을운동이 단순한 과거의 기록이 아니며, 청년 독자에게 스스로 '지금 내 자리에서 무엇을 바꿀 수 있을까?'라는 질문을 던지게 만드는 시작이 될 것입니다.

《새마을운동 이렇게 시작됐다》는 새마을운동의 핵심 이념인 '자조·자립·협동'이 어떻게 구체적 정책과 행정 프로그램으로 실현되었는지를 다루고 있습니다. 고병우는 새마을운동을 단순한 농촌 근대화 운동이 아니라 국가 차원의 포괄적 사회개혁 프로젝트로 규정합니다. 1970년, 전국의 3만여 개 마을에 균등하게 시멘트 335포대를 배포하면서 시작된 이 운동은 물자 공급을 넘어 마을의 자율성과 공동체의 경쟁심을 자극하자는 전략이었습니다.

고병우는 초기 방식이 단순한 지원을 넘어서 '성과주의 행정'의 기반이 되었다고 강조합니다. 일정 성과를 낸 마을에는 추가 지원을 제공하여, 마을 단위의 책임성과 주도성을 끌어올렸습니다. 이는 선택과 집중의 원칙을 실현한 방식이며, 실질적인 행정 실험이자 혁신이었습니다.

이후 각 마을에 조직을 구성하고, 리더를 양성하며, 읍·면 단위 행정조직과의 협력 구조를 마련하며 농특사업(농촌특별사업)이 본격화됩니다. 도로 포장, 주택 개량, 하천 정비 등 지역 맞춤형 개선 사업이 이루어졌고, 그 구체적인 실행 방식과 절차는 책 전반에 걸쳐 세밀하게 기록되어 있습니다. 하지만 단지 사업 실적을 나열하지 않고, '왜 그것이 가능했는가'에 집중합니다. 마을 리더 선정 기준, 주민 회계 방식, 국고와 자부담의 비율 등 미시적 제도 설계가 어떻게 주민의 참여를 끌어냈는지를 설명합니다. 특히 주민 스스로 마을의 문제를 진단하고 해결안을 도출하는 구조는 오늘날에도 참고할 만한 '책임형 자율 행정' 모델입니다.

고병우는 새마을운동이 단지 마을 살리기 프로젝트가 아니라 '의식 개혁 운동'이었다고 말합니다. 지도자 연수에서는 기술 교육을 넘어서 공

고병우, 《새마을운동 이렇게 시작됐다》

동체 정신, 국가관, 근면 정신 등을 철학적으로 교육했고, 이는 단기적 성과를 넘는 장기적 변화로 이어졌습니다. 마을 회의 문화, 주민 자치, 민주적 토론 등은 이 시기부터 형성되기 시작했습니다.

책 후반부에는 언론과 교육의 확산 역할, 실패한 마을을 반면교사로 삼는 행정 전략, 성과 평가 방식과 지속 가능성을 설명하며, 새마을운동이 가진 내재적 역동성을 강조합니다. 저자는 이를 국민과 함께하는 공동 실천으로 정리하며, 진정한 발전은 행정과 민간의 협력에서 비롯된다는 교훈을 전합니다.

외국에서는 한국의 눈부신 발전을 '한강의 기적'이라 부르며, 그 배경에 새마을운동이라는 전 국민적 정신운동이 있었음을 높이 평가합니다. 하지만 정작 한국 내에서는 그 평가에 인색하거나 새마을운동의 실제 내용과 구조를 잘 모른 채 무심히 지나치는 경우가 많습니다. 이 책은 그런 점에서 우리가 간과하기 쉬운 한국 현대사의 핵심 국면을 이해하기 쉽도록 도와주는 훌륭한 안내서가 될 것입니다.

새마을운동은 당시 정부가 마을 단위의 자율성을 존중하면서도 명확한 성과 기준을 제시해 행정 실험과 혁신의 장이 되었다는 점에서 의미가 큽니다. 성과를 낸 마을에는 인센티브를 제공하고, 반복적으로 실패하거나 참여도가 낮은 마을은 철저히 분석해 전략을 수정했습니다. 이런 선택과 집중은 기존의 획일적 복지 정책과는 차별화된 접근이었습니다. 이 책에서는 성공한 마을과 실패한 마을의 특징을 구체적으로 비교하고 있습니다. 성공한 마을은 지도자의 역량뿐 아니라 주민 간 신뢰와 소통 구조가 견고했고, 실패한 마을은 초기 물자에만 의존하거나 갈등이 방치된 경우가 많았습니다. 이런 비교는 오늘날 지역개발 정책 설계에 교훈을 줍니다.

저자는 새마을운동을 외국 사례와 비교하며, 이를 단순한 하드웨어 중심의 개발 모델이 아닌 시민 정신과 생활 철학의 변화를 동반한 '소프트웨어 혁명'이라고 강조합니다. 이는 동남아시아, 아프리카 등 여러 개발도상국에서도 유사 모델로 응용되었고, 그 철학은 지금도 '참여형 개발' 담론에서 중요한 참조점이 되고 있습니다.

국가 주도의 농촌 개발 운동인 새마을운동이 어떤 철학과 전략 속에서 시작되었으며, 실제로 어떻게 조직되고 운영되었는지를 실무자의 시각에서 구체적이고 체계적으로 설명한 실증적 기록물인 이 책은 단순히 과거를 미화하거나 평가하는 데 그치지 않고, 당시의 고민과 선택 그리고 시행착오까지 가감 없이 보여줍니다. 이를 통해 독자는 새마을운동이 지닌 역사적 의미와 한계를 균형 있게 바라볼 수 있고, 나아가 공동체와 사회 발전을 모색하는 이들에게 귀중한 통찰과 교훈을 줍니다.

고병우, 《새마을운동 이렇게 시작됐다》

° 백성은 관리의 거울이자 하늘이다

《목민심서(牧民心書)》는 조선 후기 실학자 정약용(丁若鏞, 1762~1836)이 지방관의 올바른 마음가짐과 청렴한 행정 실천을 위해 쓴 책입니다. 관리의 권력 남용을 경계하고, 백성을 내 몸처럼 아끼며 공정하게 다스릴 것을 강조한 내용입니다. 행정과 법, 재정 등 실무적 지침과 도덕적 교훈을 함께 담아 오늘날에도 공직자 윤리 참고서로 활용되는 이 책은, 리더와 시민으로서 갖추어야 할 마음가짐을 가르칩니다.

조선 후기 실학을 대표하는 사상가이자 행정이론가인 정약용은 민본주의 실천 철학을 집대성했습니다. 호는 다산(茶山)으로, 유교 경전에 정통하면서도 당시 사회의 부패와 민생 파탄을 해결하기 위해 실용적 개혁을 추구했습니다. 그가 18년간의 유배 기간 동안 집필한《경세유표(經世遺表)》《흠흠신서(欽欽新書)》《목민심서》는 실학 3대 저술로 꼽힙니다.

전라남도 강진에서 보낸 긴 유배 기간에도 정약용은 붓을 놓지 않았습니다. 그는 조선 후기, 관리와 위정자들의 부패와 무능으로 백성들이 도탄에 빠진 시대에 통치 철학서이자 행정 지침서가 필요하다고 생각했고, 《목민심서》를 집필했습니다. 중앙권력이 약화되자 지방 수령들은 권한을 남용하며 백성들에게 가혹한 세금을 거두었고, 불공정한 재판을 일삼았습니다.

정약용은 현실 정치를 실행할 수 없는 죄인의 신분으로 유배를 와 있었기에, 선비로서의 양심과 책임으로 이 책을 통해 개혁의 길을 제시하고자 했습니다. 백성의 삶을 직접 관찰하고 기록하며, 통치자가 어떤 자세로 행정을 수행해야 하는지를 구체적으로 정리한 이 책은 당시로서는 혁명적인 지식인의 목소리였습니다.

정약용은 수령을 '백성의 부모'라고 정의했습니다. 수령은 백성 위에 군림하는 권력자가 아니라 백성의 고통을 자신의 고통으로 여기며 민원을 성심껏 처리해야 할 책임자입니다. 백성과 함께 호흡하는 통치자, 사랑과 공감이 통치의 출발점이라는 그의 사상은 유교의 민본주의를 구체적 실천 수준으로 끌어올렸습니다. 그리하여 정약용은 말뿐인 윤리가아니라 행동과 삶으로 실천되는 윤리를 강조했습니다.

청렴은 《목민심서》의 핵심입니다. 그는 뇌물과 사적 거래를 엄중히 경계하며, 공직자의 도덕성과 행정의 질은 하나로 연결된다고 보았습니다. 수령은 사적인 편의보다 공공의 이익을 우선시하고, 자기 가족이나 친척에게조차 공정한 원칙을 적용해야 합니다. 심지어 흉년이 들어 굶고 있는 백성 앞에서 진수성찬을 먹는 것조차 죄악이라 했으며, 재해 시에는 자신의 재산을 먼저 털어 백성을 도울 준비가 되어 있어야 한다고 강조합니다. 공직자의 생활 전체가 백성을 위한 본보기로 작용해야 하며, 사생활조차 공공성을 갖춰야 한다는 점에서 그 기준은 매우 엄격합니다.

《목민심서》는 총 열두 편 72조항으로 구성됩니다. ①부임육조: 부임 시 자세와 준비 ②이정육조: 마을 조직과 행정 운영 ③율기육조: 자기 수양과 청렴 실천 ④봉공육조: 상급 관청과의 관계 ⑤애민육조: 백성 사랑과 배려 ⑥구민육조: 재해와 흉년 대응 ⑦이전육조: 조세와 토지 관리 ⑧호정육조: 인구 및 노동력 조사 ⑨병무육조: 군정 운영 ⑩형정육조: 재판과 갈등 중재 ⑪단속육조: 지역 풍속 교정 ⑫종료육조: 임기 종료 시의 태도 등을 다룹니다.

이 책은 실제 상황에서 행정가가 따라야 할 구체적 절차와 마음가짐을 제시한, 조선의 공무원 교과서이자 윤리 실천서라고 하겠습니다.

정약용은 행정의 성패가 제도보다는 사람에게 달려 있다고 보았습니다. 아무리 좋은 제도도 그것을 운용하는 이가 도덕적으로 무능하면 실패하게 마련입니다. 《목민심서》는 오늘날 우리에게 리더십이란 지식이나 권력보다도 인격과 책임에서 비롯됨을 일깨웁니다. 타인을 섬기고, 공공의 이익을 우선하며, 절제와 청렴을 실천하는 자세가 미래 사회를 이끌 리더의 본질임을 알려줍니다. 그래서 이 책은 청년 독자들에게 '좋은 시민이자 참된 지도자'가 되는 길을 안내하는 정신의 나침반과 같습니다.

고전적인 용어나 행정 체계는 오늘날과 다르지만, 그 핵심은 시대를 초월합니다. 제도보다 사람을 강조하고, 형식보다 마음을 중시하는 이 글은 모든 문장이 실천적이므로, 단순한 교훈서가 아닌 '삶의 교과서'로 읽어야 하겠습니다.

기업은 국민의 생명을 살리는 기관

《유일한의 생애와 사상》은 유한양행을 세운 기업가 유일한(1895~1971)
의 삶과 철학을 다룬 책입니다. 유일한은 기업은 사회의 것이라는 신념
으로 정직·책임·교육을 중시하며 경영했고, 이익을 사회와 직원에게 환
원했습니다. 저자인 김형석은 유일한의 삶을 통해 물질적 성공보다 인
격적 성공을 중시하는 삶의 전형을 잘 보여주었습니다.

김형석(1920~   )은 대한민국의 철학자이자 수필가로, 연세대학교 철학
과 명예교수입니다. 평생을 윤리학과 기독교 철학 분야 연구에 매진하
였고, 인간 존재의 의미와 도덕적 삶에 대한 통찰을 꾸준히 글로 풀어냈
습니다. 100세를 넘긴 나이에도 집필과 강연을 활발히 이어가며, 한국
사회에서 도덕적 지성인의 상징적 존재로 평가받고 있습니다. 그런 그가
유일한 박사의 삶을 도덕·철학적 시선으로 조명하여, 기업가 정신과 윤
리의 만남을 깊이 있게 해석해낸 책이《유일한의 생애와 사상》입니다.

유일한은 대한민국 초기 경제 기반을 세운 대표적 민족 기업가이자 독
립운동가, 교육자였습니다. 그는 미국으로 유학을 가 미시간대학교 등

에서 교육을 받고, 한국으로 돌아와 '유한양행'을 설립했습니다. 이 회사는 단순한 이윤 추구가 아니라 '공익을 위한 기업' '사람을 살리는 기업'을 지향했습니다. 또 그는 일제강점기 시절 미국에서 독립운동 자금을 모으고, 귀국한 뒤에도 민족 정체성과 자주적 경제의 회복을 위해 끊임없이 노력했습니다.

《유일한의 생애와 사상》은 유일한의 삶을 연대기순으로 서술했지만, 그와 동시에 그의 인격과 사상, 시대에 대한 책임감을 입체적으로 조명합니다. 유일한은 자신의 부를 '사회적 자산'이라 생각해 많은 재산을 장학사업, 의료시설 설립, 교육과 언론 지원 등에 사용했습니다. 그는 특히 기업이 국민의 생명을 살리는 기관이 되어야 한다고 강조하며, 자신이 부자가 되기보다 모두가 건강하고 교육받을 수 있는 사회가 되는 것이 중요하단 신념을 실천으로 보여준 인물이었습니다. 그의 리더십은 카리스마보다 인격과 신뢰에서 비롯되었으며, 정직함과 절제, 신뢰와 책임의 가치를 중심으로 조직을 이끌었습니다.

유한양행은 우리나라 최초로 근대적인 기업 지배구조를 도입한 회사로도 평가받으며 주식회사 제도를 투명하게 도입했고, 회사 이익의 상당 부분을 종업원 복지에 사용한 모범 사례로 남아 있습니다. 종업원과의 상호 신뢰, 공동체 의식의 실천, 사회 환원의 의무 등은 오늘날 ESG경영의 선구자적 모습이라고 할 수 있습니다. 주요 의사결정 과정에 종업원의 목소리도 반영될 수 있도록 조직을 설계했으며, 이러한 제도는 단

김형석, 《유일한의 생애와 사상》

순히 복지의 차원을 넘어 공동체 의사결정과 책임 경영의 기초가 되었습니다.

그는 '모든 제품은 내가 우리 가족에게 자신 있게 줄 수 있을 만큼 안전하고 정직하게 만들어야 한다'란 원칙을 세웠고, 이는 유한양행의 품질관리와 기업 문화에 그대로 반영되었습니다.

또 유일한은 교육의 중요성을 강조했는데, 그는 유한중고등학교를 설립하고, 많은 인재에게 장학금을 제공해 그들의 사회 진출을 도왔습니다. 교육자이자 사상가로서 유일한은 장학사업을 단기적 지원이 아닌 '세대를 뛰어넘는 투자'로 인식했습니다. 그가 설립한 유한중고등학교는 지금도 그 정신을 계승해 운영 중이고, 장학 기금 역시 수많은 청년에게 실질적 기회를 제공했습니다. 그의 교육 철학은 엘리트주의보다도 '더불어 살아갈 수 있는 시민'을 기르는 데 있었습니다.

《유일한의 생애와 사상》은 그의 철학이 단지 과거의 유산이 아니라, 지금 이 시대의 기업인과 청년, 공직자, 시민 모두에게 유효한 가치라는 점을 분명히 하고 있습니다. 이 책은 '어떻게 살 것인가'를 묻는 모든 이에게 유일한이라는 인물의 삶으로 답하는 귀중한 이정표입니다.

《유일한의 생애와 사상》은 한 인물의 전기를 넘어, 청년들에게 자기 삶의 철학을 어떻게 세울 것인가 묻는 책입니다. 그리고 기업을 운영하는 사람들에게 무엇을 최우선 가치로 두고 회사를 운영할 것인지를 생각하게 하는 책입니다. 특히 오늘날처럼 물질 중심적 가치관이 팽배한 시대에 유일한의 생각과 행동은 여전히 퇴색되지 않은 귀한 울림으로 다가옵니다.

° 국가를 책임지는 시민

《혼돈의 시대 리더의 탄생(Leadership)》의 저자 도리스 컨스 굿윈(Doris Kearns Goodwin, 1943~   )은 미국을 대표하는 역사학자이자 정치 리더십 연구가로, 하버드대학교에서 10년간 정치학을 가르쳤으며 여러 대통령의 자문 역할을 수행했습니다. 링컨, 시어도어 루스벨트, 프랭클린 루스벨트, 린든 존슨 등 미국 대통령의 삶과 정치적 결단을 깊이 있게 연구해왔으며, 역사적 사실에 기초한 인물 분석과 탁월한 서사력으로 정평이 나 있습니다.

《혼돈의 시대 리더의 탄생》에서는 국가적 위기 속에서 리더십이 어떻게 형성되고 시험받는지를 네 명의 대통령 사례를 통해 비교·분석합니다. 저자는 그중 시어도어 루스벨트를 강한 의지와 개혁 정신을 갖춘 지도자로 평가합니다. 시어도어 루스벨트의 삶을 통해 한 인물이 어떻게 국가의 구조를 설계하고, 민주주의의 윤리적 이상을 구현할 수 있는지를 잘 보여줍니다. 약골 소년에서 개혁가 대통령으로 성장한 그의 여정은 단순한 위인의 전기를 넘어 국가와 시민, 공공성과 윤리, 실천과 철학의 관계를 통찰하는 리더십의 교본이라고 할 수 있습니다. 특히 공공선에 대한 헌신, 환경 보호, 독점 해체, 진보주의 실험 등은 오늘날에도 여전히 유효한 리더십 모델로 읽힙니다.

시어도어 루스벨트는 병약한 유년기를 보냈습니다. 천식으로 고통받던 그는 약한 몸을 이겨내기 위해 '스스로를 단련하는 삶'을 선택했습니다. 복싱, 승마, 사냥 등을 꾸준히 연마했고, 건강도 되찾았습니다. 이런 자기 극복의 과정은 평생 그의 정신적 근간이 되었습니다. 동시에 그는 열정적인 독서가로서 방대한 역사, 과학, 철학 지식을 습득했고, 이를 바탕으로 실천적 지성인으로 성장했습니다.

루스벨트는 대통령 재임 시기 내내 정의감과 공공선에 대한 확고한 신념을 바탕으로 정책을 펼쳤습니다. 그의 '스퀘어 딜(Square Deal, 공평한 분배 정책)'은 단순한 수사적 구호가 아니라, 당시 미국 사회를 장악하고 있던 거대 독점 기업과 정치 부패를 척결하고, 노동자와 중산층 시민을 실질적으로 보호하기 위한 구체적인 개혁 프로그램이었습니다. 그는 철도와 정유회사 등 대기업을 상대로 반트러스트 소송을 이끌며 '트러스트 파괴자'란 별명을 얻었고, 식품안전법 및 소비자 보호법을 제정해 국민 건강과 안전을 지키는 데 앞장섰습니다.

또한 루스벨트는 정치 지도자로서 자연 보전의 중요성을 일찍이 인식하고, 이를 국가정책으로 실현했습니다. 그는 대통령 재임 중 230만 헥타르 이상의 국유지를 보존 구역으로 지정하고, 다섯 개의 국립공원, 열여

도리스 컨스 굿윈, 《혼돈의 시대 리더의 탄생》

덟 개의 국립기념물, 150개의 국유림을 만들었습니다. 이런 조치는 단순한 자연 애호가의 감성적 충동이 아니라 문명사회가 미래를 위해 책임져야 할 의무라는 철학적 신념에서 출발했습니다. 그는 인간의 탐욕이 자연을 훼손하고 결국 사회 질서까지 위협할 수 있다는 점을 직시했으며, 자연을 잘 보존해 다음 세대가 살아갈 공간을 설계하고자 했습니다. 이런 생태적 비전은 오늘날의 지속가능 발전 개념과도 일맥상통하며, 루스벨트를 '환경주의 대통령'으로 부르게 한 결정적 요인이 되었습니다.

루스벨트는 단순한 정치 지도자가 아니라 다중적 정체성을 가진 입체적 인물입니다. 그는 하버드대학교에서 역사학을 전공한 수재였고, 20대에 해양사 연구서인 《미국 해군사》를 집필할 정도로 지적인 성취를 이룬 학자였습니다. 동시에 그는 미국-스페인 전쟁에 참전해 자원병 부대인 '러프 라이더(Rough Riders)' 부대를 이끌며 실전 경험을 쌓은 전사였고, 로키산맥과 아프리카 오지를 누비며 탐험과 사냥도 즐겼습니다. 그는 말과 글, 책과 총, 강단과 전장을 두루 넘나드는 전방위적 인물이었습니다.

그런 루스벨트에게 국가는 단순한 행정기구가 아니라 자신의 이상을 실현할 도덕적 공동체였습니다. 그는 국가를 개인의 자유를 억압하는 존재가 아니라 공동의 선을 위한 질서와 책임의 체계로 보았습니다. 이러한 인식은 그의 외교 정책과 국내 정치 모두에 반영되었습니다. 노벨평화상 수상자로서 중재자 외교를 실천했고, 라틴아메리카 정책에서는 강압보다 설득을 우선했습니다. 또한 루스벨트는 언론과 시민사회, 법치주의의 중요성을 강조하며, 국가가 시민의 삶을 책임지는 전범을 세우고자 했습니다.

이 책은 우리 청년들에게 다음과 같은 강력한 메시지를 전합니다. 국가가 나와 무관한 존재가 아니라 책임과 실천의 장이라는 자각을 가져야 합니다. 정신과 육체의 단련, 독서와 행동의 통합이 진정한 리더십의 기초이며, 복잡한 세상에서도 '정의'라는 단어를 말할 수 있는 용기도 필요하다고 말입니다.

루스벨트는 종종 "국가가 위대한 일을 하려면 국민도 위대한 시민이 되어야 한다"는 말을 하곤 했습니다. 그는 단순한 권력가가 아니라 공공을 위한 실천과 개인의 윤리를 결합시킨 인물이었습니다. 그의 삶은 오늘날의 청년에게 '국가를 책임지는 시민'이라는 이상을 심어줄 수 있는 본보기가 되어줄 것입니다.

도리스 컨스 굿윈, 《혼돈의 시대 리더의 탄생》

삶으로 보여준 생명에 대한 경외

알베르트 슈바이처(Albert Schweitzer, 1875~1965)의 《나의 생애와 사상(Aus meinem Leben und Denken)》은 그의 성장 과정과 학문, 음악, 신학 연구를 담은 자서전이자 철학서입니다. 그는 '생명에 대한 경외(Ehrfurcht vor dem Leben)' 사상을 중심으로 인간과 자연, 윤리적 책임에 대해 성찰하며, 30세에 안정적인 명성과 지위를 내려놓고, 아프리카 오지로 가 의료 봉사를 하며 그 사상을 실천한 삶을 한평생 살았습니다. 이 책을 읽다 보면 지성과 실천이 통합된 삶이란 무엇인지 고민하게 됩니다.

알베르트 슈바이처는 독일 출신의 신학자, 철학자, 음악가, 의사로 20세기 대표적인 인도주의자이자 생명 윤리 사상의 선구자입니다. 신약성서 해석과 바흐 음악 연구로 학문적 명성을 얻었으며, 의학을 공부한 뒤 아프리카 가봉의 람바레네에 병원을 세우고 전 생애를 의료 봉사에 헌신했습니다. 그는 '생명에 대한 경외'라는 사상을 통해 생명 전반에 대한 책임과 존중을 강조했는데, 이 사상은 단순한 철학적 사유가 아니라, 세계 전체를 긍정하고 자신의 인생을 긍정하는 그의 태도에서 나왔습니다. 그는 이런 활동으로 1952년 노벨평화상을 수상했습니다.

슈바이처는 스트라스부르대학교에서 신학과 철학, 음악을 두루 전공한 당대 최고의 지성인이었지만, 인간과 문명, 도덕의 위기를 고민하며 단순한 사변이 아닌 행동하는 윤리를 실현하고자 결단을 내렸습니다. 당시 유럽은 산업혁명과 제국주의 팽창 속에서 물질적으로 번영했지만, 그는 그 이면에 도사린 도덕적 무감각과 타자의 고통에 대한 외면을 날카롭게 지적했습니다.

그의 사상인 '생명에 대한 경외'는 모든 생명, 인간과 동물, 나무와 풀, 그 어떤 존재이든 생명을 가진 것에 대한 무조건적 존중과 책임의식을 뜻합니다. 이 윤리는 특정 종교나 이념을 초월하는 보편적 가치로, 슈바이처는 이를 윤리학의 새로운 출발점으로 삼았습니다. 생명을 죽이지 않으며, 해하지 않으며, 고통을 줄이려는 마음이 모든 인간의 기본 태도여야 한다는 것입니다. 그는 이 사상을 단순한 철학이 아니라 인간 존재의 근본적인 태도로 보았으며, 종교적 구원보다 더 직접적이고 실천적인 윤리로 제안했습니다.

《나의 생애와 사상》에는 람바레네 병원에서 마주한 다양한 환자들—한센병 환자, 부상을 당한 노동자, 문화적 오해로 인해 치료를 거부하는 원주민들—과의 일화가 생생하게 담겨 있습니다. 슈바이처는 단순히 병을 치료하는 데서 멈추지 않고, 존중과 인내, 문화에 대한 이해, 인간이라는 동등한 태도로 환자들을 대했습니다. 그는 언어도 다르고 위생 관념도 전혀 다른 이들과 함께하며, 생명을 살리는 일은 지식보다 사랑과 겸손이 먼저임을 알렸습니다.

또 그는 유럽 사회의 위선을 비판했습니다. 고상한 철학을 말하면서도 식민지를 착취하고 고통받는 타인을 무시하는 지식인들의 삶을 보며, 참된 윤리는 말이 아니라 삶의 방식 속에 있어야 한다고 믿었습니다. 그는 예수의 삶을 사변적 구원이 아닌 실천적 윤리로 해석했고, 이는 그가 신학자로서뿐만 아니라 의사로서 삶의 전환을 선택하게 된 핵심 계기입니다. 특히 그는 예수의 사랑 윤리, 즉 고통받는 자 곁에 머무는 존재 방식을 자신의 삶에 적용했습니다.

칸트의 실천 이성과 톨스토이의 도덕적 무저항 사상에서 영향을 받았으며, '생명 중심 윤리'를 기반으로 한 그의 사상은, 윤리란 모든 생명체를 향한 책임이라는 점에서 기존의 서양 도덕 철학과 결별했습니다. 인간 중심의 문명이 타자를 억압하고 환경을 파괴하는 시대에 그는 조용히 그러나 단호하게 생명의 편에 선 실천을 택했습니다.

그의 실천은 당대 유럽 사회에 큰 반향을 일으켰으며, 어떤 이는 그를 위대한 성자라 불렀고, 또 어떤 이는 무모한 이상주의자라며 조롱했습니다. 하지만 슈바이처는 조용히 꾸준히 평생을 아프리카에서 살며 자신이 믿는 가치를 행동으로 입증했습니다. 의학적 활동뿐 아니라, 병원을 짓기 위한 재정을 마련하기 위해 유럽으로 돌아가 바흐 오르간 연주회를 열기도 하는 등, 그는 예술과 봉사, 철학과 실천을 분리하지 않은 삶을 살았습니다.

책의 말미에서 슈바이처는 '생명에 대한 경외'가 현대 문명을 다시 세우는 철학적 기둥이 되어야 한다고 강조합니다. 기술과 과학의 발전이 인간성을 훼손할 수 있는 가능성을 경계하며, 모든 학문과 제도는 생명을 지키기 위한 수단이어야 함을 설파합니다. 인간은 타자와 고통을 공유할 수 있을 때 비로소 도덕적인 존재가 됩니다. 오늘날의 문명이 잃어버린 윤리의 본질, 그 근원을 회복하려는 그의 외침은 지금도 여전히 유효합니다.

《나의 생애와 사상》은 삶과 말이 분리되지 않는 온전한 한 인간이 쓴 책입니다. 청년들에게 이 책은 '나는 왜, 누구를 위해 살아야 하는가'라는 실존적 질문에 깊은 울림을 주며, 시대와 국경을 넘는 도덕적 기준을 제시합니다. 이는 단지 아름다운 이야기가 아니라 오늘의 세계가 여전히 외면하고 있는 윤리의 본질에 대한 근본적인 성찰이기도 합니다.

슈바이처는 세계를 긍정하고 인생을 긍정해야 한다고 했습니다. 이 두 가지를 긍정할 때, 비로소 인간은 모든 생명 앞에 겸허히 설 수 있습니다. 오늘날 청년들에게 이 두 가지 긍정은 큰 울림을 줍니다. '세계의 긍정'은 자연과 인류 공동체 전체를 바라보며 환경 파괴와 전쟁, 불평등의 문제 속에서도 세상을 바꾸고 지켜야 할 책임이 있음을 일깨워주고,

'인생의 긍정'은 치열한 경쟁과 불안 속에서 자기를 부정하지 않고, 자기 삶의 가치와 사명을 기꺼이 받아들이라는 초대입니다.

결국 슈바이처의 '생명에 대한 경외'는 단순한 철학이 아니라 청년들이 자신의 삶을 긍정하면서 동시에 세계를 긍정하는 자세를 길러야 한다는 요청으로 읽을 수 있습니다.

인간의 존엄과 자유에 대하여

전체주의 사회의 공포와 인간 자유의 붕괴를 그린 20세기 대표 디스토 피아 소설인 《1984(Nineteen Eighty Four)》. 이 소설은 영국의 소설가이 자 언론인, 에세이스트로, 전체주의와 사회적 불의에 대한 날카로운 비 판으로 잘 알려진 조지 오웰(George Orwell, 1903~1950)이 사망하기 직전 해인 1949년에 발표한 마지막 작품입니다. 식민지 경찰로 일한 경험이 있는 그는 제국주의를 고발하고, 이후 공산주의와 파시즘 등 극단적 이 념에 대한 비판적 시각을 키워나갔습니다. 그의 대표작으로 《동물농장》 과 《1984》가 있으며, 두 작품 모두 권력의 본질과 언어의 통제에 대한 탁월한 통찰을 담고 있습니다.

《1984》는 전체주의의 위험성과 언어·기억·사유를 통제해 개인의 자유 와 인간성을 말살하는 권력의 본질을 탐구한 작품입니다. 이 소설은 전 체주의가 인간의 정신, 감정, 언어, 심지어 사랑까지 어떻게 통제하고 파 괴하는지를 보여주는 디스토피아 문학의 대표작으로, 작품의 배경은

'오세아니아'라는 가상의 전체주의 국가이며, 모든 국민은 '빅브라더'라는 절대 권력자의 지배 아래 살아갑니다. 국가는 '진리부' '사랑부' '평화부' '풍요부'라는 네 부서로 구성되지만, 실제 역할은 이름과 정반대로 작동합니다. 예컨대 진리부는 과거를 조작하고, 사랑부는 고문과 세뇌를 통해 복종을 강요합니다.

주인공인 윈스턴 스미스는 진리부의 사무원으로, 당의 명령에 따라 신문과 기록을 수정하는 일을 하며 살아갑니다. 표면적으로는 충성스러운 시민처럼 보이지만, 내면에서는 당의 절대성에 의문을 품고 진실을 지키려 애쓰는 인물입니다.

그는 줄리아와 비밀스러운 연애를 시작하며 인간적인 감정과 자유를 경험하게 되고, 반체제 조직인 '브라더후드'에 희망을 품지만, 이 모든 것은 당이 미리 계획한 함정이었습니다. 체포된 두 사람은 사랑부에서 고문과 세뇌를 겪으며 철저히 무너집니다.

당은 윈스턴의 마음속 가장 깊은 공포를 이용해 그를 파괴합니다. 101호실의 그는 공포 속에서 줄리아를 내던지고, 결국 "빅브라더를 사랑하게 되었다"고 말합니다. 그는 깨달았습니다. 사랑은 증오에서 나오고, 복종은 공포에서 자란다는 것을요.

이 작품은 '이중사고'라는 개념을 통해 인간의 이성적 사고 체계가 어떻게 파괴되는지를 보여줍니다. 모순된 두 생각을 동시에 받아들이게 함으로써 비판 없는 복종을 강제하는 체제의 논리를 설명합니다.

"자유는 노예다. 무지는 힘이다. 전쟁은 평화다." 당의 구호는 언어를 단순화한 '뉴스피크(New Speak)'와 결합해 사고 자체를 억압하고, 텔레스크린은 개인을 감시하며 사생활과 인간관계를 해체시킵니다. 당은 과거의 기억을 지워버리고, 진실은 오직 권력자의 입에서만 나오는 것으로 만듭니다.

"진실은 무엇인가? 당이 말하는 것이 진실이다." 이 섬뜩한 문장은 독자들에게 우리 사회가 과연 《1984》와 얼마나 닮았는지 질문을 던집니다. 《1984》는 단순한 정치 풍자가 아니라 인간 정신의 완전한 붕괴를 경고하는 작품입니다. 진실이 지워지고 감정이 조작되는 사회에서, 인간 존엄은 어떻게 유지될 수 있는지를 묻습니다. 오늘날의 디지털 감시 사회, 허위 정보와 여론 조작 문제를 생각할 때, 이 작품은 여전히 강렬한 예언으로 읽힙니다.

특히 이 작품의 진정한 공포는 당의 폭력적 통치가 아니라 사람들이 점점 그 폭력을 인식조차 못 하게 되는 데 있습니다. 오웰은 인간의 자유란 단지 정치적 권리만이 아니라 '진실을 믿고 감정을 느낄 수 있는 능력' 자체임을 설파합니다.

또 작품 속 '텔레스크린'은 단지 감시 도구가 아니라 사회 구성원 사이의 신뢰와 연대를 파괴하는 장치이기도 합니다. 누구나 감시의 대상이 되며, 이는 서로를 감시하게 만드는 구조로 이어집니다. 줄리아와 윈스턴이 사랑이라는 인간 본연의 감정을 경험하는 순간조차도, 결국 당에 의해 조작되고 철저히 부정됩니다. 이로써 작품은 독자에게 인간성이 어떻게 권력 아래에서 부정되고 제거되는지를 더욱 절절히 각인시킵니다.

《1984》는 자유와 진실을 지키는 일이 얼마나 힘들고 고독한 일인가를 보여주며, 오늘날의 디지털 사회 속에서 청년들이 비판적 사고와 도덕적 용기를 지켜야 함을 자각하게 합니다. 눈에 보이지 않는 권력과 정보의 조작이 일상이 된 시대에 개인이 스스로 사고하고 판단하는 능력이 그 어느 때보다 중요하다는 교훈을 전합니다.

삶을 견뎌내는 기술

: 전략, 실천, 고전의 지혜

삶을 살아내는 기술은 지식과 다릅니다.

이 장은 인생의 본질, 선택, 용기, 실천, 성찰을 다루는

고전, 전략서로 구성했습니다.

'현실 속에서 살아가는 힘'을 얻도록 돕는 책들입니다.

치열함과 균형 사이에서

인생은 늘 양극단을 오갑니다. 한쪽에서는 '열정을 불태우라'고 하고, 다른 한쪽에서는 '적당히 즐기며 살라'고 속삭입니다. 우리는 이런 치열함과 방황 사이에서 흔들리며, 한쪽으로 기울어질까 아슬아슬한 외줄 위를 걷습니다. 자사(子思, BC. 483~BC. 402년 추정)는 이런 우리에게 《중용(中庸)》이라는 나침반을 건넸습니다.

《중용》의 저자인 자사는 공자의 손자로, 이름은 '자하(子夏)' 또는 '자사'로 전해집니다. 그는 공자의 사상을 계승하면서도 특히 내면의 수양과 인격의 완성을 강조했고, 후대 유학의 철학적 기반을 다지는 데 크게 기여했습니다. 《중용》은 《예기》의 한 편으로 전해지다가, 송나라 때 주자에 의해 독립된 경전으로 분류되어 사서(四書)의 하나로 자리 잡았습니다. 공자의 도덕적 이상을 구체화하고 내면적 실천으로 정제한 이 텍스트는 도덕과 인간성의 조화를 이루는 삶의 기준서로 평가받고 있습니다.

《중용》은 인간이 살아가야 할 도리로 '중용'이라는 균형과 조화의 길을 제시합니다. '중(中)'은 치우침 없는 바른 상태를 뜻하고, '용(庸)'은 그런 균형을 일상적으로 지켜나가는 '지속적인 실천'을 의미합니다. 다시 말해, 중용은 순간적인 올바른 판단에 그치는 것이 아니라, 하루하루 생활 속에서 꾸준히 실천하는 삶의 태도이며, 덕을 바탕으로 한 자율적 실천인 셈입니다. '중용'을 흔히 '적당히 하라'란 말 정도로 오해하지만, 사실 그것은 무기력한 타협이 아니라 가장 단단한 균형입니다. 극단으로 치닫는 순간에도 중심을 잃지 않고, 상황마다 적절한 길을 찾아내는 힘입니다. 쉽게 말해, 어떤 상황에서도 '나답게' 설 수 있는 기준점입니다.

자사는 이 책에서 우리가 본래 가지고 있는 '도(道)'—즉, 올바르고 자연스러운 삶의 길—를 깨닫고, 이를 실제 삶에서 실현하는 과정이야말로 진정한 '성인(聖人)'의 길임을 강조합니다. 《중용》은 유교에서 가장 내면적이고 철학적인 문헌으로 평가받습니다. 이 책은 인간의 본성과 하늘의 도(道) 그리고 그것을 삶 속에서 실현하는 방법에 대해 서술합니다.

자사는 《중용》에서 인(仁), 의(義), 예(禮), 지(智)의 네 가지 중요한 덕목을 강조합니다. 이 덕목들은 단순히 겉으로 꾸미거나 억지로 하는 게 아니라 마음속에서 우러나오는 진짜 마음가짐과 꾸준한 노력이 바탕이 되어야 한다고 말합니다. 진짜 '군자'의 삶이란 남이 보든 보지 않든 항상 성실하고 일관된 태도를 유지하며, 내면의 충실함을 잃지 않는 삶이라고 하겠습니다.

《중용》에서 중요하게 이야기하는 또 하나의 주제는 '성(誠)'입니다. 성은 쉽게 말해 '진실한 마음'입니다. 이 진실됨은 하늘과 인간을 이어주는 다리 같은 존재라고 자사는 설명합니다. "진실한 사람은 자기 자신을 스스로 완성한다[誠者自成之謂也]"라는 말처럼, 참된 사람은 스스로 그러한 존재가 되고, 즉 성실함을 지닌 자는 성인의 경지에 이른다고 합니다. 여기서 자사는 '도덕적 완성은 본성을 지키는 데 있다'란 점을 더욱 강조합니다.

또한 《중용》은 하늘과 인간의 관계 그리고 그 질서 속에서 인간이 어떤 자세로 살아가야 하는지를 알려줍니다. 중용에 따르면, 하늘은 항상 일정한 도리를 지키며 움직이므로, 인간 또한 그 질서에 따르는 삶을 살아야 하며, 그 삶은 과하지도 모자라지도 않은 '중'의 상태를 유지해야 합니다. 중용의 인간상은 순간적 정의감이나 감정에 휘둘리지 않고, 늘 평정심과 절제를 유지하며, 조화와 균형을 실천하는 사람입니다.

《중용》은 정치철학적 요소도 포함합니다. 리더는 덕을 갖추고 백성에게 본보기가 되어야 하며, 도를 통해 세상을 이끌어야 합니다. 자사는 덕치(德治)를 강조하며, 단순한 법과 제도가 아니라 지도자의 인격과 수양이 사회 안정의 핵심임을 역설합니다. 이는 단순한 통치 이론을 넘어, 개인의 내면이 사회 전체에 영향을 미친다는 유교적 세계관을 보여주는 대목입니다.

이런 덕치의 예로는 중국 역사 속 요(堯)와 순(舜) 임금과 같은 성군이 자주 거론됩니다. 요임금과 순임금은 권력을 사적으로 이용하지 않고 백성을 먼저 생각하며 인재를 발탁하고, 공정한 정치로 사회를 안정시킨 인물로 기록됩니다.

《중용》은 도덕과 철학, 인간의 존재론, 정치와 교육을 아우르는 종합 고전입니다. 그 중심에는 언제나 '자기 수양을 통해 조화를 이루는 인간'이라는 이상이 놓여 있습니다. 자사는 공자의 사상을 물려받아, 도덕은 실천이고, 실천은 자기성찰과 일관된 태도에서 비롯되어야 한다는 점을 역설적으로 펼쳐나갑니다.

현대적으로 보면 '중(中)'은 감정에 휘둘리지 않고 중심을 잡는 태도이고, '용(庸)'은 그 중심을 일상생활 속에서 꾸준히 실천하는 힘입니다. 이를테면 직장에서 화가 날 때 감정을 즉시 표현하기보다 한 걸음 물러서서 생각하는 태도가 '중'이며, 그런 태도를 매일 실천하려는 노력이 곧 '용'입니다. 자사가 말한 도덕적 인간이란 바로 이런 사소한 일상에서 중심을 잃지 않는 사람입니다.

이처럼 《중용》의 가르침은 거창한 이론이 아니라 일상의 마음가짐과 습관을 통해 완성되는 윤리입니다. 자기 수양이란 거창한 것이 아니라, 말한마디, 행동 하나를 조심하는 태도에서 비롯되며, 그것이야말로 오늘날 우리가 실천할 수 있는 가장 현실적인 중용의 길입니다.

《중용》은 급변하는 사회 속에서도 내면의 중심을 잃지 않고 살아가는 삶의 자세를 청년에게 일깨웁니다. 이 책은 단지 도덕적인 잔소리를 담은 고전이 아니라, 자기 수양과 균형 잡힌 사고, 조화로운 인간관계의 비결을 담은 실천 철학서입니다. 세상이 흑백논리로 양분되고 감정과 분노가 극단으로 치닫는 오늘날, 청년들은 중용이 가르치는 절제, 성실, 내면의 중심을 지키는 삶이 얼마나 중요한지 깨닫게 됩니다.

《중용》은 짧은 문장과 함축적인 표현이 많아 자칫 막연하거나 추상적으로 느껴질 수 있습니다. 따라서 단어 하나하나의 의미를 곱씹으며 읽는 자세가 중요합니다. 특히 '중'과 '용'의 개념은 표면적인 의미보다 훨씬 깊은 철학적 함의를 담고 있기에, 이를 단순한 '중간'이나 '무난한 태도'로 오해해서는 안 됩니다. 또한 자사가 말하는 도덕은 타율적 규범이 아니라 하늘로부터 부여된 본성을 따르는 자율적 실천의 길이므로, 중용의 문장을 도덕적 실천의 구체적인 지침으로 읽는 것이 필요합니다. 한 문장을 읽더라도 '나는 이 구절을 내 삶 속에서 어떻게 실천할 수 있을까?'를 생각하며 읽으면 좋겠습니다.

˚ 싸우지 않고 이기는 방법

손무(孫武, BC. 6세기 추정)는 중국 춘추시대 오나라의 무장이자 전략가
로, 전쟁의 원리와 전략을 열세 편으로 정리해《손자병법(孫子兵法)》을
집필했습니다. 이 책은 동양 고전 중에서도 가장 널리 읽힌 중국 고대의
병법서로, 이후 수천 년 동안 중국뿐 아니라 일본, 한국, 멀리 서양에도
큰 영향을 끼쳤습니다.

《손자병법》각각의 편은 전쟁의 원칙, 전략, 지형, 간첩 활용 등 전쟁의
다양한 국면을 다룹니다. 핵심 사상은 전쟁을 피할 수 있다면 피해야 하
며, 반드시 싸워야 할 경우에는 최대한 유리한 조건을 갖춘 뒤 최소한의
희생으로 승리하는 방법을 모색해야 한다는 것입니다. 손무는 "최고의
전쟁은 싸우지 않고 이기는 것"이라고 했으며, 무력 충돌보다는 정보전
과 전략, 외교적 해법을 중시했습니다. 전쟁은 힘만으로 이기는 것이 아
니라 이길 수 있는 때와 장소, 전략, 타이밍, 정보, 심리 등 다양한 요소가
유기적으로 맞물려야 승리할 수 있다는 점을 강조합니다.《손자병법》은
진정한 병법이란 싸우지 않고 이기는 것이며, 병력과 자원을 낭비하지 않

고 목적을 달성하는 가장 효율적이고 지혜로운 길을 제시합니다.

각 장은 전쟁에서 꼭 알아야 할 핵심 원칙을 다룹니다. 예를 들어 '계(計)' 편에서는 전쟁을 시작하기 전에 숙고해야 할 다섯 가지 요소ー도(道, 백성과 지도자가 같은 목표를 향해 마음을 모으는 것), 천(天, 계절, 날씨, 시간 같은 자연조건), 지(地, 전쟁터의 지형과 거리), 장(將, 지휘관의 능력과 인품), 법(法, 군대의 조직과 규율)ー를 다룹니다. '작전(作戰)' 편에서는 병참과 보급, 자원의 효율적 활용을 다루며, '모공(謀攻)' 편에서는 직접 공격보다는 동맹을 이간시키거나 심리전을 사용하는 것이 더 효과적임을 강조합니다.

현대 경영학이나 심리학, 조직관리 이론에서도 이 책은 빈번하게 인용됩니다. 경쟁자 분석, 시장 전략, 조직 내 리더십 등에서 손자의 통찰은 수천 년의 시간을 거슬러 오늘날까지 여전히 유효합니다. 예를 들어 '지피지기 백전불태(知彼知己 百戰不殆)'라는 명언은 자기 성찰과 정보 분석 능력의 중요성을 말해줍니다.

즉, 《손자병법》은 단순한 무력 예찬이 아니라 인간성과 지혜, 감정 통제, 환경 분석 등 통합적 사고를 요구하는 책입니다.

전쟁은 단순히 총칼을 맞대는 일이 아니며, 한 나라의 운명, 사람들의 삶 그리고 미래까지 걸린 거대한 선택입니다. 1편 '계'는 바로 그 시작점에 서서 묻습니다. "정말 이길 수 있는가?" 이길 수 없으면 애초에 싸움을 시작하지 않는 것, 그것이 가장 큰 승리의 전제입니다.

2편 '작전'은 전쟁의 무게를 재정으로 환산합니다. 전쟁은 돈과 물자를 갉아먹습니다. 길어질수록 상처는 깊어지고, 이익은 사라집니다. 그래서 손자는 '빠르고 결정적인 승리'를 최고의 전략으로 여겼습니다.

그렇다면 꼭 칼을 빼야만 하는 걸까요? 3편 '모공'은 그렇지 않다고 말합니다. 가장 이상적인 승리는 싸움 없이 적을 무너뜨리는 것입니다. 계획을 깨고, 동맹을 흔들며, 적의 마음속 균열을 키우는 지략이야말로 무력보다 날카롭습니다.

물론 피할 수 없는 순간도 있습니다. 4편 '형(形)'은 성을 공격하는 일은 마지막 수단이어야 한다고 경고합니다. 정치적, 심리적 공략으로 상대를 굴복시키는 것이야말로 진짜 현명한 승리입니다.

전쟁이 벌어지면 질서가 생명입니다. 5편 '세(勢)'는 기강 있고 통일된 지휘, 철저한 계획과 준비가 승패를 갈라놓는다고 말합니다. 준비 없는 용기는 무모함에 불과합니다.

6편 '허실(虛實)'에서는 병법의 진수를 보여줍니다. 나의 실체는 감추고, 적의 빈틈을 찔러야 합니다. 허를 찌르고 실(實)을 피하는 것이 병법의 정수입니다.

전쟁은 결국 자원과 위치를 둘러싼 경쟁입니다. 7편 '군쟁(軍爭)'은 전쟁을 자원을 두고 벌이는 경쟁이라고 합니다. 먼저 유리한 자리를 선점하고 주도권을 확보하는 것이 전략의 핵심입니다.

하지만 세상은 변합니다. 8편 '구변(九變)'은 변화에 즉각 반응하는 민

일곱 번째 길 ○ 삶을 견뎌내는 기술

첩함을 강조합니다. 완벽한 전략이라도 바뀌는 상황에 빠르게 적응하지 못하면 무용지물입니다.

군대의 이동에도 원칙이 있습니다. 9편 '행군(行軍)'은 군대의 이동은 속도와 질서를 함께 고려해야 한다고 말합니다. 잘못된 이동은 전투에서 패배로 이어집니다.

지휘관에게는 땅을 읽는 눈이 필요합니다. 10편 '지형(地形)'은 전투에서 지형의 중요성을 강조합니다. 지형의 이점을 이해하고 활용하는 것이 유능한 지휘관의 조건입니다.

11편 '구지(九地)'는 전투 환경을 아홉 가지로 나누고, 병사들이 처한 상황(위치)에 따라 전략도 달라야 한다고 합니다. 지휘관은 전투 환경을 정밀하게 구분하고 분석할 줄 알아야 합니다.

불을 이용한 공격은 강력하지만 위험합니다. 12편 '화공(火攻)'은 강력하지만, 매우 신중히 사용해야 한다고 합니다. 타이밍과 자연조건을 완벽히 맞춰야 효과적입니다. 함부로 쓰면 불은 적이 아니라 나에게 돌아옵니다.

마지막으로 13편 '용간(用間)'은 승리의 숨은 손, 정보전을 다룹니다. 간첩을 활용해 적의 의도와 동향을 파악하고, 기만으로 주도권을 빼앗는 것이 진정한 승리의 비결입니다.

정보전에 관한 손무의 통찰은 놀라울 정도로 현대적입니다. 그는 간첩의 유형을 다섯 가지로 구분하고 내부 배신, 이중 첩보, 허위 정보 유포 등을 정교하게 활용해 전쟁에서 우위를 점하는 법을 제시했습니다. 이런 정보전은 21세기 디지털 전쟁, 심리전, 사이버 안보 분야에서도 응용되고 있습니다.

손무의 사상은 당시 유교적 명분론과는 달리 철저하게 현실적이고 실용적인 사고에 기반합니다. 그는 인간의 감정이나 도덕보다도 전쟁의 본질을 이해하고, 결과를 중심에 두는 사고방식을 가르쳤습니다. 이는 오늘날의 전략학과 국제정치 이론에서도 '결과지향적 현실주의'로 받아들여지고 있습니다.

° 죽음, 그 자체가 메시지

《현자들의 죽음》을 쓴 저자 고미숙(1960~　)은 고전평론가이자 인문학자이며,《열하일기, 웃음과 역설의 유쾌한 시공간》《나의 운명 사용설명서》《몸과 인문학》 등의 책과 강연을 통해 철학을 삶의 현장과 연결하는 작업으로 잘 알려져 있습니다. 서울대학교 국문학과에서 박사학위를 받았으며, 기존 제도권 교육을 벗어나 인문학을 연구하는 대안 공동체 활동에 전념하고 있습니다.

삶과 공부가 일치하는 실천적 인문학을 펼쳐온 저자는, 현대인에게 고전과 죽음, 운명과 자기성찰을 연결하는 사유를 제시하고 있습니다. 《현자들의 죽음》은 동서양 위대한 사상가 9인의 마지막을 통해 죽음을 공부함으로써 삶을 완성하는 길을 모색한 책입니다.

저자는 죽음이 단순한 삶의 끝이 아니라 지금까지 내가 어떻게 살았는지를 보여주는 '궁극의 순간'이라고 보았습니다. 사상가들의 죽음은 곧 그들이 살아온 삶의 철학이자 실천의 완성입니다. '현자의 죽음의 순간'은 단순히 죽는 장면을 묘사한다는 뜻이 아니라, 그 사람이 살아온 삶

전체가 응축되어 드러나는 궁극의 순간이라는 의미입니다. 이를 통해 저자는 '어떻게 죽을 것인가'라는 질문을 던지며 결국 '어떻게 살 것인가'를 되묻습니다. 죽음을 단순한 두려움의 대상이 아니라 삶의 의미를 비추는 거울로 바라보자는 메시지를 전합니다.

이 책에 소개한 동서고금의 현자들은 죽음을 피하거나 두려워하지 않았습니다. 오히려 삶의 궁극적 완성으로 받아들이며 자신의 철학과 실천을 마지막 순간까지 일관되게 보여줍니다.

① 소크라테스는 사형 선고를 받고 독배를 마시며 철학자로서의 품위를 지켰고, 죽음을 영혼의 해방으로 여겼습니다.
② 에피쿠로스는 고통 중에도 평정을 유지하며, 죽음은 감각이 없는 상태이므로 두려워할 이유가 없다고 말했습니다.
③ 세네카는 폭군 네로의 명령에 따라 자결하며 스토아 철학의 이상을 담담히 실천했습니다.
④ 예수는 십자가 위에서도 사랑과 용서를 설파하며 죽음을 초월한 자비를 보여주었습니다.
⑤ 공자는 죽음을 초연하게 받아들이며, 매일의 삶에서 예(禮)와 인(仁)을 실천하는 삶을 강조했습니다.
⑥ 맹자는 의(義)를 위해 죽음을 두려워하지 않는 윤리적 자세를 보여주었습니다.
⑦ 장자는 장례를 거부하며 자연의 순환 속에서 죽음을 기쁘게 수용했

습니다.

⑧ 간디는 죽음을 예견하고도 비폭력의 철학을 끝까지 실천하며 정신
   적 유산을 남겼습니다.

⑨ 성철 스님은 10년간 입적을 준비하고 해탈의 경지에서 죽음을 수행
   의 완성으로 맞이했습니다.

《현자들의 죽음》은 각 인물의 마지막 순간을 통해 그들의 철학이 말이
아닌 실천이었음을 보여줍니다. 삶과 죽음은 분리된 것이 아니라 하나
의 순환이며, 철학과 삶, 죽음이라는 주제를 단절된 개념이 아니라 유기
적인 실천의 궤도로 연결시켰습니다.

이 책에서 다루는 현자들은 말년에 자신의 철학을 조용히 설파하거나
극적인 실천으로 삶을 마무리함으로써 '죽음 그 자체가 메시지'가 된 사
람들입니다. 이러한 방식은 독자에게 철학이란 말이 아니라 몸으로 완
성하는 여정임을 일깨웁니다. 소크라테스의 독배는 단지 결기만이 아니
라 평생 쌓아온 지혜의 유산이었습니다.

또 이 책은 '죽음학'이라는 표현을 통해 삶과 죽음을 나란히 배치합니
다. 죽음을 깊이 있는 삶을 위한 내면의 거울로 삼는 방식이 동서양을
넘나들며 제시됩니다. 공자와 맹자의 윤리적 죽음, 예수와 간디의 초월
적 희생, 성철 스님의 수행적 죽음은 각각 다른 문화에 뿌리를 두고 있
지만, 모두 '죽음을 받아들이는 태도'라는 공통된 실천을 보여줍니다.
이 비교는 철학이 지역을 넘고, 종교를 넘어 인간의 본질을 향해 가는

사유임을 잘 알려줍니다.

《현자들의 죽음》은 우리 청년에게 죽음을 생각하라고 엄숙하게 명령하기보다는 '어떻게 살 것인지'를 성찰하라고 제안합니다. 저자는 죽음을 배움의 계기로 삼아야 한다고 말합니다. 삶의 반복 속에서 망각하기 쉬운 중요한 가치들—예를 들면 타인에 대한 예의, 자기 인생에 대한 책임, 말과 행동의 일치—은 죽음이라는 거울 앞에서 선명해집니다. 이 책은 죽음을 통과해야 비로소 삶이 뚜렷해진다는 사실을 조용히 그러나 강하게 전합니다.

청년에게 이 책은 '죽음'이라는 금기어를 마주하게 하며, 그 과정에서 자신의 존재와 삶의 방향을 다시 묻는 계기를 제공할 것입니다. 저자는 죽음을 회피하지 않고 오히려 정면으로 응시할 때, 비로소 인생이 철학이 된다고 말합니다. 예컨대 소크라테스가 죽음을 앞두고 끝까지 제자들과 '어떻게 살아야 하는가'를 논한 태도는 그 자체로 철학이 된 삶의 예시입니다. 청년 독자는 이 책을 통해 죽음을 성찰함으로써, 자신의 삶을 어떻게 마무리할 것인지, 그 과정에서 어떻게 살아야 하는지를 되돌아보는 계기를 얻을 수 있을 것입니다.

일본의 도덕과 정신적 가치

일본의 전통적인 무사 계급(사무라이)이 따르던 정신과 도덕 규범을 서양인에게 설명하기 위해 쓰인 책인 《무사도(武士道)》는 영어로 처음 출간되었고, 이후 일본어로 번역되면서 전 세계에 널리 알려졌습니다. 이 책의 저자인 니토베 이나조(新渡戸稲造, 1862~1933)는 일본의 교육자, 경제학자, 외교관이며, 메이지 시대 서구 문명과 일본 전통의 다리를 놓고자 했던 지식인이었습니다. 그는 사무라이 가문에서 태어나, 도쿄대학교와 미국 존스홉킨스대학교에서 수학한 뒤 독일과 벨기에 등지에서도 공부했습니다. 일본 근대화의 흐름 속에서 서구와 일본의 가치가 다르다는 사실을 체감한 그는, 일본 고유의 도덕성과 문화적 정체성을 서구인에게 알리고자 영어로 《무사도(Bushido: The Soul of Japan)》를 집필했습니다. 1899년 출간된 이 책은 일본의 정신문화와 무사도의 본질을 서구 사회에 알리는 데 큰 역할을 했으며, 그는 이후 국제연맹(League of Nations)의 사무차장까지 역임하는 등 국제적인 인사가 되었습니다.

《무사도》는 일본의 전통 무사, 즉 사무라이가 중요하게 여겼던 도덕과 정신적 가치를 정리한 책입니다. 책에서는 명예, 충성, 용기, 절제, 예의 같은 덕목을 중심으로, 무사들이 어떤 마음가짐으로 살았는지를 잘 보여줍니다. 니토베는 무사도의 정신이 단순히 전쟁기술이나 계급 문화가 아니라, 일본인의 윤리관과 세계관을 형성하는 중요한 뿌리임을 강조합니다. 그는 무사도가 서구의 기사도, 고대 그리스의 스토아 철학과도 유사한 점이 많다고 보았으며, 이러한 보편적인 도덕 원리가 일본이라는 문화 속에서 어떻게 구체화되었는지를 설명합니다.

책은 총 열일곱 장(과 부록)으로 구성되어 있으며, 각 장은 무사도를 구성하는 핵심 덕목들과 그것이 일본 사회와 문화 속에서 어떻게 작동해 왔는지를 설명합니다.

1장: 도덕 체계

무사도는 규범과 규율의 집합으로, 개인의 행동을 공동체 기준에 맞추려는 윤리적 체계를 제공합니다. 이 체계는 의무·충성·명예 같은 개념을 통해 무사의 선택과 행동을 규정합니다.

2장: 용기

용기는 단순한 무력의 발휘가 아니라 두려움 속에서도 옳은 일을 선택하는 도덕적 결단입니다. 무사에게 용기는 윤리적 판단과 행위를 뒷받

침하는 근본 덕목입니다.

3장: 정의

무사의 정의감은 공동체 내에서 질서와 공정을 지키려는 태도를 말합니다. 정의는 무사가 권력이나 힘을 행사할 때 그 행위가 정당화되는 기준을 제공합니다.

4장: 예의

예의는 무사 사회에서 상호 존중과 위계질서를 유지하는 수단이었습니다. 외형적 예절뿐 아니라 내적 절제와 타인에 대한 배려를 포함하는 개념으로 설명됩니다.

5장: 자비

전투와 강한 규율 속에서도 자비는 인간성을 지키는 덕목으로 강조됩니다. 자비는 약자에 대한 연민과 폭력의 정당성을 성찰하게 하는 윤리적 제약입니다.

6장: 성실

성실은 약속과 의무를 끝까지 지키는 태도로, 무사의 신뢰성을 담보합니다. 개인의 말과 행동이 일치하는 것이 공동체의 결속으로 이어집니다.

7장: 명예

명예는 무사의 정체성과 사회적 평판을 규정하는 핵심 가치입니다. 명예 상실은 개인과 가문 전체의 위상에 치명적이므로, 명예를 지키기 위한 규범이 강하게 작동했습니다.

8장: 자기희생

무사는 공동체와 가문을 위해 개인을 희생할 준비가 되어 있어야 한다는 윤리적 전통을 지녔습니다. 이는 충성과 책임의 극단적 표현으로 이해됩니다.

9장: 충실의 의무

무사는 주군·가문·동료에 대한 충실을 중시했으며, 충실은 사회적 연대와 지속성을 보장하는 원리였습니다. 충실의 실천은 무사도 전체의 도덕적 토대를 이룹니다.

10장: 무사의 교육과 훈련

무사는 문무(文武)를 겸비해야 한다는 전통 아래, 지적 수양과 무예 훈련을 병행했습니다. 교양·철학·역사를 통한 인격 수련과 실전 기술 훈련이 결합된 전인적 교육 체계가 특징입니다.

11장: 극기

극기는 욕망과 공포를 절제하고 의지를 단련하는 과정입니다. 무사의 용기와 품격은 바로 이러한 자기 통제에서 비롯되며, 내적 수양의 결과물입니다.

12장: 자살과 복수 제도

할복과 같은 자살 의례 및 복수 관습은 당시의 명예관·책임 관념을 반영합니다. 현대적 시각에서는 잔혹해 보일 수 있지만, 그 시대의 맥락에서는 명예와 책임을 회복하는 규범적 장치로 이해되었습니다.

13장: 칼, 무사의 혼

칼은 단순한 무구가 아니라 무사의 정체성과 영혼을 상징하는 존재였습니다. 칼에 대한 숭배와 예우는 무사 정신의 상징적 표현으로서 문화 전반에 영향을 미쳤습니다.

14장: 여성의 교육과 지위

무사 사회에서 여성은 가문의 명예를 지키고 가정에서 덕목을 전승하는 역할을 맡았습니다. 일부 여성은 실전 무기를 다루거나 가문의 안전을 지키는 역할을 수행하기도 했습니다.

15장: 무사도의 감화

무사도의 윤리는 정치·예술·교육 등 사회 전반에 스며들어 규범과 미학을 형성했습니다. 절제·충성·단아함 같은 미덕은 일본 사회의 여러 영역에서 표준 가치로 작동했습니다.

16장: 무사도는 살아 남았는가

근대화로 무사 계급은 소멸했지만, 무사도의 핵심 가치는 기업 문화, 국가적 위기 대응, 사회적 규범 등으로 변형·계승되어 남아 있습니다. 형태는 달라도 정신적 영향은 지속됩니다.

17장: 무사도의 미래

저자는 무사도가 과거의 유물이 아니며, 현대와 미래 사회에서도 도덕적 좌표로서 의미를 가질 수 있다고 봅니다. 특히 청년이 자기 수양과 공동체 책임을 재고할 때 무사도는 유효한 성찰의 자원이 됩니다.

책의 후반부에서는 무사도의 교육 방식과 그 사회적 영향력을 다루며, 여성 역시 어머니와 아내로서 무사도의 덕목을 실천했다는 점도 언급합니다. 또 종교적 관점에서 무사도는 불교, 유교, 신도 등의 영향을 받았지만, 특정 종교에 속하기보다는 행동 윤리로서 기능한 일본식 도덕철학이었다고 분석합니다.

무사도는 과거의 유물이 아니라, 오늘날에도 적용 가능한 보편적 윤리

체계로 제시됩니다. 저자는 무사도를 통해 인간됨의 핵심—정직, 용기, 책임, 타인에 대한 배려—을 일깨우며, 이것이 서구 문명과도 어깨를 나란히 할 수 있는 가치임을 역설합니다. 이처럼《무사도》는 동양의 고유한 정신문화가 단순히 지역적 전통이 아니라, 세계 보편의 윤리로 확장될 수 있음을 보여주는 책입니다.

《무사도》는 단순한 역사서가 아니라 청년들에게 도덕적 이상과 실천의 가치를 되새기게 하는 윤리서입니다. 오늘날처럼 가치관이 혼란스럽고 기준이 모호한 시대에 용기와 책임, 명예와 절제 같은 덕목은 더욱 절실한 삶의 지표가 되었습니다. 자신의 행동에 책임지는 자세, 공동체를 위한 헌신, 자기 수양을 통한 성장이라는《무사도》의 가치는 글로벌 시민으로 살아가는 청년에게 색다른 가르침을 줍니다. 서구의 자유주의와 동양적 도덕주의의 접점과 조화를 모색하는 데 있어《무사도》는 좋은 참고서이자 자아 성찰의 거울이 될 수 있습니다.

웃음과 해학 속에 담긴 통찰

《열하일기(熱河日記)》는 조선 후기 실학의 선구자이자 문장가인 박지원 (朴趾源, 1737~1805)이 청나라에 다녀온 연행(燕行, 조선 사신의 북경 방문) 기록을 바탕으로 쓴 여행기입니다. 단순히 여행 경로와 풍경을 적은 기록이 아니라 그 속에서 청나라의 정치·사회·문화·경제를 관찰하고, 조선 사회와 비교하며 다양한 비판과 제안을 담았습니다. 《열하일기》는 조선 지식인이 세계를 관찰하며 사유한 대표적인 기행문이자, 조선 사회에 대한 통렬한 성찰이 담긴 고전입니다.

박지원의 글은 풍자와 유머를 많이 사용하고 글이 재미있고 또 날카롭습니다. 예를 들어, 청나라의 효율적인 행정과 기술, 상업 활동을 소개하면서 조선의 낙후된 제도를 비판하거나, 관료들의 권위주의와 부패를 꼬집기도 합니다. 그래서 《열하일기》는 여행기이자 사회비평서라는 독특한 성격을 가진 책으로 평가받고 있습니다.

《열하일기》는 박지원이 1780년 청나라 건륭제의 칠순을 축하하는 사절단에 수행원 자격으로 동행해 연경과 열하를 여행하며 집필했습니다. 박지원은 길 위에서 보고 듣고 느낀 모든 것을 글로 정리했으며, 특히 청나라에서 본 신문물과 조선의 낙후함을 비교하며 실학사상의 방향을 구체화했습니다. 도로와 교통, 상업과 세제, 출판과 인쇄, 관료 체계와 황제의 품위 있는 통치 방식까지, 박지원의 눈에 비친 청나라는 문명의 중심이었습니다. 반면 조선은 허례허식과 형식주의에 갇혀 실질적 개혁의 길이 요원해 보였습니다.

열하에서 박지원은 직접 황제의 행차를 목격합니다. 정연한 군사 열과 악대의 웅장한 연주, 머리 숙인 백성들의 질서정연한 행렬은 그에게 충격이었습니다. 그가 머문 숙소 근처에는 책방 골목이 있었고, 활판 인쇄로 출판된 저렴한 서적들이 대중적으로 유통되고 있었습니다. 관청과 시장, 우편소, 대장간, 상점 들이 기능적으로 정비되어 있었으며, 박지원은 이를 보며 실용적 제도의 힘을 실감했습니다. 그는 '문장의 목적은 백성을 깨우는 데 있다'란 신념 아래, 현실과 유리된 도덕주의를 비판하고 실용적 지식을 문학에 담아야 한다고 믿었습니다.

《열하일기》에는 풍자와 우화, 철학적 사유가 곳곳에 배어 있으며, 수록된 이야기 중 대표적인 소설로 <호질>이 있습니다. 어느 날 양반이 호랑이에게 잡혀가 죽음을 앞두고 있는데, 호랑이가 양반에게 묻습니다. "너는 평소에 유학자라고 하더니 왜 창녀의 집을 드나들었느냐?" 양반은 당황하며 이렇게 답합니다. "공자님도 마부와 술을 마시지 않았느냐? 나는 다만 사람을 따랐을 뿐이다." 호랑이는 다시 묻습니다. "너는 왜 세금은 안 내고 노비들을 굴려 재산을 불렸느냐?" 양반은 말합니다. "내가 누리던 부귀도 다 하늘이 준 것이다." 이에 호랑이는 웃으며 말합니다. "공자와 맹자를 팔아 탐욕을 채운 자여, 이제 내가 너를 먹겠다." 이는 유학적 외피로 자신을 합리화하는 위선자를 날카롭게 비판한 우화로, 박지원이 얼마나 현실을 꿰뚫어 보는 통찰을 가졌는지를 잘 보여줍니다.

박지원은 <허생전>에서도 몰락한 선비 허생이 상업과 자주국방, 인재 등용에 대해 기발한 제안을 펼치도록 하며 조선 지배층의 무능을 정면으로 비판했습니다. 그는 문장을 통해 조선을 바꾸고자 했으나, 조정은 오히려 그의 문체를 문제 삼았습니다. 정조는 그가 구사한 한문 문체를 속되고 경박하다며 비판했고, '문체반정(文體反正)'이라는 이름으로 사상과 문장의 자유를 억압했습니다. 하지만 박지원은 현실을 외면한 공리공론보다 눈으로 보고 가슴으로 느낀 진실을 기록하는 것이 지식인의 책무라고 믿었습니다.

《열하일기》는 조선 후기 문학의 혁신이며, 실학 정신의 총결산입니다. 그것은 과거에 쓰인 기행문이 아니라 지금도 유효한 성찰의 기록입니다. 오늘날 이 책을 읽는 독자들이라면, 편견 없이 세계를 보고, 불의에 침묵하지 않으며, 언어를 통해 사회를 바꾸는 용기를 배울 수 있습니다. 박지원의 글은 오래된 여행이 아니라 지금 이 시대에도 여전히 진행 중인 정신의 여정입니다.

《열하일기》의 바탕에 깔린 실학 정신은 현실에 기반한 문제 해결과 새로운 시각을 받아들이는 열린 태도로, 《열하일기》는 우리 독자들에게 다음과 같은 메시지를 전합니다.

첫째, 사실과 현실을 직시하는 태도입니다. 박지원은 청나라의 제도, 기술, 문화를 눈으로 보고 기록하면서 조선의 현실과 비교했습니다. 이는 오늘날 우리가 세계의 변화를 정확히 읽고, 한국 사회가 처한 현실을 냉정하게 분석해야 하는 자세와 통합니다.

둘째, 편견을 넘어선 세계 인식입니다. 당시 많은 조선 지식인들이 청나라를 오랑캐라 폄하했지만, 박지원은 선입견을 버리고 그 안에서 배울 점을 찾았습니다. 오늘날 우리는 이념이나 진영 논리에 갇히지 않고, 세계 속 다양한 경험과 지혜를 겸허히 배우는 태도를 가져야 합니다.

셋째, 지식과 글의 사회적 책임입니다. 《열하일기》는 단순한 여행기가 아니라 글을 통해 사회의 안이함을 비판하고 변화를 촉구한 기록입니다. 지금 청년 세대도 SNS나 다양한 매체에서 자신의 목소리를 낼 수 있는 시대를 살고 있는 만큼, 언어와 표현이 사회를 바꾸는 중요한 힘이라는 것을 깨달을 수 있습니다.

한 인간이 내지른 침묵 속의 절규

인간의 길은 언제나 불확실성과 싸우는 길입니다. 미래는 보이지 않고, 현실은 무겁게 다가오지요. 400여 년 전, 전쟁의 한가운데서 하루하루를 버텨낸 한 사람이 있었습니다. 바로 이순신(李舜臣, 1545~1598) 장군입니다. 《난중일기(亂中日記)》는 그가 장군이기 전에 한 인간으로서 두려움과 고독, 책임과 희망을 기록한 일기로, 이순신이 임진왜란 중인 1592년부터 1598년 전사 직전까지 수시로 기록했습니다. 승리의 순간만이 아니라 좌절과 슬픔, 때로는 눈물까지 숨김없이 드러낸 이 글은, 불안한 시대를 살아가는 오늘 우리 청년들에게도 큰 용기와 울림을 줍니다.

이순신 장군은 조선 중기의 무신이자 임진왜란의 영웅으로, 탁월한 전략가이자 충성심으로 민중의 존경을 받은 인물입니다. 무과에 급제한 뒤 여러 관직을 거쳤고, 1592년 임진왜란이 발발하자 전라좌수사로서 조선 수군을 이끌며 연이은 대승을 거두었습니다. 특히 한산도 대첩, 명량해전, 노량해전 등에서 수적 열세를 극복하며 승리한 그의 리더십은 세계적으로도 높이 평가받습니다. 《난중일기》는 그가 직접 전장에서 기록한 일기문으로, 조선시대 문학은 물론 역사적 사료로도 매우 귀중한 자료입니다.

이 글은 단순한 전쟁 기록이 아니라 한 인물이 목숨을 걸고 나라를 지키며 겪은 고뇌와 번민, 병사들에 대한 애정, 상관의 부당함에 대한 분노 그리고 죽음 앞에서도 흔들리지 않는 태도가 생생하게 담긴 고백으로, 이순신의 눈을 통해 전쟁의 이면과 지도자의 외로운 책임을 들여다볼 수 있습니다.

《난중일기》의 형식은 간결하고 담백하지만, 그 안에는 전투 준비, 병사 훈련, 정보 수집, 적 동향 파악 등 철저한 준비와 냉철한 판단이 녹아 있습니다. 예를 들어 전투 전날 밤 그는 날씨, 바람, 조류, 적의 위치 등을 세세히 기록하며 해전을 준비했고, 이를 통해 그는 단순한 용장이 아니라 전략가로서의 면모를 드러냈습니다.

또 병사들의 부상과 고통을 일일이 기록하고, 그들의 사기를 살피는 모습에서는 인간적인 따뜻함이 느껴집니다. "병사 누구는 탈이 나서 먹지도 못하고 누워 있었다"란 표현에서 장병을 가족처럼 여긴 그의 모습이 엿보입니다.

상관에게 받은 부당한 처우에 대한 분노도 자주 등장합니다. 조정은 전황을 제대로 알지 못한 채 이순신에게 중형을 내리고, 파직과 백의종군을 명령하기도 했습니다. 그는 억울함을 토로하면서도 끝까지 나라를 위해 자신의 역할을 다했습니다.

《난중일기》는 군사 기록을 넘어서, 조정의 모함과 인사 부조리, 지역 사대부와의 갈등 등 당대 정치 현실도 함께 담고 있습니다. 이런 요소들은 《난중일기》를 단지 전쟁 기록이 아니라 문학적, 사회사적 가치를 지닌 고전으로 만듭니다.

전쟁이 격화될수록 그의 문장은 더욱 침착하고 절제되며 언제나 국가의 안위를 먼저 생각하는 태도가 두드러집니다. 노량해전에서 전사하기 직전까지 그는 하루도 빠짐없이 자신을 돌아보며 냉철하게 기록했습니다. 또한 이 글은 문학사적 관점에서도 매우 높은 가치를 지닙니다. 간결하고 직설적인 문장 속에 감정을 절제하면서도, 독자는 그 이면에 서린 고뇌와 분노, 절망, 헌신을 생생히 느낄 수 있습니다. 이순신은 의도적으로 감정을 배제하며 사무적 기록에 집중한 듯 보이지만, 오히려 그 절제된 문체 속에 깊은 울림이 있습니다. 이런 점에서 《난중일기》는 조선 문학의 중요한 전환점이자 실용 기록문학의 정수로 평가받습니다.

또, 이 짧고 건조한 문장은 전장의 긴장감과 이순신의 심정을 더 절박하게 전달합니다. 글자 수는 적지만, 각 문장에 담긴 무게는 결코 가볍지 않습니다. 그가 어떤 상황 속에서 이 글을 썼는지 상상하며 읽는다면, 단어 하나하나에 담긴 절절한 울림을 느낄 수 있을 것입니다.

이순신의 일기는 단지 개인의 고백을 넘어, 공동체의 생존과 국가의 운명을 짊어진 리더의 무거운 책임을 잘 보여줍니다. 그는 말보다는 행동으로, 공적 책임 앞에서 자신을 지우는 방식으로 헌신을 실천했습니다. 부당한 처우와 고립 속에서도 원칙을 지키고, 끝내 전장에서 생을 마감한 그의 삶은, 한국 사회에 오래도록 '사명감'과 '공공의식'의 표본으로 남았습니다. 《난중일기》는 단순한 병법서도, 영웅전도 아닌 고통과 침묵 속에 쓴 진정한 인간의 기록입니다.

또한 《난중일기》는 청년들에게 리더십이란 무엇인지, 진정한 책임이란 어떤 것인지 생각하게 해줍니다. 부당한 상황 속에서도 자신의 임무를 끝까지 완수한 이순신의 자세는 오늘날 쉽게 잊히는 사명의식과 윤리를 다시금 되새기게 합니다.

내 뜻을 알아주는 자가 반드시 있으리라

사마천(司馬遷, BC. 145~BC. 86년경)이 쓴 《사기열전(史記列傳)》은 《사기》의 한 부분으로, 역사 속에 실재했던 인물들의 생애와 업적을 이야기 형식으로 기록한 책으로, 마치 소설처럼 읽힙니다. 권력자뿐 아니라 협객, 상인, 유세가까지 다양한 인물들의 이야기를 담아 인간사의 복잡한 면모를 생생하게 보여주며, 인간의 강점, 약점, 선택이 잘 드러나서 현대 독자가 읽기에도 꽤 공감이 되는 내용이 많습니다.

이 책의 저자인 사마천은 중국 전한 시대의 역사가이자 사관입니다. 아버지 사마담의 뒤를 이어 태사령이 되어 역사를 정리하는 책임을 맡았으며, 한 무제 시대에 활동했습니다. 그는 하늘의 뜻[天命]과 인간의 삶, 권력과 도덕, 명예와 비극이 교차하는 복합적인 인간 세계를 온몸으로 겪으며 이를 기록했습니다. 장수 이릉을 변호한 죄로 궁형이라는 극심한 치욕을 겪었지만, 그럼에도 그는 '역사는 진실을 말해야 한다'란 사명감 하나로 불후의 역사서 《사기》를 완성했습니다. 《사기》는 기전체[紀傳體, 중국에서 발전한 역사 서술 방식으로 사건을 연대순으로만 쓰는 게 아니라 제왕의 업적을 적은 본기(本紀), 중요 제도나 사건을 적은 서(書), 연표 형식의 표(表), 명문 인물의 전기인 열전(列傳) 등으로 나누어 기록하는 체제]로 서술했으며, 그중 《열전》은 한 인간의 삶을 통해 한 시대의 도를 묻는 형식으로 구성되어 있습니다.

《사기열전》은 단순한 인물 전기가 아니라, 인간의 선택과 운명, 명예와 배신, 권력과 도덕 사이의 치열한 갈등과 역사의 진실을 드러내는 서사적 구조입니다. 사마천은 《사기열전》을 통해 "한 사람의 삶 속에 한 시대가 녹아 있다"란 신념을 실천했습니다. 그는 군왕이나 권력자뿐 아니라, 실패자, 유랑자, 도적, 신하, 심지어 자객과 상인까지 기록하며, 빈부귀천을 따지지 않고 역사의 중심을 인물의 존재와 행동에 두었습니다. 《사기열전》의 주제는 단지 승자의 역사를 남기기 위한 것이 아니라, 패자의 목소리를 담고 도덕과 인간성의 복원을 꿈꾸는 데 있습니다.

《사기열전》은 《사기》 130권 중 마지막 70권에 해당하며, 다양한 계층의 인물을 중심으로 중국 고대사의 정신과 사상을 드러냅니다. 이 열전은 군왕이 아닌 평민, 재상, 장수, 자객, 학자, 상인, 여성 등 광범위한 인물들을 조명하며, 각자의 삶 속에 깃든 도(道)와 운명, 권력과 윤리의 충돌을 기록합니다. 사마천은 이들을 통해 단지 역사적 사건을 보여주기보다 '인간은 어떻게 살아야 하는가'란 질문을 던집니다.

《사기열전》의 구조는 하나의 인물 또는 동일 계열의 인물군을 묶어 서사적으로 구성합니다. 각 열전은 특정 인물의 생애와 결정적 선택 그리고 그가 속한 시대의 운명을 교차시키며, 단편적 일대기가 아닌 문학적 완결성을 지닌 서사로 읽힙니다. 예컨대 《백이숙제열전》은 굶어 죽으면서도 끝까지 의리를 지킨 인물들의 고결한 죽음을 통해 하늘의 뜻과 도덕의 문제를 제기하고, 《자객열전》은 권력자 암살에 나선 이들의 뜨거운 의지와 도덕적 갈등을 다룸으로써 명분과 현실, 충성과 의리의 충돌을 적나라하게 드러냅니다.

가장 유명한 《항우열전》은 그 비극적 장엄미로 문학사적으로도 높이 평가받습니다. 항우는 초패왕으로서 유방과의 전쟁에서 결국 패자가 되었으나, 그 말년과 죽음은 전형적인 비극적 영웅의 서사로 그려집니다. 사마천은 항우가 세속의 승자 유방보다 훨씬 더 '의기와 감정의 인간'으로 빛나는 존재라고 평가하며, 역사의 승패와 인간의 가치가 반드시 일치하지 않음을 보여줍니다.

《사기열전》에서 사마천은 권력의 논리만으로 역사를 재단하지 않습니다. 오히려 그는 '패자의 역사'를 끊임없이 복원합니다. 그는 말합니다. "사람에게는 반드시 죽음이 있는데, 태산보다 무거운 죽음이 있고, 새털보다 가벼운 죽음이 있다."

《사기열전》에 등장하는 수많은 인물은 이러한 무게 있는 죽음과 선택을 통해 사마천의 시선을 통과하며 역사적 불멸을 얻습니다. 그는 특히 의로움과 신념을 지키다 스러진 인물들에게 깊은 애정을 보입니다. 《이사열전》에서는 법가 사상가 이사가 권력의 정점에서 몰락하는 과정

일곱 번째 길 ○ 삶을 견디내는 기술

을 통해 권력의 속성은 냉혹하며, 정치의 세계는 도덕적 확신만으로 버틸 수 없다는 현실을 전합니다. 《화식열전》에서 그는 위대한 영웅뿐 아니라 이름 없는 상인과 가난한 사람의 생을 기록함으로써, "모든 인간의 삶은 기록될 가치가 있다"는 사관의 윤리를 실현했습니다.

《사기열전》은 단지 과거 인물의 삶을 기록한 고전이 아니라, 오늘날에도 유효한 '기록의 윤리'를 제시합니다. 사마천은 역사를 남기는 일을 사명으로 삼았고, 그 자세는 오늘날 진실 보도에 헌신하는 언론인, 역사를 기록하는 연구자에게도 시사점을 줍니다. 역사는 권력자만의 것이 아니며, 목소리를 잃은 이들의 삶도 담겨야 한다는 사관의 태도는 지금 시대에도 그대로 적용할 수 있습니다. 각 인물의 선택과 몰락, 비극과 감정은 독자에게 깊은 울림을 주며, 서사적 구성과 문학적 깊이 또한 놀라울 정도로 탁월합니다.

《사기열전》은 역사와 문학, 철학이 어우러진 인간 이해의 보고서라 할 수 있으며, 청년들에게 단순한 영웅담이 아닌 선택과 책임, 명예와 현실, 정의와 권력 사이에서 어떤 길을 택할 것인가를 묻는 책입니다. 승자만이 역사의 주인공이 아니라 의로움과 신념을 지키며 패배한 자도 불멸의 가치를 남길 수 있음을 보여줍니다.

《사기열전》은 그 방대한 양과 고전 한문 특유의 함축적 문장 때문에, 자칫 인물의 생애를 단순 연대기처럼 읽기 쉽습니다. 하지만 이 책은 역사적 사건보다 인물의 선택과 감정, 내면의 갈등에 주목해야 진면목이

드러납니다. 또한 사마천의 사상적 성향과 문제의식—즉 권력에 대한 비판, 인간 존엄에 대한 집착, 진실에 대한 기록의 윤리—을 의식하면서 읽는 것이 중요합니다. 열전 속 인물 하나하나가 '사마천의 분신'이라는 시선으로 읽는다면, 단순한 전기문학이 아니라 역사철학서로서의 깊이 가 보일 것입니다. "나는 후세에 이 글을 전하리니, 내 뜻을 알아주는 자 가 반드시 있으리라."

。 나는 적을 친구로 만든다

《권력의 조건(Team of Rivals)》은 도리스 컨스 굿윈(Doris Kearns Goodwin, 1943~)이 쓴 미국 역사서이자 전기서로, 미국 16대 대통령인 에이브러햄 링컨과 그의 행정부, 특히 남북전쟁 시기 내각 구성을 중심으로 한 리더십 이야기입니다.

이 책의 저자인 도리스 컨스 굿윈은 앞서 소개한 《혼돈의 시대 리더의 탄생》의 저자로, 미국의 대통령 전기 작가이자 역사학자로, 퓰리처상을 수상한 저술가이자, 정치 리더십 연구가입니다. 특히 링컨, 루스벨트, 케네디 등 미국 역사상 가장 중요한 대통령들의 생애와 리더십을 깊이 있게 탐구해왔습니다. 《권력의 조건》은 통합 리더십으로 정치적 적수들과도 함께 협력해 나간 링컨의 도덕적 위대함을 보여주는 대표작입니다.

이 책은 링컨의 전 생애를 다룬 전기이지만, 그중에서도 그가 미국 대통령으로 재임하던 시기의 리더십에 집중합니다. 링컨은 19세기 중반 미국 내 남북 갈등이 최고조에 달하던 시기에 대통령으로 당선되었고, 남북전쟁을 치르며 연방을 보존하고 노예제를 폐지하는 중대한 결정을 내려야 했습니다.

원서 제목인 '팀 오브 라이벌스(Team of Rivals)'는 링컨이 자신과 정치적으로 경쟁하던 상대들을 내각의 주요 인사로 등용해 함께 일한 데서 비롯된 말입니다. 그는 윌리엄 슈어드, 살몬 체이스, 에드워드 베이츠 등 유력한 정적들을 자신보다 유능한 인물로 인정하면서 포용했고, 이들을 설득하고 조율하며 공동의 목표로 나아가게 만들었습니다.

그는 대중과의 소통에서도 탁월했습니다. 그의 연설은 단순한 언변을 넘어서 정의와 인간 존엄성에 대한 확고한 철학을 담고 있습니다. <게티즈버그 연설>이나 <노예해방선언>은 시대정신을 반영한 선언이었습니다. 그는 국민 전체의 분열을 막고자 하면서도 정의와 도덕성의 가치를 굽히지 않았고, 유혈이 낭자한 전쟁터에서도 인간에 대한 믿음을 저버리지 않았습니다.

도리스 굿윈은 링컨을 단순한 영웅으로 그리지 않습니다. 링컨은 우울증에 시달렸고, 정치적 패배를 거듭했으며, 가족의 고통도 겪었습니다. 하지만 그는 자신의 내면적 고통을 도덕적 통찰로 승화시켰고, 고요하지만 강인한 의지로 국정을 이끌었습니다. 굿윈은 링컨을 통해 진정한 리더십이란 권위나 명령이 아니라 '도덕적 설득력과 포용의 정신'에 있음을 잘 보여줍니다.

《권력의 조건》은 정치적 갈등이 첨예한 시대에도 상호 존중과 협력이 가능한 통합적 리더십의 모델로, 링컨을 시대를 초월한 정신적 지도자로 제시합니다. 링컨의 통합 리더십은 단지 인사 정책에만 국한되지 않았습니다. 그는 각료 간의 갈등을 조율하면서도 각자의 전문성을 존중했고, 때로는 자신과 입장이 다른 견해를 기꺼이 수용했습니다. 이는 단순한 관용을 넘어 정치적 지혜의 발현이었습니다. 링컨은 '국가 회복'이라는 공동 목표를 위해 개인의 자존심이나 당파성을 희생할 줄 아는 지도자였습니다.

또 그는 언론과의 관계에도 유연하고 전략적이었습니다. 반대 여론을 억압하기보다는 설득과 대화를 통해 지지를 끌어냈으며, 국민을 단순한 수동적 청중이 아닌 '민주주의의 주체'로 대우했습니다.

링컨의 리더십은 위기 상황 속에서 더욱 빛을 발했습니다. 남북전쟁이라는 참혹한 현실 속에서도 그는 '포기하지 않는 희망'을 사람들에게 심어주었고, 도덕적 가치를 정책의 중심에 둔 정치인의 전형을 보여주었습니다. 이는 정치가 타협과 실용의 기술일 뿐만 아니라, 사람의 영혼을 이끄는 고도의 철학적 행위임을 일깨워줍니다.

<노예해방 선언>은 단순한 법령이 아니라 당대 미국 사회를 도덕적으로 새롭게 규정한 상징적 선언이었습니다. 그는 이 조치가 정치적 위험을 수반한다는 것을 잘 알고 있었지만, 도덕적으로 옳은 선택이 정치적 불이익보다 우선한다고 판단했습니다. 이는 오늘날 우리에게 '정의의 실천'이라는 가치가 현실 정치 안에서 어떻게 구현되어야 하는지를 되묻습니다.

도리스 컨스 굿윈, 《권력의 조건》

또 남북전쟁이라는 국가적 위기 속에서 링컨은 헌법적 질서와 국민적 신뢰를 모두 지켜낸 지도자였습니다. 그는 전쟁을 단순한 군사적 충돌이 아닌 도덕적 문제로 인식하고, 국가가 나아가야 할 방향을 철학적으로 제시했습니다. 이런 그의 유산은 단지 미국 정치사에 국한되지 않고, 민주주의 국가의 위기 대응 모델로 오늘날까지 전 세계에 영감을 주고 있습니다.

임금이 지켜야 할 것은 권위가 아니고 백성이다

끝없는 경쟁 속에서 앞만 보고 달리다 보면, 한 번의 위기 앞에 무너지는 자신을 마주할 때가 있습니다. 조선의 정치인 유성룡(柳成龍, 1542~1607)이 남긴《징비록(懲毖錄)》은 400여 년 전 임진왜란이라는 거대한 재난 속에서, 개인과 국가가 어떤 잘못을 반복했는지 성찰하며 미래를 위한 교훈을 전하는 기록입니다. 이 책은 단순한 옛 전쟁 이야기가 아니라 위기를 겪은 뒤 어떻게 다시 일어서야 하는지 묻고 답하는 목소리로, 오늘을 살아가는 우리에게도 여전히 유효한 지혜를 건넵니다.

유성룡은 조선 중기의 문신이자 임진왜란 당시 영의정을 지낸 인물입니다.《징비록》은 그가 전쟁 후 낙향해 임진왜란 전후의 일을 기록한 회고록으로, '징비(懲毖)'란 '지난 일을 경계 삼아 미리 대비한다'란 뜻입니다. 이 책은 전란의 실상을 사실적으로 기록하고, 자신과 조정의 과오를 반성하는 지식인의 자기성찰적 역사서입니다.

《징비록》은 임진왜란이라는 국가적 참화를 직접 경험한 조선의 최고위 관료인 유성룡이 전란의 전말과 자신의 과오, 조정의 대응 과정을 사실적으로 기록한 회고록입니다. 이 책은 단순히 전쟁 기록이 아니라, 위기 상황에서 지도자가 어떤 책임을 져야 하며 무엇을 반성해야 하는지를 진솔하게 보여주는 자기성찰의 역사서로, 유성룡은 임진왜란 이전 조정의 안이한 태도와 부실한 군제, 지역 간 협력 부족, 정보 수집의 실패를 자세히 서술하며, 자신 역시 그 일원으로서 책임이 있음을 숨기지 않습니다.

선조는 전쟁 발발 초기 백성을 버리고 의주까지 피난했고, 조정은 혼란 속에 전략도 없이 허둥대며 변변한 전투 한 번 치르지 못한 채 한양을 내주었습니다. 유성룡은 영의정으로서 전시 행정을 맡았고, 민심을 수습하고 전략을 마련하기 위해 백방으로 노력했습니다. 그는 이순신과 권율 같은 인재를 발탁하고, 조정에 여러 차례 그들의 전략을 채택할 것을 건의했으며, 특히 수군의 중요성을 강조했습니다.

《징비록》의 특징은 저자의 태도에 있습니다. 그는 권력자가 흔히 범하는 과오—책임 회피, 왜곡, 자화자찬—를 피하고, 오히려 자신의 잘못과 한계를 솔직히 밝혔습니다. 자신이 유능한 장수 이순신을 적절히 보호하지 못한 점, 왜란 초기 백성 보호보다 궁궐 수복에 치중했던 조정의 판단을 따랐던 점, 의병을 지원할 제도적 장치를 제대로 마련하지 못한 점 등을 상세히 기술하며 자신의 과오를 역사에 남을 후일의 교훈으로 삼았습니다. 이러한 반성은 개인적 차원을 넘어, 국가와 사회가 위기를 맞았을 때 무엇을 먼저 해야 하며, 어떤 자세를 가져야 하는지를 후대에 전합니다. 그는 '징비'라는 말의 뜻처럼, 이 책을 읽고 후손들이 같은 실수를 반복하지 않기를 바랐습니다.

책에는 이순신 장군의 활약상도 다수 언급됩니다. 유성룡은 그를 "충성과 지략을 겸비한 자"라며 극찬했고, 거북선의 전략과 명량해전의 전과를 치밀하게 기술했습니다. 당시 조정이 이순신을 정치적으로 제거하려 했을 때도, 유성룡은 그를 끝까지 감싸며 재기할 기회를 주려 노력했습니다. 또한 그는 권율, 곽재우, 고경명, 조경 등 각 지역 의병장들의 분투를 기록하며, 관료뿐만 아니라 민중의 힘도 조선의 생존을 가능하게 했다고 평가했습니다. 이렇듯 정치적 입장을 앞세우지 않고, 인물의 공과를 객관적으로 기록한 유성룡의 태도는 《징비록》을 고전 중의 고전으로 만든 요소입니다.

이 책은 오늘날에도 여전히 유용한 시사점을 던집니다. 국가가 위기를 맞았을 때, 지도자의 판단과 도덕성, 책임감이 얼마나 중요한지를 생생히 보여주기 때문입니다. 유성룡은 단지 전쟁의 전말을 기록한 것이 아니라, 그 모든 사건 속에서 인간이 어떤 선택을 했고, 어떤 자세를 견지했는지를 묻습니다.

그는 전쟁 초기 상황의 참담함을 여실히 보여줍니다. 왜군은 부산에서 상륙하자마자 파죽지세로 북상했고, 조선 조정은 제대로 된 방어전 한 번 해보지 못한 채 한양을 내주었습니다. 선조는 백성을 두고 피난길에

올랐고, 조정은 흩어진 군사와 물자를 수습하지 못한 채 무기력하기만 했습니다. 이러한 절망 속에서도 유성룡은 군제를 재정비하고, 지역별 의병의 힘을 모으려 애썼습니다. 지방 수령에게는 백성의 고통을 돌보라고 지시하고, 무기를 자체 제작하는 방법을 찾아내는 등, 행정적 혼란 속에서도 질서를 세우려 노력했습니다.

평양을 비롯해 요충지를 빼앗긴 뒤에도 그는 민심을 수습하며 전세를 뒤집을 기반을 만들었습니다. 특히 조정이 좌의정 윤두수를 파견해 의병을 억누르려 했을 때, 유성룡은 의병의 자율성과 정당성을 강력히 주장하며 그들을 보호했습니다. 백성들이 국가의 틀을 대신해 나라를 지켜내는 모습을 그는 감동적으로 받아들였으며, 《징비록》 곳곳에 의병들의 이름과 공적을 남겨 후대가 기억하게 했습니다.

그는 또한 전쟁 이후의 사회 정비에도 힘썼습니다. 전쟁 피해자 구제, 토지 복구, 유실된 호적과 세금 제도 복원 등의 문제를 다루면서도, 자신의 행정 능력이 부족했다는 고백을 빠뜨리지 않습니다.

《징비록》은 조정 중심으로 이루어졌기 때문에 전쟁의 전체상을 파악하기 위해서는 이순신의 《난중일기》 등 다른 기록과 함께 읽는 것을 추천합니다.

《징비록》은 오늘날에도 우리에게 위기의 시대에 누가 진정한 지도자인지, 진실을 기록하는 이의 자세는 어떠해야 하는지, 조선이라는 체제가 내부의 자만과 무능으로 인해 어떤 고통을 자초했는지를 묻습니다. 이 책은 한국 현대사 속 전쟁과 분단, 위기 대응의 사례들과도 연결되며 여전히 강한 생명력을 가집니다.

유성룡이 《징비록》을 남긴 이유는 단순히 과거를 기록하기 위함이 아닙니다. 강대국 사이에서 주도권을 잃고 민생이 피폐해진 현실을 되풀이하지 않으려는 간절한 경고였습니다. 오늘날 우리가 국제 협상과 경제 위기 앞에서 느끼는 불안 또한 그때와 다르지 않습니다. 《징비록》은 우리에게 묻습니다.

"과거의 잘못을 되새기며, 스스로의 힘으로 국민을 지킬 준비가 되어 있는가?"

인생을 묻는

청년에게